LA DONATION DE CONSTANTIN

Premier titre du pouvoir temporel des Papes

Où il est prouvé que cette Donation n'a jamais existé, et que l'Acte attribué à Constantin est l'œuvre d'un faussaire

PAR

LAURENT VALLA
(XVᵉ SIÈCLE)

Traduit en Français pour la première fois et précédé d'une Étude historique

PAR ALCIDE BONNEAU

Avec le Texte Latin

PARIS
Isidore LISEUX, Éditeur
Rue Bonaparte, nº 2
1879

LA DONATION
DE
CONSTANTIN

TIRÉ
à cinq cent cinquante exemplaires

LA
DONATION
DE CONSTANTIN

*Premier titre du pouvoir temporel
des Papes*

Où il est prouvé que cette Donation n'a jamais
existé, et que l'Acte attribué à Constantin
est l'œuvre d'un faussaire

PAR

LAURENT VALLA

(XVᵉ SIÈCLE)

*Traduit en Français pour la première fois
et précédé d'une Étude historique*

PAR ALCIDE BONNEAU

Avec le Texte Latin

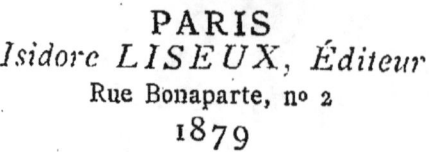

PARIS
Isidore *LISEUX*, Éditeur
Rue Bonaparte, n° 2
1879

ÉTUDE HISTORIQUE

'Église catholique est d'une extrême opulence en documents apocryphes; nulle n'a falsifié l'histoire avec plus d'audace et d'ingéniosité. Cela s'explique. Création artificielle, reposant sur un ensemble de fictions qui sont en contradiction flagrante avec les faits avérés, elle s'est trouvée dans l'obligation d'adresser un appel constant à l'esprit inventif de ses adeptes pour forger de toutes pièces les titres nécessaires à son existence, à ses vues de domination, ainsi que les preuves de la mission qu'elle s'attribuait; se créer des annales imaginaires qui vinssent à l'appui de ses affirmations et leur faire subir, de temps en temps, d'habiles retouches, car la

science augmente et la crédulité décroît. La vérité subsiste par elle-même, solide, inébranlable; mais le mensonge, de quels étançons, de quels arcs-boutants faut-il le soutenir pour le forcer à rester un instant en équilibre! Aussi voyons-nous depuis tant de siècles les gens d'Église occupés sans relâche à préserver de ruine le vieil et branlant édifice; labeur de jour et de nuit dans des choses croulantes, travail incessant, toujours à refaire : c'est avec du papier, des textes fabriqués, des titres chimériques, des contrats suspects qu'ils espèrent en boucher les lézardes et les crevasses! Quand une de leurs fictions est usée, que la critique en a démontré le néant, ils l'abandonnent, la désavouent, l'attribuent aux Ariens, aux Grecs, aux Albigeois, aux Vaudois, aux Luthériens, à n'importe qui, sauf à ses véritables machinateurs, et vite en exhibent une autre, toute neuve, qui durera ce qu'elle pourra, et dont la destinée est d'être aussi, à son déclin, mise sur le compte des hérétiques. De là chez eux tant de supercheries contradictoires, nées des besoins du jour, puis alternativement délaissées ou reprises, selon le souffle du vent.

La fable est un genre littéraire qui a du charme, pourvu qu'on ne brûle pas ceux qui refusent de le goûter; ils y ont excellé, mais ils n'ont pas su se restreindre au nécessaire, comme l'exigeait la simple prudence. En compulsant leurs archives, on y découvre, avec une surprise voisine de l'admiration, une masse de titres dont l'utilité est nulle et qui ont dû être imaginés uniquement pour l'amour de l'art. Quoi de plus curieux que ces innombrables histoires de saints, de confesseurs, de martyrs, inconciliables avec la chronologie ou le simple bon sens, et qui déconcertent la foi la plus robuste? Quoi de plus étonnant que tant de lettres de Papes, écrites pour expliquer les décrets de Conciles qui n'ont jamais existé, comme ce synode de Sinuessa, tenu en 304 par des prélats imaginaires, dans une ville qui ne figure sur aucune carte géographique? On en produisait les Actes, pourtant, et Nicolas Ier, au IXe siècle, en prescrivait l'exécution. Et la Lettre d'Abgar, roi d'Édesse, à Jésus-Christ, pour lui souhaiter le bonjour! et la Lettre de Pilate à Tibère! et celle de Tibère au Sénat, singulier autographe dans lequel le beau-fils d'Auguste, oubliant que sa mère était la trop fameuse Livie, lui donne nous ne savons plus quel nom baroque, Hémène, Ismène! et la Lettre de Lentulus, où se trouve le portrait de Jésus! et celle de Saint Pierre à Pepin le Bref, datée du ciel! De pareils documents, bien faits pour donner du lustre à la religion, sont aujourd'hui du domaine de la curiosité pure : ceux qu'inspira la cupidité ont moins d'innocence. On pourrait pardonner aux hagiographes d'inventer des saints et des miracles, si ces fraudes, qu'on a appelées pieuses, n'avaient eu pour but d'amener l'eau au moulin, c'est-à-dire aux monastères l'argent du pauvre monde : on trouve infâme que dans le même but, bien misérable pour ceux qui se disaient les hommes de Dieu, il ait été rédigé tant de faux contrats et de faux testaments, la fleur des cartulaires. Quand la moitié des biens fonds, dans chaque État de l'Europe, appartenait aux couvents, la plus grande partie de leurs immenses domaines provenait de cette source trouble; quand les Religieux de Saint-Claude en plein XVIII siècle, en face de Voltaire, revendiquaient le droit d'avoir encore des serfs et de les vendre comme du bétail, les titres qu'ils produisirent et qui leur firent donner gain de cause devant le Parlement, ces titres étaient faux. Mais quoi! ces moines suivaient la plus ancienne tradition de l'Église; l'exemple leur venait de haut, car la plus belle collection de chartes mensongères est assurément celle qu'avec le temps s'est amassée la Papauté pour asseoir, agrandir ou défendre son pouvoir temporel :

Donation de Pepin à Étienne II, Donation de Charlemagne à Léon III, Charte de Louis le Débonnaire, Charte d'Othon Ier, Testament de Henri VI, trouvé juste à point par Innocent III dans les bagages d'un des généraux de l'Empire, etc., etc. Tous ces actes sont faux, nul aujourd'hui ne le conteste. Et ce n'est pas tout; ils sont corroborés par une foule d'autres, de la même encre, qui leur servent de pièces justificatives!

Entre tous ces vieux parchemins, insignes monuments de l'imposture sacerdotale, se placent au premier rang la Donation de Constantin et les Fausses Décrétales, dans le recueil desquelles on la rencontra d'abord. Elles ont bouleversé tout le droit public et privé, au Moyen-Age, mis la civilisation à deux doigts de sa perte, et failli faire de l'Europe la proie d'une théocratie envahissante et impitoyable.

On croit généralement que la Donation de Constantin n'a servi qu'à constituer le pouvoir temporel des Papes dans le sens le plus restreint du mot, c'est-à-dire à les rendre maîtres de ce petit royaume Italien dont les limites ont varié suivant les temps et que le Saint-Siège vient enfin de perdre, après tant de vicissitudes. Le but et la portée de cet acte célèbre furent autres et bien plus considérables. Il posa les premières assises de la monarchie universelle, un rêve que beaucoup de Papes firent tout éveillés : Étienne II le songea, ce rêve; Grégoire VII, Innocent III, Grégoire IX, Adrien IV, Boniface VIII s'épuisèrent en vains efforts pour le réaliser.

Au temps de Constantin, l'Église s'occupait moins de dominer que de vivre; sortie à peine des Catacombes, où elle se cachait, et toute heureuse de pouvoir se montrer au grand jour, elle en était encore à cette période de lutte pour l'existence dont Darwin a donné la formule et qui est la loi des institutions comme des individus. Constantin lui permit de subsister en face du Paganisme, qu'il n'abolit point, puisqu'il continua de porter le titre de *Pontifex Maximus*, titre que les Empereurs Romains ont conservé jusqu'à la fin du IV° siècle : l'Église se contenta de cette tolérance; elle ne portait pas plus loin son ambition. Cette époque fut son âge d'or ; tous les Évêques, celui de Rome comme les autres, passèrent pour des saints, et par surcroît, la plupart furent honnêtes : ils administraient de leur mieux leur petit troupeau de fidèles et ne songeaient à voler personne, ni à s'attribuer de suprématie les uns sur les autres. Il fallut le travail de plusieurs siècles et une suite de circonstances exceptionnelles pour que le Christianisme, après avoir été un symbole d'affranchissement, devînt une des formes de la servitude; pour qu'à cette sorte de république presque communiste qui était naïvement issue de la lettre et de l'esprit des Évangiles, à l'égalité de tous les fidèles, maîtres et esclaves, vainqueurs et vaincus, à l'autorité purement spirituelle que de pauvres vieillards tenaient de l'élection, se substituât peu à peu le gouvernement autocratique le plus dur et le plus absolu, celui d'un prêtre.

En même temps que la situation privilégiée de l'Évêque de Rome, installé dans la capitale du monde, semblait en faire sinon le chef du moins l'aîné des Évêques, les invasions, en bouleversant tout l'Empire, vinrent lui confier un rôle inattendu. Sans croire entièrement au respect superstitieux qui aurait empêché les Barbares de souiller l'asile du chef de l'Église, puisqu'Alaric et Attila ne s'éloignèrent de Rome que chargés d'énormes rançons et que Genséric mit la ville à sac, il faut cependant convenir que le Pape Léon, dépourvu de toute autorité régulière, traita avec les Barbares comme de puissance à puissance, et que l'Hérule Odoacre, en fondant son royaume d'Italie, laissa subsister à Rome un fantôme de république dont le Pape était de fait le premier magistrat. L'Église grandit au milieu des ruines générales, parceque seule elle conservait son organisation au milieu de la déroute des institutions civiles, et les Papes entrevirent très-bien qu'ils pourraient, avec un peu d'adresse, se créer au milieu de cette marée montante d'invasions une sorte d'îlot paisible, à l'abri des tourmentes.

Leur sauvegarde alors fut la dépendance toute nominale dont ils se faisaient un titre à la protection des Empereurs Grecs; en se donnant un maître éloigné et faible, ils s'épargnaient la gêne qu'un souverain plus proche et plus puissant leur aurait imposée. Longtemps encore après cette prétendue Donation qui les avait rendus, suivant eux, possesseurs en toute propriété de Rome et d'une partie de l'Italie, ils prêtaient à l'exarque de Ravenne, en qualité de sujets de l'Empire, un serment de fidélité dont la formule est consignée dans le *Diârium Romanum*, et chaque nouveau Pape faisait confirmer son élection par ce lieutenant de l'Empereur.

Au viiie siècle, la peur que leur causèrent les Lombards, contre lesquels les pusillanimes monarques de Constantinople ne pouvaient les défendre et qui allaient décidément fonder en Italie un royaume viable, les fit changer de tactique. La politique des Papes, de ceux des temps modernes comme de ceux du Moyen-Age, a toujours été de s'opposer à la constitution d'un royaume d'Italie. Il n'y a pas de place pour eux dans une Italie forte et une, les événements l'ont bien démontré; aussi pendant des siècles se sont-ils appliqués à favoriser le morcellement de ce malheureux pays, à fomenter entre ses petits États des guerres fratricides, à les briser les uns contre les autres, et, quand l'un d'eux devenait trop puissant, à appeler l'invasion étrangère, afin de régner encore, fût-ce sur un monceau de ruines. Contre les Lombards, ils appelèrent les Francs. Grégoire III s'était concilié par des présents le bon vouloir de Charles Martel; Zacharie se fit le complice de Pepin le Bref en déposant le dernier des Mérovingiens, et Pepin, dans son ardent désir d'être débarrassé du fantôme de roi qui le gênait, n'hésita pas à reconnaître ainsi aux Papes un droit exorbitant dont ils devaient bien abuser, celui d'ôter et de donner les couronnes. Étienne II vint en France sacrer Pepin, qui, dans la célèbre entrevue de Pont-Yon, poussa le respect jusqu'à tenir la bride du cheval du Pontife.

L'Église ne laisse rien perdre; elle songea tout de suite à tirer parti de cet acte spontané, irréfléchi d'un Barbare. Tenir la bride ou l'étrier, ce n'était pas un simple acte de déférence, dans les idées du Moyen-Age ; cela impliquait une reconnaissance de vassalité, et pour Pepin qui hésitait à se faire proclamer roi de France tant qu'il n'avait pas la consécration du Pape, il est certain qu'il se crut sinon son vassal au moins son obligé. Si les Papes prouvaient, en exhibant un ancien titre, que les Empereurs avaient fait de même, que l'un d'eux avait donné aux Pontifes l'Italie et des droits éventuels sur tout le reste de l'Europe, s'ils décidaient quelque autre Prince à suivre l'exemple de Pepin, à ne se croire légitime qu'avec l'assentiment du Pape, non seulement ils repoussaient toute ingérence séculière dans leur petit royaume Italien, ce qui était leur préoccupation actuelle, mais ils créaient à la Papauté un droit de suprématie et de contrôle sur toutes les couronnes.

La Donation de Constantin fut fabriquée, probablement par Étienne II, certainement sous son pontificat (1), pour donner un point d'appui à ces ambitions. Si Constantin fut choisi comme donateur de préférence à tout autre, c'est que ce Prince, en

---

(1) Rohrbacher, *Histoire universelle de l'Église* tome IV.

transférant de Rome à Byzance la capitale de l'Empire, pouvait plus aisément passer pour avoir voulu laisser l'Occident au chef de la religion. Toute l'histoire, les monuments, les monnaies, les médailles, les partages successifs de l'Empire démentaient cette supercherie ; mais quand les documents écrits sont rares, qu'on a une armée de scribes pour les falsifier, qu'on revendiquera bientôt le droit d'enseigner seul et d'imposer de force ce que l'on affirme être la vérité, on ne s'arrête pas devant un si mince obstacle. Une première difficulté se présentait. A quelle occasion Constantin, qui ne fut Chrétien qu'à la fin de sa vie, qui reçut le baptême deux ou trois jours seulement avant de mourir, et de la main d'un Évêque Arien, aurait-il fait à l'Église de Rome présent de la moitié de l'Empire ? Fermement persuadé de ce qu'enseignaient les prêtres, à savoir que le baptême lave de tous les péchés, de tous les désordres, que le néophyte, au sortir de la cuve, a recouvré la candeur et l'innocence de l'enfant, Constantin était bien trop avisé pour gaspiller une si précieuse ressource : il attendit d'avoir assassiné le reste de sa famille, et remit sa purification générale au moment suprême où, près d'entrer dans la vie éternelle, il n'aurait plus un seul crime à commettre. Ce baptême tardif, dont les témoignages étaient formels dans Eusèbe de Césarée, Socrate, Sozomène, Théodoret, Saint Jérôme, avait, en outre, de graves inconvénients. Un non baptisé aurait ouvert et présidé le Concile de Nicée, discuté des questions d'orthodoxie, jugé des hérétiques ; cette primauté et cette juridiction que les Papes voulaient se faire attribuer sur tous les Évêques, ils les auraient tenues d'un païen ! Il était urgent de falsifier l'histoire, de supposer un baptême antérieur au Concile et à la Donation (1).

Une première fable, celle du baptême de Constantin par le Pape Miltiade ou Melchiade, en 313, fut inventée dans ce but. Après la fameuse bataille du pont Milvius et l'apparition du Labarum, Constantin, rentré à Rome en triomphateur, se décide à embrasser la religion de celui qui l'a fait vaincre. « Le Pape Saint Miltiade ou Melchiade gouvernait alors l'Église Romaine.

---

(1) Cela est si vrai, que Steuchus prouve l'antériorité du baptême précisément par la tenue du Concile de Nicée : « Les saints Pères du Concile auraient-ils souffert qu'il le convoquât, qu'il y siégeât, non baptisé et encore païen ? Quelle indignité ! quelle absurdité ! » (*Contra Laurentium Vallam, de Donatione Constantini*, Lyon, 1547, in-8 ; p. 156.)

Il était successeur de S. Eusèbe, qui l'était de S. Marcel, qui l'était de S. Marcellin, qui l'était de S. Caius, qui l'était de S. Eutychien, qui l'était de S. Félix, qui l'était de S. Denys, dont nous avons vu plusieurs lettres à des Évêques d'Orient. » (Rohrbacher, *Hist. de l'Église*, tome III.) L'Empereur se fait baptiser par lui et en revanche lui donne le palais de Latran transformé en église, de magnifiques ustensiles d'or et d'argent, patènes, ciboires, calices, burettes, pour le service des autels, lui assigne des revenus sur les deniers publics et lui concède des domaines dans la banlieue de Rome (1). Un édit de tolérance envers les Chrétiens et la permission accordée au Pape d'ouvrir un Concile, pour apaiser la querelle de Cécilien et des Donatistes, complétaient cette légende assez bien tissue, sauf que dans l'épître où elle est narrée, le Saint Pape Melchiade parle du Concile de Nicée, tenu onze ans après sa mort : une misère! L'Église aurait pu se contenter de cette fiction honorable et profitable pour elle; mais quoi! un pauvre petit palais, quelques calices, quelques ostensoirs, de maigres revenus, c'était

---

(1) *Epistola Papæ Melchiadis*, dans la Collection des Conciles de Labbe, tome I ; *Vita S. Sylvestris, Papæ.*

bien peu. Pas un mot là dedans de la primauté de l'Évêque de Rome, ni de la bride de son cheval, ni de l'abandon des insignes impériaux et de la pourpre sénatoriale en faveur des prêtres, ni du partage de l'Empire, ni d'aucune clause qui permît au Pape de se dire le suzerain de tous les monarques, le distributeur de toutes les couronnes. Il fallait changer cela. On décida que Melchiade devait avoir subi le martyre, soit sous Maximin, soit sous Constantin lui-même; que ses Lettres, fabriquées par les Ariens, étaient autant d'impostures (1); et

(1) C'est ce que dit Steuchus réfutant Laurent Valla, qui s'appuie sur la donation faite à Melchiade pour nier celle que Constantin aurait faite à Sylvestre. « Melchiade n'a jamais vu ni connu Constantin ; il n'a pu parler ni de lui ni de la Donation, qui s'est effectuée longtemps après sa mort. Ce sont les Grecs, les Ariens qui ont inventé la concession par Constantin à Melchiade de je ne sais quelles constitutions. Cela est faux, l'histoire le prouve surabondamment ; Melchiade ne vécut pas jusqu'au temps de Constantin : il avait reçu la couronne du martyre sous ses prédécesseurs. Lisez Damase et bien d'autres. Les paroles que Valla prête à Melchiade ont donc été imaginées par les Ariens, ainsi que les prétendues constitutions. Voilà ce qui a trompé notre homme ; voilà quelle a été son incroyable cécité ; il n'a pas su lire dans les histoires que Melchiade n'avait jamais pu parler ni de la foi, ni de la religion, ni des dons de Constantin. » *(Contra Laurentium Vallam, p. 147.)*

une nouvelle histoire, celle du baptême par
S. Sylvestre, en 323 ou 324, fut mise en
circulation. La supercherie réussit à merveille : interpolée au vıııᵉ siècle, dans les
Actes de S. Sylvestre et le *Liber Pontificalis*
du Pape Damase, qui peut-être est en entier
apocryphe, elle fut prise au sérieux même
par les adversaires de l'Église, Laurent
Valla tout le premier. De quels arguments
plus pressants il aurait fortifié sa réfutation
s'il avait su que ce baptême, cause première
de la Donation, était simulé comme elle !

— Singulier retour des choses d'ici-bas ! Depuis
que la Donation a été reconnue fausse et qu'il ne
s'est plus agi de la soutenir, mais de ne pas tout
perdre, la fable de Melchiade, très-mauvaise du
temps de Steuchus, excellente depuis, a été ressuscitée (moins ce qui concerne le baptême, décidément abandonné), et l'on peut lire dans tous les
historiens de cette période de l'Église, Chateaubriand, l'abbé Rohrbacher, l'abbé Darras, M. de
Broglie, comment ce saint Pape, quoique mis à
mort en 312 par Maximin, d'après Steuchus, fut
au mieux l'année suivante avec Constantin, en reçut
la permission d'ouvrir le Concile de Rome, des
présents considérables, et mourut paisiblement,
chargé de gloire et d'années. De son martyre, il
n'est pas autrement question, et ses Lettres n'ont
plus été fabriquées par les Ariens. Ce Pape qui a
deux biographies, deux genres de vie et deux genres de mort, suivant les besoins de la polémique
religieuse, est une des nombreuses curiosités de
l'histoire ecclésiastique.

Dans cette seconde fable, répétition de la première, mais revue, corrigée et augmentée, Constantin se montre d'abord le plus grand constructeur d'églises qui ait jamais vécu. Lui qui ne séjourna jamais à Rome, qui n'y fit que de courtes apparitions, il y bâtit en un rien de temps, *in eodem tempore* (*Vie de Saint Sylvestre, Pape*, dans la Collection des Conciles, de Labbe), sept immenses basiliques : la Basilique Constantinienne, dans le palais de Latran; et les églises Saint-Pierre, dans le temple d'Apollon (Vatican), Saint-Paul hors des murs, Sainte-Croix de Jérusalem, *in Palatio Sessoriano*, près du temple de Vénus et de Cupidon, Sainte-Agnès, Saint-Laurent, *in via Tiburtina*, Saints-Pierre-et-Marcellin, *in via Lavicana*, entre deux lauriers (*inter duas lauros*); il en bâtit encore quatre autres à Ostie, dans la ville d'Albe, à Capoue, à Naples. L'énumération complaisante des richesses qu'il accumule dans ces églises a quelque chose de prodigieux; il y emploie l'or et l'argent en guise de plomb ou de fer, et sème les pierreries comme des cailloux. Ce ne sont partout qu'autels d'argent massif (une église à elle seule en a sept, pesant chacun deux cents livres); chancels ou grilles de chœur, aussi en argent, pesant mille livres; baldaquins, encore d'argent et pe-

sant deux mille livres; patènes d'or, calices
d'or enchâssés de pierreries, amphores,
buires, burettes, brûle-parfums, encensoirs
d'or, tabernacles d'or, chandeliers d'or, lan-
ternes d'or. Il y a des burettes d'or (*amas
aureas*) du poids de quarante livres et que
l'enfant de chœur devait trouver bien lour-
des; des coupes ornées de corail et tout
autour d'émeraudes (*scyphos corallo ornatos
et undique de gemmis prasinis*). Et à chaque
église l'énumération recommence; c'est un
éblouissement. La sculpture d'ornement, la
statuaire en métaux précieux n'ont pas
non plus été négligées; les critiques qui se
sont plaints de la décadence des arts au
temps de Constantin, n'avaient pas lu la
Vie de Saint Sylvestre. Jamais l'orfèvrerie,
la joaillerie, la toreutique n'ont été plus
florissantes. Voici des lampadaires en or,
en argent, en airain d'orichalque; des lampadaires à bénitiers, des lampadaires à
couronne (*pharos aureos, argenteos; pharos
æreos ex orichalco, pharos cantharos, pharos
coronatos*) du plus merveilleux travail, ornés de quatre, six, huit dauphins d'argent :
toutes les églises en ont; des anges d'argent
de cinq pieds de haut, pesant chacun cent
quinze livres, et ornés de gemmes Alaban-
dines encore : *cum gemmis Alabandenis*. A
la basilique Constantinienne, le prodigue

donateur fait présent d'une statue d'argent du Sauveur, assis sur le trône, ayant cinq pieds de haut et pesant cent vingt livres, plus des douze Apôtres, en argent aussi, pesant chacun quatre-vingts livres, et la tête ceinte de couronnes « d'argent très-pur. »

Les plus grandes splendeurs ont été naturellement réservées aux fonts baptismaux où s'est effectuée la grande cérémonie imaginaire; ils figurent en ces termes dans cet inventaire fantastique : « ... Les fonts sacrés où fut baptisé l'Auguste Constantin, en marbre de porphyre, couverts de tous côtés, dedans, dehors et dessus, et le récipient de l'eau, d'argent très-pur, pesant trois mille huit livres. Au milieu des fonts, une colonne de porphyre, portant une coupe d'or très-pur, pesant trente livres, où brûlent deux cents livres de parfums. La mèche est de fils d'amiante. A l'ouverture des fonts est un agneau d'or très-pur, lâchant de l'eau, et pesant trente livres; à la droite de l'agneau, le Sauveur, en argent, de cinq pieds de haut, pesant cent soixante-dix livres; à la gauche de l'agneau, Saint Jean-Baptiste, en argent, de cinq pieds de haut, tenant un rouleau écrit où se lit : *Ecce agnus Dei, ecce qui tollit peccata mundi,* pesant cent livres. Des cerfs d'argent, au nombre de sept, lâchant de l'eau, et pesant chacun huit cents livres. Un encensoir d'or très-pur, pesant dix livres, avec des pierres d'émeraudes et de topazes tout autour, au nombre de quarante-deux. » Suit une énumération considérable de domaines dont la rente, qui varie de trois cents à huit cents sous d'or, est constituée à ces fonts baptismaux apocryphes; il en est de même pour toutes les églises, ainsi déclarées propriétaires, par un acte longtemps regardé comme authentique, d'une foule de fermes, châteaux et villas, de milliers d'arpents de terre et de bois dans toutes les régions de l'Italie, de maisons à Rome, à Antioche, à Tarse, à Tyr, à Alexandrie, à Nicée, en Numidie, sans compter des redevances en encens et en parfums, en nard, baume, storax, cannelle, safran, dues par la plupart des villes d'Orient. Ici la fraude atteint des proportions colossales, car nous pouvons nous fier à la rapacité des gens d'Église pour croire qu'ils ont dû réclamer, et durement, sinon le safran et la cannelle des rives de l'Euphrate, du moins les rentes des domaines qui se trouvaient à portée de leur main, et que le pseudo-Constantin, en excellent économe, désigne très-clairement, sur les territoires de Rome, de la Sabine, de Tibur d'Albe, d'Ostie, de Capoue, de Naples.

La charte de Donation, qui vient à la suite

de la *Vie de Saint Sylvestre*, se trouve ainsi amenée et préparée. Dans ce document, d'une naïveté grossière, proportionnée à la crédulité d'alors, Constantin, attaqué de la lèpre, ayant épuisé tous les secours de l'art, s'adresse aux prêtres du Capitole, qui, après mûre réflexion, lui conseillent de prendre un bain de sang d'innocents. Plusieurs centaines d'enfants, enlevés aux premières familles de Rome, sont amenés au Capitole ; on va les égorger pour remplir de leur sang une grande cuve, quand l'Empereur, pris de pitié, leur fournit des carrosses pour s'en retourner chez eux. En récompense, Saint Pierre et Saint Paul lui apparaissent la nuit suivante et lui enjoignent d'aller trouver Saint Sylvestre, Pape, quoiqu'il n'y en eût pas encore, qui le guérira en lui conférant le baptême. Constantin se rend à l'église, reconnaît dans les figures d'un tableau que lui montre Sylvestre les personnages de son apparition nocturne, et, frappé de stupeur, se fait baptiser : il sort de la piscine entièrement guéri, le corps blanc comme neige. Pour marquer sa vénération envers Saint Pierre et Saint Paul, ses charitables avertisseurs, il ordonne que l'on exhume pieusement leurs restes, les place de ses mains dans des caisses d'ambre, « que la force de tous les éléments ne pourrait rompre, » ferme ces caisses avec des clefs d'or, et bâtit pour les recevoir une église dans les fondations de laquelle il jette douze sacs de terre qu'il a portés sur ses épaules, en l'honneur des douze Apôtres. Ces inventions sont tellement en dehors de tout bon sens, que Gratien a pris soin de les passer sous silence en insérant la Donation dans son *Décret;* quoique Valla s'applique surtout à réfuter Gratien et ne parle qu'incidemment de ce préambule, nous donnons plus loin la charte dans son intégrité, telle qu'elle se trouve dans les Fausses Décrétales et les Collections des Conciles, car ce serait un tort de frustrer d'un tel morceau la curiosité des lecteurs. Il est amusant d'y voir Constantin, néophyte et déjà docteur en théologie, discourir *ex professo* sur la Création, le péché originel, la fameuse pomme, le serpent tentateur, le Verbe, la Trinité, qu'il explique en fort bons termes, le Diable, l'enfer, la résurrection, le jugement dernier et tous les mystères; il se pique d'orthodoxie, lui qui doit protéger le premier schisme, et, ce qui était encore plus précieux pour les Papes, il y donne vingt-cinq ou trente fois à Sylvestre le titre de *Summus Pontifex,* qu'il garda précisément pour lui-même.

Le reste, tout aussi ridicule dans la forme, est plus sérieux au fond. Constantin y concède à l'Évêque de Rome la primauté sur tous les Évêques et Patriarches du monde, même sur le Patriarche de Constantinople, qui n'était pas encore fondée, puis il y reconnaît, en abandonnant Rome et l'Italie au Pape, « qu'aucun souverain terrestre ne doit avoir de pouvoir là où le souverain céleste a établi le chef de son empire ; » ce sont les deux clauses capitales : le Saint-Siège a réussi à faire consacrer la première par le Concile de Trente et il a défendu la seconde jusqu'aux dernières extrémités ; par la cession, fort vague d'ailleurs, que l'Empereur est censé faire, en outre, des Gaules, de l'Espagne, de la Germanie, de la Judée, de la Thrace et des Iles, il opère au profit des Papes, pour peu qu'ils sachent s'en servir, la constitution d'une des plus vastes monarchies du monde ; par une autre clause, celle qui attribue aux Pontifes le droit exclusif de porter les ornements impériaux et aux simples prêtres les vêtements des sénateurs (la pourpre des Cardinaux n'a pas d'autre origine), il satisfait cette soif de distinctions honorifiques qui a toujours dévoré le clergé, et il le relève de son abjection originaire en le déclarant apte à remplir toutes les charges publiques, les plus hautes magistratures ; enfin il place de ses propres mains sa cou-

ronne sur la tête de Sylvestre, qui refuse
d'abord, avec une humilité comique dans
un acte faux; puis, comme Pepin, il tient la
bride de son cheval.

Qu'un tel document ait jamais pu être
produit et pris au sérieux, c'est ce qui donne
une triste idée de l'impudence et de la sottise humaines. Aussi les Papes n'en firentils d'abord qu'un médiocre usage : ils attendaient qu'il eût pris, comme le vin, de la
qualité en vieillissant. On ne voit pas que
Léon III l'ait fait confirmer par Charlemagne, qui cependant donna à la Papauté
quelque lustre en s'abaissant, par son sacre,
à lui en emprunter. Il le confirma néanmoins
et même le précisa, disent les historiens de
l'Église, mais ils n'en ont jamais apporté la
preuve; et lorsque Napoléon abolit, en termes fastueux, « les donations des Empereurs
Français, ses prédécesseurs, » il lui aurait été
impossible de citer les textes qu'il abrogeait.
Dans le pacte conclu entre la Papauté et
Charlemagne, qui ne fut pas écrit, selon
toute apparence, et qui s'établit par un accord
tacite, le Pontife semble plutôt associé en
quelque sorte à l'Empire que mis en possession de droits réels. Comme détenteur
de Rome, il a pour suzerain l'Empereur, à
qui il prête serment; comme Pape, il gouverne les intérêts spirituels, sous le contrôle

de l'Empereur, qui ratifie ou annule son élection, convoque les Conciles, réforme la discipline et même la liturgie. Voilà le pacte de Charlemagne, et lorsque, espérant avoir de meilleures conditions, Jean XII, au xe siècle, fit passer l'Empire des mains des derniers Carlovingiens en celles des rois de Germanie, Othon le Grand se réserva encore, pour lui et ses successeurs, le droit de confirmer l'élection pontificale. Ce fut cette clause qui, par la résistance des Papes, causa les querelles interminables du Sacerdoce et de l'Empire, et ensanglanta tout le Moyen-Age. L'Église, en effet, a toujours suivi une politique invariable : faire un pacte, un contrat par lequel elle obtient, d'un côté, et concède, d'un autre ; puis retirer ce qu'elle a concédé et prétendre que ce qu'elle a obtenu lui reste.

On ne peut donc être surpris que les Papes aient préféré à des stipulations positives, dans lesquelles ils étaient toujours forcés de concéder quelque chose, cette fabuleuse Donation de Constantin qui les plaçait au-dessus des Empereurs et leur permettait de considérer l'Empire et tous les États de l'Occident comme autant de fiefs. L'Europe était trop vaste pour qu'ils songeassent à y régner virtuellement partout, à n'en faire qu'un seul État, qui eût été l'État du Pape; mais n'avoir dans l'Empereur, comme dans les autres Rois et Princes, que des délégués, des vicaires; leur donner l'investiture par le sacre; les tenir à leur discrétion sous une éternelle menace de déchéance; être les maîtres chez eux par les Évêques et disposer de la plus grande partie de la fortune publique sous le nom de biens d'Église, tel fut leur rêve.

Cette audacieuse main-mise de la théocratie sur tous les ressorts de la puissance séculière, en vertu d'une charte ridicule et d'interprétations fantaisistes de l'Évangile, le droit des Clefs, la théorie des deux glaives, s'opéra lentement, progressivement du VIIIe au XIe siècle. La première ambition des Papes était de se soustraire à la tutelle des pouvoirs publics; leur seconde fut de mettre ces pouvoirs en tutelle. Après s'être exonérés, sous les faibles Carlovingiens, de l'assentiment impérial, nécessaire à la validité de leur élection, ils s'arrogèrent le droit de contrôler celle de l'Empereur. Le couronnement, qui dut toujours se faire à Rome (Étienne avait été bien aise de se déplacer pour sacrer Pepin), prit alors plus de solennité et passa pour une confirmation indispensable. Il fut désormais admis dans le droit Européen que l'Empereur auquel le Pape refusait la couronne était illégitime, et, par voie de conséquence, les autres souverains se trouvèrent avoir besoin de *l'exequatur* des Évêques; Nicolas Iᵉʳ écrit à l'Évêque de Metz, Adventitius : « Examinez bien si ces Rois et Princes auxquels vous vous dites soumis sont réellement rois et princes. » Ce travail d'absorption se poursuivit même dans cette période singulière où la Papauté, tombée entre les mains des Théodora, des Marozia, de leurs amants, de leurs fils ou de leurs créatures, semble s'affaisser complètement. C'est l'époque où les Fausses Décrétales du pseudo-Isidore Mercator, compilées dès 785, commencent à se répandre, à pénétrer dans le droit public pour le transformer, mettent en lumière la Donation de Constantin, affirment la prépondérance Pontificale tant sur les souverains que sur les Évêques, et en présentant comme la tradition constante de l'Église, sous le couvert d'anciens Papes qui n'avaient jamais rien écrit, qui n'existèrent peut-être même pas, des prétentions toutes nouvelles, parviennent à leur donner une ombre de vraisemblance. Mais est-il bien besoin de distinguer les Fausses Décrétales des véritables? Un profond canoniste de nos jours, M. Chantrel, a rendu à la libre pensée le service d'établir solidement qu'en fait de Décrétales il n'y a entre les vraies et les fausses aucune différence, qu'elles se valent toutes, ont le même poids, la même autorité.

Grace à la mystification hardie de ce Mercator ou Piscator, faussaire inconnu, pseudonyme probable des Papes eux-mêmes, les décisions de Pontifes muets ou problématiques devinrent des lois, et ajoutées en guise de gloses ou d'éclaircissements au texte des Pandectes qui relatent les diverses concessions arrachées aux successeurs de Constantin (quelques-unes sont si excessives qu'elles doivent être interpolées), consacrèrent la prépondérance du Saint-Siège en même temps que les immunités du clergé et créèrent la juridiction ecclésiastique. Grégoire VII put alors formuler dans son *Dictatus Petri, Dictatus Papæ* ou Loi pontificale, qui est resté le bréviaire des Papes, comme le Testament de Pierre I*er* est le bréviaire des Czars, ces hautaines affirmations :

« L'Église Romaine a seule été fondée par
» le Seigneur.

» Le seul Pontife Romain est dit à bon
» droit universel.

» Il peut seul déposer les Évêques et les
» réintégrer.

» Seul il peut user des insignes impé-
» riaux.

» C'est à lui seul que les Princes doivent
» baiser les pieds.

» Il lui est permis de déposer les Empe-
» reurs.

» Son nom seul doit être prononcé dans
» les églises (1).

» Son nom est le nom unique, par le
» monde.

» Tout Pontife Romain, élu canonique-
» ment, est saint, *ipso facto* (2). »

Bien d'autres propositions ont été émises par ce Pape, quoique sous une forme moins tranchante, et sont restées la loi du clergé catholique (3) :

« L'Église de Dieu doit être libre de l'in-
» fluence de la puissance temporelle.

---

(1) *Quod illius solis nomen in ecclesiis recitetur. — Quod unicum est nomen in mundo.*

(2) Il est douteux que le *Dictatus Papæ* ait été rédigé sous cette forme par Grégoire VII ; mais toutes ces propositions se trouvent dans ses Lettres et elles ont été proclamées comme son œuvre et comme Loi pontificale par le Concile tenu à Rome en 1076 pour répondre aux actes du Concile de Worms.

(3) On les retrouve en substance dans la dernière Encyclique Pontificale, celle de Léon XIII (Janvier 1879) : « ... L'Église est maîtresse des gouvernements et des peuples, parce qu'elle est le fondement de la vérité...

» L'autorité vient de Dieu, et non du plus grand nombre, etc. »

» Le pouvoir du Roi est subordonné à ce-
» lui du Pontife, car il est d'origine hu-
» maine; le siège de Saint Pierre est de
» Dieu, n'est soumis qu'à Dieu.

» Le Pape tient la place de Dieu, car il
» gouverne son royaume sur la terre.

» Sans le Pape, nul royaume ne peut
» subsister; sans le Pape, tout royaume
» n'est qu'un navire ballotté par les flots,
» qui se brise sur tous les écueils.

» L'esprit n'est visible que par la ma-
» tière; l'âme n'est active que par le corps;
» l'âme et le corps ne se soutiennent que
» par l'alimentation. De même la religion
» n'existe pas sans l'Église; l'Église n'existe
» pas sans propriétés qui garantissent son
» existence.

» L'esprit se nourrit de la matière par le
» corps; l'Église ne se maintient sur la
» terre que par la possession d'un domaine
» qui lui soit propre.

» Acquérir ce domaine, le conserver, le
» défendre est l'obligation de celui qui
» tient le glaive souverain, le devoir de
» l'Empereur.

» Le monde est éclairé par deux lumi-
» naires : l'un plus grand, le Soleil, l'autre
» moindre, la Lune.

» La puissance Apostolique est comme le
» Soleil; la puissance royale est semblable

» à la Lune. La Lune n'éclaire que par le
» Soleil ; ainsi l'Empereur, les Rois et les
» Princes ne sont que par le Pape, parce
» que le Pape est de Dieu.

» Le pouvoir du Saint-Siège est donc
» bien plus grand que le pouvoir du trône ;
» le Roi est soumis au Pape et lui doit obéis-
» sance.

» Le Pape étant de Dieu et tenant la place
» de Dieu, tout est subordonné au Pape ;
» c'est à lui d'enseigner, d'avertir, de pu-
» nir, d'améliorer, de juger, de décider.

» L'Église Romaine, mère de toutes les
» Églises, a l'autorité souveraine sur l'en-
» semble et sur tous les membres dans l'en-
« semble, et parmi ces membres sont comp-
» tés l'Empereur, les Rois, les Princes, les
» Archevêques, les Évêques et les Abbés.

» En vertu de ce droit souverain et du
» pouvoir des Clefs, l'Église peut les insti-
» tuer et les déposer ; elle leur donne la
» puissance non pour leur gloire tempo-
» raire, mais pour le salut de plusieurs.
» Il faut qu'ils obéissent et servent. »

Des comparaisons de la Lune et du Soleil
ne pèsent pas d'un grand poids dans la ba-
lance des conquérants, et l'on aurait bien
étonné Charlemagne en lui disant qu'il était
la Lune de Léon III ; mais les Papes avaient

judicieusement calculé que le sceptre n'est pas toujours aux mains d'un Charlemagne, d'un Othon le Grand ; que la royauté a des éclipses, et qu'en profitant habilement des circonstances on arracherait aux faibles des concessions que les forts auraient repoussées avec mépris. Ils possédaient d'ailleurs un moyen puissant de dompter les résistances.

A l'égard de l'Empire, qui était en quelque sorte leur création, puisqu'ils l'avaient transféré des Grecs aux Carlovingiens et des Carlovingiens aux Allemands, ils usaient de la théorie des deux glaives, tous deux donnés au Pape par l'intermédiaire de Saint Pierre, dont le successeur en gardait un pour lui, le glaive spirituel, et donnait l'autre, le glaive temporel, à l'Empereur, sous la condition formelle de ne s'en servir que pour l'Église, d'être son bras séculier (1).

(1) « Sur le siège de Pierre est non seulement le glaive spirituel, mais le temporel, l'un devant être manié par l'Église, l'autre pour l'Église ; l'un dans la main du prêtre, l'autre dans la main des Rois et des soldats, à l'ordre et sous l'approbation du prêtre. » (Boniface VIII, bulle *Unam sanctam*.)
— Ces glaives symboliques, attribués au successeur de celui à qui il a été dit : *Remets ton épée au fourreau*, ont une origine curieuse à rappeler. S. Bernard s'est le premier avisé de tirer cette allégorie du verset de S. Luc : *At illi dixerunt, Do-*

Mais ce qu'ils avaient donné, ils pouvaient le reprendre, et c'est ce qu'ils essayèrent de faire maintes fois contre les autres souverains, contre l'Empereur lui-même, dans les cas graves. La facilité avec laquelle Zacharie avait tant obtenu de Pepin, en déclarant Chilpéric III déchu, bon à jeter au cloître, leur indiquait la voie à suivre. Dans cette longue et trouble période du Moyen-Age, où la couronne était souvent le prix du plus hardi, où tant d'aventuriers se taillaient des royaumes à coups d'épée, les Papes n'avaient qu'à délier les sujets du serment de fidélité pour être sûrs d'exciter des rébellions dont ils tireraient profit. Partout où une dynastie chancelle, ils suscitent des compétiteurs dont l'un, qui devra tout à

mine, ecce duo gladii ; at ille dixit : *Satis est.* Dans une alerte, ayant à craindre les Romains ou les Hérodiens, les compagnons de Jésus font le compte de ce qu'ils ont d'armes entre eux : il se trouve deux épées, et on les montre. Cela n'a rien de bien extraordinaire, et il faut certes une grande puissance d'imagination pour y discerner le symbole des futurs rapports du Sacerdoce et de l'Empire. Si ce texte prouve quelque chose, c'est le caractère de révolte à main armée qu'eut la prédication de Jésus, caractère soigneusement dissimulé dans la rédaction définitive des Évangiles, mais dont il reste çà et là des témoins. Admirons l'adresse avec laquelle l'Église s'est fait d'un texte gênant un appui pour accroître sa domination.

l'Église, s'il réussit, saura sans doute ne pas se montrer trop regardant, se reconnaîtra l'homme lige du Pape, baisera sa pantoufle, tiendra la bride de son cheval, laissera gouverner par ses légats. Partout où des fils convoitent le trône de leur père, un peu trop lent à mourir, une voix les exhorte à aider les lois de la nature et leur susurre à l'oreille les honnêtes suggestions de lady Macbeth à son mari. Cette voix bien connue, c'est celle du Pape. Les fils de Louis le Débonnaire l'avaient entendue avant de dépouiller et d'humilier leur père; le fils de Charles le Chauve aussi, encouragé dans sa révolte par Adrien II; les fils de Henri IV aussi: Conrad, excité par Urbain II, Henri, par Pascal; et ce furent des Évêques qui arrachèrent son manteau au vieil Empereur abandonné pour le jeter sur les épaules de Henri V (1). Du XI° au XV° siècle, pas un souverain qui n'ait été déposé ou menacé de déposition par les Papes; pas un royaume qui n'ait été mis en interdit par leurs légats, jusqu'à ce qu'il eût été donné satisfaction à leurs caprices. Sous le couvert de la

---

(1) « Les Souverains Pontifes ont toujours tenu en très-médiocre estime les lois de la nature. En cette circonstance, ils interprétaient le texte de S. Luc: *Celui qui ne hait pas son père et sa mère, celui-là ne peut être mon disciple.* » (Lanfrey.)

d

religion et des intérêts spirituels, ils s'in-
gèrent dans le gouvernement comme dans
la vie privée des Princes, excommunient,
anathématisent, donnent le royaume de
celui-ci à celui-là et soufflent l'incendie
dans toute l'Europe. C'est le droit des Clefs,
assure-t-on, et cette politique astucieuse et
impitoyable s'appelle, chez les apologistes,
l'action bienfaisante et douce de la Papauté
à travers les âges. Toujours inquiets sur
leur domaine Italien, possession précaire et
mal définie; à peine assurés de Rome, que
leur disputent tantôt l'Empereur, comme
Roi des Romains, tantôt les citoyens de
Rome qui ressuscitent contre eux les vieilles
formes républicaines; parfois ignominieu-
sement chassés de la Ville éternelle et n'y
rentrant que sur des monceaux de cadavres;
appelant un jour l'Empereur contre leurs
sujets, et se défendant le lendemain, à l'aide
de ces mêmes sujets, contre l'Empereur;
poussés en exil par des tribuns ou des agi-
tateurs : Albéric, Crescentius, Arnaud de
Brescia, Rienzi, Brancaleone; minés par des
Antipapes sans cesse renaissants, ils n'en
continuent pas moins leur rêve de monarchie universelle et leur distribution, non
gratuite, de couronnes. On les voit aux
aguets, cherchant s'il n'y a pas quelque part
à encourager un intrus, à pourvoir un prince

besoigneux, à soulever une rébellion, à légitimer une usurpation. Autrefois, pour fonder une dynastie, il fallait le génie et l'épée d'un Charlemagne; maintenant, les Papes font des Charlemagnes à la douzaine, avec une houppe de coton, un peu d'huile et quelques mots de mauvais Latin : ils ont mis la souveraineté à la portée de toutes les ambitions. Tant de Princes, en quête d'un point d'appui pour leur despotisme, sont venus de tous les points du monde, de Castille, d'Aragon, de Portugal, d'Angleterre, de Suède même et de Russie, quémander la consécration pontificale et l'ont obtenue, moyennant promesse d'un tribut annuel à lever sur les peuples, ces bonnes bêtes de somme, que les Papes ont fini par se prendre au sérieux. Ils s'ingénient dès lors à tout brouiller, à tout détruire, même leur œuvre propre. Souvent, à l'usurpateur qu'ils ont protégé et fait prévaloir contre le souverain légitime, ils suscitent un nouveau compétiteur, et à celui-ci un troisième; ils donnent la Sicile et le royaume de Naples aux Normands, puis aux Angevins, et appellent, contre les uns et contre les autres, les armes de l'Empereur : confus emmêlement d'intrigues et de violences qui fait un chaos de l'histoire de ces temps. Ils réclament la Pologne, la Bohême, la Hongrie, la Moravie et jusqu'à la Russie comme biens de l'Église, donnent l'Angleterre à Philippe-Auguste, l'Aragon à Philippe le Hardi, la France aux Allemands, l'Italie à tout le monde et vingt fois, sur leur requête, Allemands, Français, Espagnols la couvrent de ruines. Au signe du Pape, les armées fondent sur un malheureux pays et le dévorent; sacs de ville, incendies, massacres, toutes les abominations sont justifiées pourvu qu'elles soient commises dans l'intérêt de l'Église. Parfois les Empereurs usent de la force et viennent à Rome (ce qu'ils ne pouvaient toujours faire) mettre le Pape à la raison; le Pape cède alors. Pascal II, l'hostie entre les dents, jure tout ce que Henri V veut lui faire jurer; on dit la messe, on communie, on rompt le corps du Christ, et les deux ennemis réconciliés en prennent chacun la moitié, en signe de partage loyal du pouvoir. Henri parti, Pascal révoque impudemment ses promesses et tout recommence. Une stipulation fréquente des pactes conclus entre Papes et Empereurs est qu'ils ne chercheront pas à s'empoisonner mutuellement; touchante marque de leur confiance réciproque, dans les rares moments où ils étaient d'accord. Le plus souvent, ils sont en lutte ouverte; l'Empereur tire l'épée, le Pape brandit les foudres de l'excommunication, foudres de moins en moins terribles sans doute, mais auxquelles il donne un puissant adjuvant dans les guerres civiles qu'elles lui permettent d'allumer. Toute l'Europe saigne des coups qu'ils se portent. Ces déchirements, la Papauté les aggrave autant qu'il est en son pouvoir. De l'excès des maux soufferts, que doit-il, en effet, logiquement sortir? La médiation du Pape. Sur toutes ces ruines qu'il aura faites, il interviendra d'un air béat, le père commun de tous les fidèles, rappelant ses très-chers fils, *dilectissimi filii*, à la concorde, à l'union, maintenant qu'ils se sont détruits les uns par les autres et saignés à blanc; les très-chers fils payeront chèrement, soit en humiliations, soit en bonnes espèces sonnantes, cette intervention calculée, et la Papauté se sera encore grandie de l'abaissement général.

A la fin, peuples et Rois, las d'être foulés aux pieds, pillés, massacrés, excommuniés, se dirent que de tous ces titres, à l'aide desquels on les pressurait, Chartes, Donations, Décrétales, droit des Clefs, droit des Glaives, l'un valait l'autre; qu'ils étaient bien innocents de laisser gouverner le monde par le Vicaire de Celui qui a dit: *Mon royaume n'est pas de ce monde*; que le gouvernement appartenait aux Princes ou aux peuples, et la prière, rien que la prière, aux prêtres ; que s'il fallait, à toute force, un domaine à ceux-ci, ce domaine ne pouvait être qu'idéal, éthéré comme la prière, et assigné, non sur cette terre, mais sur les régions célestes, l'air, le vent, les nuages. Il y a un joli conte Persan où deux frères se disputant une maison, l'un dit à l'autre : « Faisons deux parts ; je prends la plus » petite, c'est-à-dire la maison, jusqu'au toit, » et je te laisse la plus grande : tout ce qui » est au-dessus du toit. » Ainsi firent les Princes, ces mécréants ; ils ont gardé pour eux la plus petite part, ce monde de boue, indigne d'arrêter les regards des hommes de Dieu ; à la Papauté, désormais débarrassée de biens périssables et nécessairement bornés, ils ont laissé la plus grande : les espaces sans limites qui, de la terre, s'étendent jusqu'au delà des étoiles.

Dans tous ces bouleversements du Moyen-Age, quel usage les Papes firent-ils de la Donation de Constantin ? Aucun, si l'on en croit leurs apologistes. C'est un acte né en dehors d'eux, on ne sait pourquoi ni comment, œuvre d'un sectateur trop zélé peut-être, mais sans aucune importance. Ils le passent sous silence, comme M. de Broglie (*l'Église et l'Empire Romain au* iv* siècle*), ou s'en débarrassent en quelques lignes dédaigneuses, comme Chateaubriand (*Études historiques*). L'abbé Rohrbacher a été plus sincère en lui consacrant un long chapitre (*Histoire de l'Église*, tome IV) où il s'efforce subtilement de disculper la Papauté. La chancellerie Pontificale, toujours fine et avisée, a rendu la tâche facile en ne s'appuyant presque jamais sur un document qu'elle n'a pas renié d'une manière formelle, mais qu'il ne lui convenait pas de rappeler à tous propos. Il lui suffisait, dans la plupart des cas, d'invoquer la possession d'état créée par des précédents qui avaient pour cause la Donation, sans mettre en avant la Donation elle-même; et c'est ce qu'elle a fait avec adresse en mainte occasion. Mais quoique le plus souvent absente du texte des Bulles, Rescrits et Décrétales qui ont pour objet le pouvoir temporel ou certaines prérogatives du Pape, la Donation en est l'âme. D'ailleurs, tous les Papes n'ont pas eu la même prudence. Adrien I*er*, dans une de ses Lettres, y fait une allusion fort claire en affirmant que Constantin a donné à l'Église la possession des contrées Hespériennes, en rappelant la fable du baptême de l'Empereur, sa guérison de la lèpre, l'apparition de Saint Pierre et de Saint Paul, leurs portraits montrés par Sylvestre (1), toutes circonstances qui figurent dans le préambule de l'acte. Cette lettre a été invoquée comme décisive, en faveur de l'authenticité de la Donation, par Binius et ceux dont il a suivi l'autorité dans sa *Collection des Conciles* (2). Nicolas Ier, dans une longue Épître adressée à l'Empereur Grec Michel III, surnommé l'Ivrogne (861), réclamant le privilège de consacrer l'Archevêque de Syracuse, excipe des droits du Saint-Siège sur l'Épire, l'Illyrie, la Macédoine, la Thessalie, l'Achaïe, la Dacie, la Calabre et enfin la Sicile, en ajoutant que la cession de ces provinces ayant été faite « pour l'entretien du luminaire des églises, » propres termes de la clause relative à ces contrées et aux îles, dans la Donation, « nulle puissance terrestre n'a le droit d'en frustrer Saint Pierre » (3). Et par une insigne im-

(1) Elle fut adressée à l'Impératrice Irène et à son fils Constantin, lors de l'ouverture du Concile tenu à Constantinople, en 786, contre les iconoclastes, pour prouver l'ancienneté du culte des images. Les portraits de S. Pierre et de S. Paul sont rappelés, à cette occasion, et leur ressemblance, qui arracha des cris à Constantin, nous garantit le talent du Raphaël inconnu devant qui avaient posé les vénérables Apôtres. (Steuchus, p. 85.)

(2) Cologne, 1606, 4 vol. in-fol.

(3) Cette allusion, perdue dans une discussion dogmatique, aurait pu passer inaperçue; Steuchus

posture, pour faire croire que la Donation
est véritable, il invoque le témoignage de
Damase, de Siricius, d'Innocent Ier, de Boniface Ier, de Célestin Ier, de Sixte III, de
Léon Ier, d'Hilaire, de Simplicius, de Félix III
et d'Hormisdas, tous Papes des IVe, Ve et
VIe siècles, dont aucun n'a pu soupçonner
l'existence de cette charte apocryphe, rédigée
à la fin du VIIIe siècle.

Toutefois, les Papes se méfiaient et ne
livraient pas le texte : ils savaient bien ce

l'a relevée et mise en lumière, dans son zèle incon-
sidéré pour le Saint-Siège ; mieux vaudrait un
sage ennemi ! « Cette domination » dit-il, « en
vigueur dans l'Église depuis le Pape Damase,
atteste la véracité de la charte de Constantin. Ce
qu'il faut observer dans les paroles de Nicolas,
c'est ce qui regarde le patrimoine de Calabre et de
Sicile, concédé *pour l'entretien du luminaire des
églises*. Par ce clair témoignage, venant d'un Pape
ancien, demeure prouvée l'authenticité du privilège
dans lequel ce grand Empereur dispose de ce même
patrimoine *pour l'entretien du luminaire...* Voilà
qui démontre la démence de l'impudent grammairien (L. Valla) qui s'est moqué de cette partie de la
charte, la traitant de mensongère, de barbare,
d'inintelligible. Il n'avait rien lu des histoires anciennes. » (*Contra Laurentium Vallam*, p. 61.) En
y regardant de plus près, Steuchus aurait pu trouver dans cette lettre de Nicolas Ier une autre
phrase où, à propos de la consécration des Évêques
réservée au Saint-Siège, les propres termes de la
Donation sont encore employés.

qu'il valait. De Nicolas Ier à Léon IX, il n'en est question dans aucun écrit Pontifical. Le pseudo-Isidore l'avait livré à la publicité, mais il fut d'abord si peu répandu, que Hincmar et, un siècle après, Luitprand, tout en sachant confusément qu'il existe une Donation de Constantin, croient qu'elle ne concerne que la ville de Rome, tout au plus l'Italie. Léon IX fut plus hardi que ses prédécesseurs. Ayant à défendre l'Église contre les prétentions du Patriarche de Constantinople, Michel le Cérulaire, et Léon, Évêque d'Achrida, alors métropole de la Bulgarie Macédonienne, il leur communiqua un fragment de la Donation, tel qu'il se trouve dans les Fausses Décrétales et dans Gratien; les Grecs le traduisirent et l'insérèrent, cent cinquante ans plus tard, dans leur *Nomocanon*. Ce Pape, qui fut canonisé, n'hésita pas un seul instant à affirmer qu'il l'avait extrait de la charte écrite « de la main même de Constantin et placée, avec une croix d'or, sur le vénérable corps du céleste porte-clefs. » (1) Après lui, Saint Anselme, Archevêque de Cantorbéry, Yves de Chartres et le Cardinal Dieudonné,

(1) « *Pauca ex privilegio ejusdem Constantini manu, cum cruce aurea super cœlestis clavigeri venerabile corpus posito, ad medium proferemus.* » S. *Leonis Papæ* Epist. I.)

le recueillirent dans leur *Corpus juris*.

A partir du xɪᵉ siècle, les Papes en firent un constant usage. Alexandre II inaugura ce système d'étranges revendications que son successeur, Grégoire VII, devait porter si loin, dont le but était de placer sous la dépendance du Saint-Siège la plupart des royaumes de l'Europe, et qu'ils ne pouvaient appuyer que sur la Donation. Alexandre II écrivait à Guillaume le Conquérant : « ... Ta prudence n'est pas sans savoir que le royaume d'Angleterre, à partir du moment où le nom du Christ y fut glorifié, a été placé sous la main et la tutelle du Prince des Apôtres. » Et Grégoire VII : « ... Nous t'avertissons de veiller aux impôts prélevés en l'honneur de Saint Pierre comme aux tiens propres ; nous nous fions en ta loyauté pour que tu trouves aussi dans Pierre un débiteur propice, et que tu l'avertisses au besoin de te rendre ce qu'il te doit » (c'est-à-dire des prières). Au Comte de Reuss, il concède de l'Espagne, comme si ce royaume lui appartenait, tout ce qu'il pourra prendre aux Sarrasins, et l'on a l'explication de ce singulier cadeau dans une de ses Lettres, adressée à Alphonse de Castille et Sanche, Roi d'Aragon, où il affirme que l'Espagne appartient à l'Église depuis que Saint Paul l'a évangélisée. « Vous n'ignorez pas, » écrit-il encore aux Rois et Comtes d'Espagne, « que depuis les temps les plus anciens le royaume d'Espagne est une propriété de Saint Pierre, et qu'il appartient encore au Saint-Siège et à nul autre, bien qu'il soit entre les mains des païens. Car ce qui est une fois entré dans la propriété de l'Église ne cesse jamais de lui appartenir. » Steuchus cite une autre Lettre encore plus curieuse adressée aux mêmes personnages : « Grégoire, Évêque, Serviteur des serviteurs de Dieu, aux Rois, Comtes et autres Princes d'Espagne, salut. Nous voulons porter à votre connaissance une chose qu'il ne nous est plus libre de taire et qui est très-nécessaire à votre gloire présente et future : à savoir que, d'après d'anciennes constitutions, le royaume d'Espagne appartient en droit et en toute propriété à Saint Pierre et à la sainte Église Romaine. Jusqu'à présent, les calamités qui ont affligé vos prédécesseurs et la négligence des nôtres l'ont fait oublier. Car, après que ce royaume eut été envahi et asservi par les Sarrasins, le tribut qui était payé à Saint Pierre cessa de l'être : c'étaient des infidèles qui tenaient le pays et l'opprimaient; en même temps s'abolit le souvenir des faits anciens et de notre propriété. Mais puisque la miséricorde divine, qui vous a protégés et toujours vous protégera

contre de tels ennemis, vous a fait recouvrer
ces domaines, je ne veux pas vous laisser
ignorer la chose, de peur que l'Arbitre suprême, le dispensateur des lois et de la justice, ne nous demande un terrible compte à
nous et à vous : à nous de notre négligence,
et à vous, par notre faute, d'une ignorance
coupable à l'égard de ce qu'il a daigné concéder à notre humilité en l'honneur de Saint
Pierre et de son saint Siège Apostolique. » (1)
Il écrit à Géïsa, roi de Hongrie, qui voulait
se faire le vassal de l'Empire : « Tu dois
savoir que le royaume de Hongrie, comme
tous les autres nobles royaumes, doit rester
dans la condition d'État libre, et ne se soumettre à aucun autre suzerain que la sainte
et universelle mère, l'Église Romaine. » (2)
Il prévient le Duc de Russie, Démétrius, que
son fils, venu en pèlerinage à Rome, lui a
demandé gracieusement son royaume, et
qu'il le lui a donné, de la part de Saint

---

(1) Steuchus, *Contra Laurentium Vallam*, p. 185
et suiv. — « Voyez, » s'écrie-t-il, supputant les
dates et comptant les années sur ses doigts ; « si
l'on remonte avant l'invasion des Sarrasins, époque
à laquelle, le saint Pape Grégoire l'assure, l'Espagne
était une propriété de l'Église, on arrive jusqu'aux
temps de Constantin. Quelle meilleure preuve de
l'ancienneté et de l'authenticité de la Donation ? »

(2) Steuchus, *ibid.* p. 186.

Pierre. « Ton fils s'est acquitté de ce qui est dû à Saint Pierre ; moyennant quoi, je lui ai livré de la part de Saint Pierre le gouvernail de ce royaume, qui est nôtre. » (1) Il adresse les mêmes avertissements ou les mêmes menaces à Suénon, Roi de Danemark, à Wratislas, Roi de Bohême, et fait savoir à un Duc de Sardaigne, Orzocor ou Orcozor, que s'il ne cède aux exigences de l'Église, il transférera son duché en d'autres mains, comme c'est son droit. Il extorque un serment de fidélité à Richard, Duc de Capoue; il rappelle durement à Philippe Ier, Roi de France, qu'il a promis d'obéir avec décence et dévotion à Saint Pierre, Prince des Apôtres. Innocent II confère à Alphonse le Conquérant le titre de Roi de Portugal (il n'était que Comte); Innocent III donne l'Aragon à Pierre II, qui le possédait déjà légitimement, mais dont la royauté était menacée par le démembrement féodal; Boniface VIII défend au Roi d'Angleterre, Édouard Ier, de se mêler des affaires d'Écosse, « royaume qui appartient à Saint Pierre, » et retire la France à Philippe le Bel pour la concéder en toute propriété

---

(1) *Debita fidelitate B. Petro, item regni* nostri *gubernaculum ex parte B. Petri tradidimus.* » (Steuchus, *ibid.* p. 190.

au Duc Albert d'Autriche. Ce mauvais plaisant avait trouvé le moyen de se débarrasser, théologiquement et juridiquement, de ses adversaires. « Quiconque résiste au Pape pour obéir au Roi, » disait-il, « admet deux principes ; donc il est Manichéen. » Donc il faut le brûler.

A la rigueur on pourrait nier, contre l'opinion de Steuchus, quoiqu'elle ait du poids en cette matière, que les Papes s'appuyassent sur la Donation dans les documents précédents ; mais il n'en est pas de même pour le droit de suzeraineté qu'ils prétendaient exercer sur toutes les îles. Là, plus de subterfuge : car si, comme on le soutient aujourd'hui, Jésus-Christ a donné le monde entier à Saint Pierre, et nommément l'Espagne, parce qu'elle a été évangélisée par Saint Paul, il n'a pas pu faire une clause spéciale pour les îles. Or, c'est comme île qu'Alexandre II et Grégoire VII réclamaient l'Angleterre ; ce dernier réclama aussi la Corse : « Vous le savez, » écrivit-il aux habitants, « vous le savez, mes frères et très-chers fils en Christ, cela est clair non seulement pour vous, mais pour beaucoup de nations, l'île que vous habitez n'appartient, en droit de propriété, à nul mortel, à nulle puissance, sinon à la sainte Église Romaine. » C'est aussi parce que la Sardaigne est une île qu'il avait écrit au duc Orzocor la Lettre citée plus haut, et avant lui Léon III et Urbain II avaient élevé les mêmes prétentions sur la Corse. Adrien IV donna de son propre chef au Roi d'Angleterre, Henri II, la souveraineté de l'Irlande, « île qui, pareillement à toutes les autres îles sur lesquelles brille le Soleil de la justice, Jésus-Christ, appartient indubitablement au patrimoine de Saint Pierre et à l'Église (1). » Boniface VIII concéda de même la Sardaigne et la Corse à Jacques II, Roi d'Aragon, et en exigea en retour un serment « de plein vasselage et d'hommage lige » dont, pour plus de sûreté, il lui dicta les termes, dans ce beau Latin d'Église qui fait bien voir que sans les prêtres toute littérature aurait péri : *plenum vassalagium et homagium ligium.* (Bulle *Super Reges.*) Quand les voyages de circumnavigation eurent démontré que le Nouveau-Monde était formé de deux vastes îles, Alexandre VI prit gravement son compas et, en vertu du droit de l'Église, partagea l'Amérique entre les Espagnols et les Portugais. « On se demande avec stupéfaction, »

---

(1) *Omnes insulæ quibus Sol justitiæ, Christus, illuxit, ad jus Sancti Petri et sacrosanctæ Ecclesiæ pertinent.* »

dit Lanfrey, « d'où pouvait provenir ce droit fantastique sur toutes les îles, qui est invoqué ici avec tant d'assurance. » Il provenait de la Donation de Constantin. Le conseiller et l'ami d'Adrien IV, à propos de qui l'auteur de l'*Histoire politique des Papes* fait cette réflexion, Jean de Salisbury, dit en propres termes qu'elle est la base du droit du Pape sur les îles et ce n'est plus contesté aujourd'hui (1). A bien prendre le texte, comme s'il était authentique, il ne confère à Sylvestre que des domaines « en Thrace, en Judée... ou dans diverses îles, » *in Thracia, Judæa... vel diversis insulis possessionum prædia contulimus;* et le but spécial de cette clause, l'entretien du luminaire sur les tombeaux des Apôtres (*pro continuatione luminariorum*), en montre le peu d'importance : si chère que fût la cire dans ce

---

(1) « Tout le monde reconnaissait alors au Pontife Romain un droit spécial sur les îles. Les Grecs étaient d'accord là-dessus avec les Latins. Th. Balsamon, Patriarche Grec d'Antioche, composait alors (1154) son corps de droit canonique (le *Nomocanon*) où il a inséré la Donation de Constantin, qui donne toutes les îles à l'Église Romaine. » (Rohrbacher, Tome IV, livre 69.) — La date de 1154 est fausse, mais il faut être juste : en donnant la date véritable (1194), l'abbé Rohrbacher ne pourrait plus soutenir qu'Adrien IV, mort en 1159, a été induit en erreur par le *Nomocanon*.

e.

temps-là, Constantin n'a pas pu mettre à contribution les quatre parties du monde pour fournir quelques paquets de cierges. Mais l'Église s'est toujours montrée large en matière d'interprétation.

Bien entendu, les Papes comptaient moins sur l'efficacité de la Charte, en elle-même, que sur le bon vouloir à leur égard de ceux qu'ils investissaient du pouvoir en vertu de leur prétendue suzeraineté. Il faut écouter là-dessus le chœur des théologiens et des canonistes. L'abbé Glaire : « Si l'on s'étonne que les Papes donnassent des royaumes qui ne leur appartenaient pas, faut-il être moins surpris en voyant des Princes accepter de pareils présents ? N'était-ce pas convenir que les Papes avaient le droit de disposer des couronnes et de déposer les monarques à leur gré ? » — Rohrbacher : « Que le Pape offre la couronne à tel Prince; qu'il la lui retire pour la donner à un autre, il n'y a à ces actes nulle difficulté. Le Pape opère à vue ces changements en vertu du droit des deux Glaives et de son souverain domaine sur l'univers. » — Joseph de Maistre : « J'ai souvent entendu, dans ma vie, demander de quel droit les Papes déposaient les Empereurs; il est aisé de répondre : du droit sur lequel repose toute autorité légitime, *possession* d'un côté, *assentiment* de l'autre. »

Plaisante morale ! Les Papes s'étaient mis en possession à l'aide d'un faux titre, et, en fait d'assentiment, on invoque pour eux celui des usurpateurs qu'ils favorisaient, des voleurs de couronnes !

Forts de cet état de choses qu'ils avaient artificieusement créé et que la superstition entretenait, ils purent se montrer hautains et exigeants, affirmer plus que jamais la réalité de la Donation et veiller à l'exécution de toutes ses clauses. Frédéric Barberousse dut tenir les rênes de la blanche haquenée d'Adrien IV ; comme il hésitait, comme il se contentait de baiser la mule du Pape, ce qui marquait à son avis suffisamment de déférence, on lui remontra, par l'exemple de Lothaire, un usurpateur suscité contre son propre père par Innocent II, que c'était une obligation impériale, et force lui fut de s'exécuter. Alexandre III le récompensa bien de cet abaissement lorsque plus tard, le relevant d'excommunication, il lui posa le pied sur la tête en psalmodiant le verset de Jérémie : *Super aspidem et basiliscum... Conculcabis leonem et draconem.* Toutes les fois qu'ils le purent, les Papes exigèrent des Empereurs ou des Rois la même soumission ; Boniface VIII, lors de son couronnement, se fit présenter l'étrier par Charles II, Roi de Sicile ; Sigismond, Roi de Hongrie, et l'Électeur Palatin, à pied, têtes nues, tinrent les rênes du cheval de Martin V. A chaque fois, ils ne manquaient pas de faire insérer dans le procès-verbal de la cérémonie les mots consacrés : *exhibuit stratoris officium* (ce sont les propres termes de la Donation), pour bien constater la reconnaissance de leurs droits, la validité de la charte (1). Ils ne se contentaient pas de cette affirmation indirecte. Innocent III dit sans ambages, dans un Sermon sur Saint Sylvestre, que Constantin a donné à ce Pape tous les royaumes d'Occident, qu'il les lui a concédés et livrés (*tradidit et demisit*) : cela, pour la théorie ; dans la pratique, il était de l'avis de Saint Louis,

(1) *Decretum est et Principum favore firmatum, quod dominus Imperator, pro Apostolorum Principis et Sedis Apostolicæ reverentia* officium exhiberet stratoris. (Muratori, *Antiq. Medii ævi*, Dissert. IV.) — Le *Miroir de Souabe*, rédaction authentique et légale des coutumes Allemandes au xiiie siècle, confirme et aggrave ces prétentions : « Il (le Pape) monte un blanc palefroi et l'Empereur lui doit tenir l'étrier de peur que la selle ne remue ; signifiant ainsi que si quelqu'un résiste au Pape, les Princes temporels le doivent contraindre. » Cité par l'abbé Gosselin, professeur au séminaire de S. Sulpice : *Pouvoir des Papes sur le temporel des Rois au Moyen-Age*, 1839, in-8º.

qu'on ne doit pas défendre la religion par des arguments : on se ferait battre ; mais convaincre les raisonneurs en leur fourrant l'épée dans le ventre « tant qu'elle y peut entrer. » Ses féroces Inquisiteurs firent brûler vifs à Strasbourg deux malheureux, coupables d'avoir mis en doute l'authenticité de la vieille charte apocryphe. Telle est l'audace des fourbes, lorsqu'ils ont en mains le pouvoir (1). Grégoire IX fut plus

(1) Voltaire place cette exécution deux siècles et demi plus tard. « Croira-t-on un jour qu'une si ridicule imposture, très-digne de Gille et de Pierrot, ou de Nonotte (la Donation), ait été généralement adoptée pendant plusieurs siècles ? Croira-t-on qu'en 1478 on brûla dans Strasbourg des Chrétiens qui osaient douter que Constantin eût cédé l'Empire Romain au Pape ? » *Essai sur les mœurs*, chap. X.

Nous n'avons rien trouvé, dans les annales de Strasbourg, qui corroborât l'assertion de Voltaire à cette date de 1478 ; mais voici ce qu'on lit dans Hermann et Nolden :

« Sous l'Épiscopat de Henri de Vehringen, et à la poursuite de Conrad de Marpurg, Dominicain, on fit le procès pour hérésie à nombre de personnes accusées de suivre la doctrine des Vaudois ou Albigeois. Il en fut brûlé, à Strasbourg, quatre-vingts des deux sexes en 1213, et d'autres encore en 1229 et 1230. *Sur les vives instances de dénonciateurs puissants, les juges prononcèrent à regret la condamnation contre un homme et une femme dont le principal crime était d'être un peu plus instruits que les autres : ils avaient osé nier*

tiède ; il se contenta d'affirmer solennellement à Frédéric II que le Pape tenait de Constantin Rome, tout l'Empire, et le droit de porter les insignes impériaux; Nicolas III (Extravagantes, *de Electione*), rappela les termes de la Donation et en soutint l'authenticité; Clément V fit jurer à Henri IV et Eugène IV à Sigismond, de la maintenir. Ne poussons pas plus loin cette énumération. Les Papes étaient soutenus, dans leurs prétentions insensées, par une armée de juristes, presque tous sortis de leur université de Bologne, soutenant, comme Tolomeo de Lucques *(De regimine Principum)*, que la Donation devait être considérée comme une déposition volontaire de l'Empereur en faveur du Pape, et, comme Tudeschi, qu'il fallait brûler sans rémission tous ceux qui seraient d'avis contraire.

C'est par le *Décret* de Gratien (1151) que la Donation de Constantin pénétra dans le monde des légistes et fut livrée aux dispu-

---

la prétendue Donation de Constantin le Grand au Saint-Siège. » L'incendie de la bibliothèque de Strasbourg, lors du bombardement de 1870, a fait disparaître les pièces de ce monstrueux procès que Strobel s'était proposé de publier.

(Ces renseignements nous ont été communiqués par l'érudit Alsacien, M. P. Ristelhuber.)

tations des hommes. L'épaisse compilation juridique, œuvre patiente d'un moine obscur de Bologne, qui n'a pas laissé d'autres traces dans l'histoire, vint juste à point pour préparer le pontificat d'Innocent III et fournir à ce continuateur de la politique absorbante de Grégoire VII les textes qu'il lui fallait pour compléter l'asservissement des pouvoirs civils et réduire les Rois au rôle de bras séculier, d'exécuteur des hautes œuvres du Pape : suprême idéal de la théocratie !

Rien n'était fait tant que les prétentions des Papes, celles qu'ils déduisaient de la Donation comme celles qui découlaient de leurs propres Décrétales, n'étaient point passées dans le droit public, n'étaient pas prises pour les sources mêmes du droit. On se trouvait dans un chaos, sans nul guide, nulle autorité, au milieu de cette abondance de pièces, la plupart apocryphes, successivement produites ou fabriquées suivant les besoins du jour et offrant les contradictions les plus flagrantes, car l'Église et ses besoins avaient bien changé depuis les temps Apostoliques. Denys le Petit avait bien rassemblé, vers 550, toutes les Décrétales qui passaient pour vraies, et Isidore Mercator, à la fin du VIII° siècle, comblé par des fausses les regrettables lacunes que présentait la collection; mais c'était insuffisant. Gratien, au xii°, ajouta de nouveaux documents, vrais ou faux, aux anciens, fondit le tout, en fit un corps de doctrine, lui imprima le cachet dogmatique en formulant des propositions qui s'enchaînent assez pour composer, dans leur ensemble, un code ecclésiastique complet, et que viennent appuyer, à la file, des textes du Digeste, les Chartes des Empereurs, les Lettres, Bulles et Décrétales des Papes, les Canons des Conciles; il altéra, mutila, falsifia tout ce qui lui passait par les mains, afin de le mieux faire entrer dans son cadre et d'établir l'harmonie, la concordance parfaite des doctrines les plus disparates; il y parvint en apparence, à l'aide d'une habile distribution de matières qui, réunissant sous un même chef (*distinction, cause* ou *question*) les pièces non absolument inconciliables, donne à ce pêle-mêle un semblant de cohésion, et baptisa le tout, pour éblouir, du titre de *Concordia discordantium canonum*: titre menteur s'il en fut.

Cependant, sous cet amas d'incohérences et de contradictions, il y a une unité, une unité redoutable; tout y converge vers un centre: la primauté du Pape, la monarchie universelle du Pape, souverain du monde, dispensateur de toutes les couronnes, et, dans

chaque État, la domination sacerdotale.
Que Gratien traite de la constitution hiérarchique de l'Église (1ʳᵉ partie du *Décret*),
de l'administration ou juridiction ecclésiastique (2ᵉ partie), enfin de la liturgie et des
sacrements (3ᵉ partie), les matières religieuses semblent seules être de son ressort;
il n'a l'air de s'occuper en aucune façon de
la société civile et reste dans le domaine
spirituel, le propre domaine du prêtre. Ce
n'est donc pas de sa faute si tout, absolument tout, est du domaine spirituel; si rien
n'échappe au prêtre, qu'il soustrait d'abord
prudemment à la juridiction séculière,
l'homme de Dieu ne pouvant être assujetti
à l'homme du siècle, et pour lequel, en revanche, il réclame seulement ce qui est du
ressort de la religion : l'état civil, puisque
l'état civil chez tout peuple catholique a
pour base le baptême, un sacrement; les
mariages : le mariage est encore un sacrement; par extension tout ce qui regarde le
contrat, la dot, le douaire; les testaments :
le testament est une affaire de conscience;
les obligations contractées sous serment : le
serment est religieux; l'éducation, l'enseignement : il s'agit de l'âme; l'assistance à
donner aux veuves, aux pauvres, aux orphelins et la connaissance de tout procès
où ils se trouvent engagés : le pauvre, la

veuve, l'orphelin sont du ressort de la charité, et la charité, c'est le prêtre ; en thèse générale, il réclame encore la connaissance de tout conflit entre Chrétiens, car s'il y a procès, on peut dire à l'avance que l'une des deux causes est mauvaise, et soutenir une mauvaise cause, c'est un péché : or le péché, c'est l'affaire du prêtre (1). De la naissance à la sépulture, dans toutes les conditions de l'existence, le prêtre est là, menaçant et tenace ; impossible de lui faire lâcher prise. Celui qui n'est ni orphelin, ni pauvre, ni veuf, ni marié, qui n'aurait besoin de l'Église que pour naître et pour mourir, on le tiendra par les mille circonstances de la vie commune : Pothier remarquait que de son temps encore, les notaires, presque tous ecclésiastiques, avaient soin d'insérer dans les contrats les plus usuels une clause d'exécution sous serment, pour faire changer la

---

(1) A l'aide du même artifice, Innocent III prétendait s'immiscer dans toutes les querelles entre souverains. « Personne ne doute », disait-il, « qu'il ne nous appartienne de juger de tout ce qui regarde le salut et la damnation de l'âme. Or les guerres injustes ne sont-elles pas des œuvres dignes de la damnation éternelle et comme telles soumises à notre jugement ? Nous ne prétendons pas décider les questions qui concernent le fief, et qui sont du ressort du Roi, mais seulement prononcer sur le péché dont la correction nous appartient. »

juridiction. Celui qui n'a pas de procès, on lui en fera, sous prétexte d'hérésie, de sorcellerie, de mépris des sacrements, et il tombera, lui et ses biens, à la merci du prêtre. Plus on pénètre dans ces noires ténèbres du droit canonique, plus on se convainc qu'il n'a de raison d'être que pour tout mettre sous la main de l'Église, pour rendre la caste sacerdotale maîtresse de la vie, des biens et des enfants de tout le monde. Les clauses relatives aux testaments et donations sont de la piraterie organisée; elles n'ont pour but que de faciliter la captation. Une constitution d'Alexandre III décide que lorsqu'un legs est fait en faveur d'une église ou d'un prêtre, on doit agir non selon les lois du pays, mais selon les Canons (*non secundum leges, sed secundum Canones*); dans ce cas, il n'y a plus besoin de testament, le legs peut être institué verbalement (*nudis verbis*), deux ou trois témoins suffisent pour la validité, et les prêtres qui se prétendent institués au détriment de la famille sont reçus comme témoins. Les bons apôtres! Au prêtre, toutes les richesses, tous les honneurs, et, s'il faute, un tribunal ami, l'impunité; au reste des citoyens, la permission d'exister, sous l'œil du prêtre : on les laisse vivre, travailler, s'enrichir, comme on laisse les abeilles faire leur miel, pour le manger.

Qu'on juge de l'attachement du clergé pour ce formulaire de ses éternelles revendications ! C'est son code, et il dénonce comme d'odieux empiétements, il exorcise sous le nom vaguement inquiétant de Révolution toutes les légitimes reprises du pouvoir séculier en matière d'état civil, de juridiction, d'enseignement. L'auteur du *Décret* est pour lui presque un Dieu, *Dominus Gratianus, Divus Gratianus;* son livre est le livre d'or de l'Église (1). Il n'y a rien à en retrancher, rien à en rabattre : « Toutes les propositions du *Décret,* » dit un canoniste (2), « ont *per sæcula sæculorum,* dans l'Église, la même portée qu'à leur origine. » Même aujourd'hui que la civilisation moderne, douée d'une robuste constitution, est parvenue à rejeter ces dangereux germes de mort par une élimination lente, mais sûre, comparable au jeu de l'organisme humain qui expulse un virus, lorsque le virus n'a pas été assez fort pour le tuer; dépossédé de presque tout ce qu'il tenait de par

---

(1) *Decretum aureum Domini Gratiani ; Decretum divi Gratiani,* tels sont les titres d'un grand nombre d'éditions du *Décret.*

(2) Rosshirt, *Dictionnaire encyclopédique de la Théologie catholique;* traduit de l'Allemand par l'abbé Goschler. Art. *Décret de Gratien.*

les lois qu'il avait faites, le clergé se renferme encore dans ce *Décret,* sa dernière citadelle : l'état de choses qui en avait été le résultat au Moyen-Age, cette période de guerres atroces et de calamités sans nombre, l'ère de l'Inquisition, l'ère de l'abêtissement et de l'asservissement de la pensée humaine, ce cauchemar éclairé aux lueurs des bûchers est pour lui l'ordre social par excellence, il doit l'être pour tout bon catholique (1).

L'étude du *Décret* fut imposée par Eugène III à l'Université de Bologne, cette reine des universités catholiques, bien digne de l'être, car on exhibait, pour lui donner du lustre, la faire valoir, sa charte de fondation, signée de Théodose II, adressée, en 433, au Pape Célestin, qui était mort l'an-

---

(1) « L'ordre social du Moyen-Age est, pour les principes, l'ordre social Chrétien, l'ordre le plus en harmonie avec les vérités et les devoirs de la foi, l'ordre le plus favorable au progrès dans la stabilité, à la liberté dans la tradition. Avec des sociétés légalement constituées en dehors du Christianisme, ce droit Chrétien est sans doute *provisoirement* inapplicable ; il n'en constitue pas moins en soi un ordre social parfait, et tout Chrétien, tout homme intelligent, qu'il porte la parole ou la plume n'importe, doit s'efforcer, avec un zèle prudent, de ménager parmi nous à ces principes une nouvelle application. » L'abbé Rohrbacher, *Histoire universelle de l'Église catholique,* tome VII.

f.

née précédente, à Louis le Débonnaire, qui n'était pas né (il s'en fallait de quatre cents ans), à Baudouin, Comte de Flandre, qui se trouvait dans le même cas, et à certain Philippe, Roi d'Angleterre, qui n'a jamais existé. De cette école de mensonge, toute dévouée au Pape et à ses œuvres, une foule de juristes, nourris de la moelle de Gratien, incapables de discerner le faux du vrai, après avoir si longtemps pâli sur cette encyclopédie des fraudes et des supercheries cléricales, la tête pleine de chimères, essaimaient chaque année comme d'une ruche et allaient infester toute l'Europe. Par eux, le *Décret* de Gratien devint le code ecclésiastique universel; quoique dépourvu de toute sanction, de toute autorité régulière, il fut admis même en France, où l'on ne recevait comme canoniques que les Décrétales recueillies par Denys le Petit, et eut force de loi par-devant les tribunaux civils.

La Donation de Constantin avait un droit incontestable à figurer dans cette œuvre où les Fausses Décrétales d'Isidore Mercator tiennent un si bon rang, où la monstrueuse falsification connue sous le nom de Constitutions Apostoliques est donnée comme d'une authenticité incontestable, avec le *Liber Pontificalis* du Pape Damase, et tant de Lettres de Papes, fabriquées *ad majorem Dei gloriam;* mais en habile homme, le compilateur en a retranché cet absurde préambule où l'on fait parler Constantin en Père de l'Église, initié aux plus profonds mystères de la foi; il s'en est tenu à l'utile. Elle occupe, dans le *Décret*, la majeure partie de la Distinction XCVI, Canon XII, et vient à l'appui de propositions qui toutes sont destinées à établir sur des bases solides la suprématie Pontificale, à défendre l'Église de l'ingérence séculière. Le Canon XI commence par affirmer que les Empereurs sont sujets du Pape, et non les Papes sujets des Empereurs. « Si l'Empereur est catholique (ce que nous lui souhaitons d'être), il est le fils et non le chef de l'Église (*filius est, non præsul*); donc il lui convient d'apprendre ce qui est de la religion et non de l'enseigner (*discere, non docere*). Il a les privilèges de son ressort, mais Dieu a voulu que tout ce qui regarde l'Église fût de la compétence des prêtres. » La Distinction XCVII établit que l'élection des Papes, et en général toutes les affaires ecclésiastiques, ne regardent ni l'Empereur, ni aucun laïque; que les décisions des Empereurs à ce sujet sont nulles et non avenues, à moins qu'elles ne soient confirmées par le Pape. Bien loin donc d'être déplacée ici, comme Laurent Valla l'insinue, la Donation de Constantin fait corps avec tout ce qui suit et tout ce qui précède; elle est la clef de voûte de l'édifice, car c'est de la subordination de l'Empereur et des Princes au Pape, que dérive, par voie de conséquence naturelle, la subordination du laïque au prêtre; elle est le nerf du système qui place en haut, tout en haut le Pape, maître des couronnes, les donnant et les retirant à son gré, en bas la noire légion du clergé, dévorant la substance des peuples; qui transforme le monde en une sorte de ferme dont les Papes font l'exploitation de compte à demi, avec les Rois pour métayers et les peuples pour cheptel; qui fait de tout ce qui n'appartient pas à la caste sacerdotale des ilotes, de misérables serfs, toujours tremblants, toujours sous le coup d'une dénonciation possible, ne parlant qu'avec la permission du prêtre, ne vivant que par pitié, une race de mendiants : mendiants couronnés tendant la main au Pape, mendiants à besace gueusant leur pain à la porte des monastères.

Le *Décret* de Gratien est, pour le clergé, une œuvre tellement capitale, l'infirmation de la moindre de ses parties, à plus forte raison d'une pièce importante, est pour lui d'une telle conséquence, que dès que l'inauthenticité de la Donation de Constantin fut seulement soupçonnée, on s'efforça d'exonérer de cette supercherie l'auteur du *Décret.* Antoine de Florence, Nicolas Cusan, Volaterranus, par exemple, affirmèrent qu'elle ne se trouvait pas dans quelques anciens manuscrits, ce qui s'explique, puisque postérieurement à l'imprimerie, elle n'a souvent été éditée, en pays libres, en France et en Allemagne, qu'avec la glose infamante : Cette Donation est une supercherie ; *hæc dona sunt mendacia.* Ceux qui la désapprouvaient si catégoriquement ont bien pu la retrancher de leurs exemplaires, sans pour cela douter que Gratien l'eût recueillie. Gratien n'était pas si scrupuleux et Valla lui-même, dans un autre de ses ouvrages (1), le prend en flagrant délit d'imposture, mutilant un passage d'Isidore Mercator pour en tirer un sens exagéré, à propos du Symbole des Apôtres, récité au Concile de Nicée : falsifier ce qui est déjà faux, c'est un assez joli tour de force. Toutefois, subissant malgré lui l'ascendant d'un livre que l'on commentait dans toutes les écoles de droit, d'un auteur qui jouissait d'une si grande autorité, Valla refuse de croire Gra-

---

(1) *Pro se et contra calumniatores Apologia. Laurentii Vallæ opera, Basileæ,* 1543, in-fol., p. 800.

tien capable d'avoir inséré la charte apocryphe parmi les Canons, et, sans doute pour ne pas avoir à faire à trop forte partie, préfère charger du délit un interpolateur imaginaire du nom de Paléa.

La Donation figure, en effet, dans le *Décret*, sous la rubrique *Palea*, qui lui est commune avec quelques autres documents du même genre, et qui a donné lieu aux plus bizarres interprétations. « Environ cinquante Canons, dispersés dans le *Décret* de Gratien, portent ce titre que l'on ne peut plus, et depuis longtemps, positivement expliquer. D'après les uns, *Palea* est une abréviation du nom propre Paucapaléa auquel on attribue l'interpolation de ces Canons dans le Décret de Gratien ; mais si, en effet, Paucapaléa ou Protopaléa, *un des premiers et des plus remarquables disciples de Gratien*, compila plusieurs de ces Canons, tous ne sont pas incontestablement de lui. D'autres savants, comme Walter, pensent que ces passages ne s'étant trouvés dans l'origine qu'à la marge et ne provenant pas de Gratien lui-même, ne furent guère tenus en estime par les glossateurs qui les désignèrent comme de la paille, *palea*, en comparaison du pur froment de Gratien. » (L'abbé Goschler, *Dictionnaire encyclopédique de la Théologie catholique*, art. *Paléa.)* Valla tantôt adopte la première et tantôt la seconde de ces hypothèses, pour avoir devant lui un adversaire qu'il puisse prendre à partie, n'osant pas s'attaquer aux Papes, qu'il pensait bien, au fond, être les auteurs de la fraude, et pour s'amuser à jouer sur le nom de ce Paléa, homme de paille de la Papauté. Vraisemblablement, *palea* est la transcription du Grec παλαιά, sous-entendu γράμματα; les copistes qui ont mis cette indication en tête de quelques parties des Canons ont sans doute voulu marquer que ces documents étaient vieux et qu'ils en ignoraient l'origine (1). De leur παλαιά, comme du Pirée, on a fait un homme : Paucapaléa, Protopaléa, aussi appelé Pocopaléa, Quotapaléa ou tout simplement Paléa, disciple de Gratien, d'une érudition consommée, d'un goût exquis, etc.! Par suite d'une méprise, peut-être intentionnelle, une rubrique est devenue un savant; un peu plus elle devenait un saint :

(1) V. Banck, *De tyrannide Papæ in Reges et Principes Christianos*, Franequeræ, 1649, in-12. Ce jurisconsulte Suédois, qui a dédié son livre à la Reine Christine, s'amuse aussi à jouer sur le nom de Paléa : «... *Et cum* palea *sit, ac pro* palea *in Decretis inseratur, nulla veritatis grana unde colligere licet, Piscator Romanus granaria sua auro replevit.* »

que de personnages de l'histoire ecclésiastique n'ont pas d'autre droit à l'existence !

Laurent Valla ne fut pas le premier à soupçonner de fausseté la Donation ; une telle supercherie, si grossière, ne pouvait pas être examinée de près sans qu'on en vît la trame. Dès 998, l'Empereur Othon III la dénonçait publiquement, dans une de ses Constitutions. Frédéric Barberousse sembla néanmoins l'admettre comme vraie, en principe (1), et Gervais de Tilbury, secrétaire de Othon IV, en reconnut, au nom de son maître, la validité ; mais ces acquiescements, extorqués d'une façon plus ou moins adroite, ne signifient rien. Ils sont le fruit de la fameuse alliance du trône et de l'autel, deux despotismes faits pour s'entendre et, après maintes querelles, se réconcilier toujours aux dépens des peuples. En dehors des juristes papalins, bien peu d'esprits

---

(1) Il prétendait seulement que toute donation pouvant être révoquée pour cause d'ingratitude, il se réservait d'user de ce droit. « Au temps de Constantin, S. Sylvestre possédait-il quoi que ce soit de la dignité royale ? Ce fut ce Prince qui rendit à l'Église la liberté et la paix, et tout ce que vous possédez, comme Pape, provient de la libéralité des Empereurs. Lisez les histoires et vous y trouverez ce que je dis. » (*Lettre à Adrien IV.*)

élevés, familiers avec les textes, faisaient le moindre cas d'une charte dont la rédaction est si ridicule, dont chaque clause dénonce la fraude, chaque phrase la sottise d'un scribe ignorant. En 1152, lorsqu'Eugène III argua de la Donation, que Gratien venait de produire au grand jour, pour disputer Rome au peuple, soulevé par Arnaud de Brescia, un des disciples de l'apôtre démocratique, Wetzel, écrivait à Frédéric Barberousse : « Ce mensonge ou plutôt cette fable hérétique, par laquelle Constantin passe pour avoir simoniaquement cédé à Sylvestre les droits de l'Empire sur la ville de Rome, est aujourd'hui dévoilé; les journaliers et les bonnes femmes en savent assez là-dessus pour fermer la bouche aux docteurs, si bien que le Pape et les Cardinaux n'osent plus se montrer en public, tant ils en sont honteux (1). » Il traite de même le baptême de Constantin par Melchiade, cette première fable dont nous avons parlé et qu'on essayait

---

(1) « *Mendacium vero illud et fabula hæretica, in qua refertur Constantinus Sylvestro imperialia simoniace concessisse in Urbe, ita detecta est, ut etiam mercenarii et mulierculæ quoslibet etiam doctissimos concludant, et dictus Apostolicus cum suis Cardinalibus in civitate præ pudore apparere non audeant.* » Martène et Durand, *Amplissima Collectio veterum scriptorum*, 1724 ; Epist. 384.

sans doute de remettre à flot, en voyant contester le baptême par Sylvestre. Dante paraît avoir cru à l'authenticité de la Donation ; il en déplore les effets et la signale comme la principale cause de la corruption de l'Église, de l'avilissement du trône pontifical :

> Hélas ! Constantin, de quels fléaux fut mère
> Non ta conversion, mais cette dot
> Que reçut de toi le premier Pape enrichi (1) !

C'est le poète qui parle, et vraie ou fausse, la Donation avait eu les effets qu'il déplore. Dans son *De monarchia*, il ne la rapporte que comme une tradition très-discutable : « Il y a encore des gens qui prétendent que l'Empereur Constantin, guéri de la lèpre par l'intercession de Sylvestre, a donné à l'Église le siège de l'Empire, c'est-à-dire Rome (2). » Sur le fond de la question, Dante établit très-bien que Constantin n'a rien pu aliéner de

---

(1) *Ahi, Constantin, di quanto mal fu matre*
Non la tua conversion, ma quella dote
Che da te prese il primo ricco Patre!
                                Inferno, V, 115 et suiv.

(2) « *Dicunt quidam adhuc quod Constantinus Imperator, mundatus a lepra intercessione Sylvestri, Imperii sedem, scilicet Romam, donavit Ecclesiæ.* » (*De Monarchia*, lib. III.)

l'Empire, qu'il aurait déchiré en deux la tunique sans couture (*scissa esset tunica inconsutilis*), que l'Église est bâtie sur la pierre ou sur Pierre, c'est-à-dire sur le droit divin, l'Empire sur le droit humain, et toute sa discussion, d'une rare élévation d'idées et de style, porte précisément sur la séparation nécessaire des deux pouvoirs. C'était du reste, à son époque, la thèse des juristes indépendants; trompés par l'assurance avec laquelle l'Église affirmait l'authenticité de la Donation, ils la croyaient réelle, mais refusaient de l'admettre comme valable. Dubois de Coutances, conseiller de Philippe le Bel, écrivait : « L'Empereur de Constantinople, qui a donné au Pape tout son patrimoine (la donation étant excessive comme faite par un simple administrateur des biens de l'Empire), peut, comme donateur (ou l'Empereur d'Allemagne comme subrogé en sa place), révoquer cette donation. Ainsi la papauté serait réduite à sa pauvreté primitive des temps antérieurs à Constantin, puisque cette donation, nulle en droit dès le principe, pourrait être révoquée sous la prescription *longissimi temporis* (1). » (Dupuy, p. 15-17, cité par Mi-

---

(1). L'abbé Rohrbacher (*Hist. de l'Église*, tome IV) fait dire précisément tout le contraire à Dubois de

chelet, *Histoire de France*, Philippe le Bel);
Jacques Almain, théologien de Paris, déniait
à cette ancienne supercherie toute autorité (1310); Marsile de Padoue enseignait
que la primauté de Pierre, fondée non sur
les Évangiles, mais sur la Donation de
Constantin, est un leurre, une imposture,
et que ni Pape, ni Évêques, ni prêtres,

Coutances : « La Donation est illégale en soi, mais le Pape a pour lui la prescription *longissimi temporis.* » C'est encore un des artifices à l'aide desquels cet auteur soutient sa thèse : les Souverains Pontifes induits en erreur par l'assentiment unanime des juristes, Grecs ou Latins, Gibelins ou Guelfes, Italiens ou Français. En France, avant que nous ne fussions gangrenés d'ultramontanisme, tout le monde était sur la Donation de l'avis de Henri Estienne : « Quant aux gros larrons ecclésiastiques, c'est un cas à part, et principalement quant à leur chef : et semble bien que quelque povre galefrottier de moine repris par luy de larrecin, luy pourroit faire une pareille response à celle que fit le pirate à Alexandre le Grand. Car le larrecin commis par celuy qu'on appelle Père-sainct, sous couleur de la donation de Constantin, n'est-ce point vrayement un tel larrecin, au pris de ceux que commettent ses enfans, qu'estoyent les larrecins d'Alexandre à comparaison de ceux qui estoyent commis par ce pirate, ou escumeur de mer? Or est-il bien raison que ceux qui sont les premiers après cest archilarron, ne s'amusent point à des larrecins indignes de leur grandeur. » (*Apologie pour Hérodote*, chap. XXIII. *Des larrecins et rapines des gens d'Église*. Édition Liseux, avec introduction et notes par P. Ristelhuber, Paris, 1879, 2 vol. in-8º: tome II, page 50.)

n'ont de juridiction sur personne (1) : opinions bien hardies au xiv⁰ siècle, en face des bûchers toujours allumés. Jean XXII commença par excommunier Marsile, le réfuta et soutint la parfaite authenticité de la Donation.

Les Papes persistant toujours à s'appuyer sur une Charte fabriquée par eux et refusant de se rendre aux arguments tirés avec modération de la raison et de la logique, il était urgent de faire descendre la discussion des hauteurs où Dante et le grand juriste de Padoue l'avaient portée, pour s'en tenir à l'analyse de l'acte en lui-même, en dénoncer impitoyablement les absurdités, et montrer, non pas seulement que la Donation était illégale ou excessive et révocable, ce qui lui supposait une ombre d'existence, mais l'œuvre d'un faussaire : la fraude une fois divulguée, indéniable, peut-être que les Papes n'oseraient plus brûler ni excommunier personne. C'est ce que Laurent Valla entreprit, avec d'autant plus d'assurance qu'il pouvait compter sur l'appui d'un Prince toujours menacé de retomber sous la sujétion du Vatican. La date à laquelle il composa son

---

(1) *Defensorium pacis*, paru en 1324. Réimprimé dans Goldast.

Traité contre la Donation se trouve fixée par diverses circonstances qu'il rappelle : la révolte de Bologne, le siège soutenu par Eugène IV dans le château Saint-Ange (1434) et qu'il dit avoir eu lieu six ans auparavant, la déposition toute récente de ce Pape par le Concile de Bâle et l'élection d'Amédée de Savoie (Félix V); c'est donc aux environs de 1440 qu'il mit la plume à la main. Valla vivait alors à la cour du roi de Naples, Alphonse d'Aragon, non pas en exil, comme l'insinue charitablement Steuchus (1), mais de son propre gré, ayant quitté Rome à la suite de premiers démêlés avec Pogge, qui l'avait empêché d'obtenir de Martin V une place de Secrétaire Apostolique (2). Il accompagnait dans ses expéditions Alphonse, en train de conquérir son royaume; il se vante même de s'être battu sous ses ordres et d'avoir repoussé un furieux assaut, du haut des murs d'un couvent. S'il avait l'étoffe d'un homme de guerre, sa plume était encore plus affilée que son épée, et il le prouva bien.

Le Concile de Bâle venait de ramener l'attention sur les prétentions temporelles

---

(1) « *Regi Neapolitano, apud quem exulabat, gratificaturus.* » *Contra Laurent. Vallam*, p. 80.

(2) *Laurentii Vallæ opera*, p. 352.

des Papes, et entre tous les États de l'Europe le royaume de Naples, tenu si longtemps dans l'étroite dépendance du Saint-Siège, avait le plus d'intérêt à secouer ce joug. Sur l'invitation du Roi, Valla fut amené à interroger le principal titre des Pontifes, n'eut pas de peine à le trouver faux et conçut le projet de le dire. Mais ici faisons justice d'une appréciation qui n'a pas le moindre fondement. « Dédaignant, » dit M. Ch. Nisard, « de pénétrer dans l'histoire avec le flambeau de la critique, uniquement pourvu de cette espèce d'arguments que l'imagination suggère aux purs déclamateurs, Valla entreprit de prouver que la Donation de Constantin aux Papes était chimérique et insoutenable. Combattre les faits par cela seul qu'ils manquent de vraisemblance n'est pas précisément une méthode conforme à la plus exacte manière de raisonner. Combien d'événements vrais ne laissent pas de paraître invraisemblables ! Mais cette fois, Valla rencontra juste : les travaux des érudits ont démontré, il y a longtemps, que cette Donation était une fable; Valla eut le mérite de le deviner (1). » Ceux qui liront l'argumentation pressante de Valla décideront s'il est

---

(1) *Les Gladiateurs de la République des lettres* (t. Ier, p. 201).

tombé juste par hasard, s'il a fait œuvre de devin ou de critique, et si la patiente analyse à laquelle il se livre, les remarques ingénieuses et mordantes qu'elle lui suggère, sont bien les fruits de son imagination. Quant aux érudits qui, depuis Valla, ont battu en brèche la Donation, le Cardinal Baronius (à son grand regret), Hotman et Banck, ils n'ont, et pour cause, rien ajouté de décisif à sa thèse; les deux derniers se sont bornés, l'un à la résumer, en lui rapportant tout l'honneur de la discussion, l'autre à la reproduire.

Laissons donc à Valla ce qui lui appartient bien, le mérite d'avoir le premier dévoilé la fraude, et par des arguments propres à la rendre désormais insoutenable. Cela aurait pu lui coûter assez cher. Ayant eu l'imprudence de revenir à Rome, en 1452, il faillit être assassiné, sur le simple soupçon d'avoir écrit ce livre abominable, qu'il s'était contenté de lire à ses amis de Naples, et qu'il gardait prudemment par devers lui, sans le publier; il dut s'enfuir sous un déguisement, s'embarquer et gagner l'Espagne, pendant qu'on instruisait son procès. Le livre, dont aucun exemplaire n'était en circulation, ne pouvait être prouvé; aussi se rabattit-on hypocritement, pour perdre son auteur, sur de vagues accusations d'impiété et d'a-

théisme, qu'il a pris la peine de réfuter (1).
Sérieusement averti par cette aventure, il
continua de garder sous clef le dangereux
pamphlet, qui ne reçut de son vivant presque
aucune publicité; quelques correspondants

(1) *Pro se et contra calumniatores* (*Laurentii
Vallæ opera*, p. 795 et suiv.). Cet opuscule est dédié au Pape Eugène IV, qui fit la sourde oreille. Il
n'y est aucunement question du Traité contre la
Donation ; Valla, en homme avisé, attendait qu'on
l'accusât de ce méfait pour s'en défendre, et ne se
souciait pas de fournir des armes contre lui. Plus
tard, il montra moins de réserve. On trouve dans
un curieux recueil, *Principum et illustrium virorum Epistolæ* (*Amsterodami, apud Lud. Elzevirium*, 1644; in-12) quelques-unes de ses lettres, où
il avoue le livre et cherche à rentrer en grâce. A
écouter M. Ch. Nisard, on pourrait croire qu'il
implora bassement son pardon. « Il y proteste, »
dit cet historien littéraire, « de son dévouement au
Saint-Siège, et rejette sur les mauvais conseils, la
passion de faire du bruit et l'habitude de la dispute,
l'écrit où il avait attaqué inconsidérément une des
traditions les plus respectées de l'Église Romaine. »
Qu'on en juge. Laurent Valla écrit à un familier du
Pape, le cardinal Lodovico : « Il ne m'appartient pas
» de vouloir aujourd'hui défendre mon livre autre-
» ment que par les paroles de Gamaliel : *Si cette*
» *œuvre est purement humaine, elle se détruira;*
» *si elle vient de Dieu, vous ne pourrez rien contre*
» *elle*. Mon livre est achevé et édité; je ne pourrais
» ni le corriger ni le supprimer, si je le voulais : je
» ne le voudrais pas, quand même je le pourrais.
» Fondée, l'accusation se protégera toute seule;
» fausse, elle tombera d'elle-même. » Ses autres

discrets en eurent seuls connaissance. Les précautions qu'il prend pour l'envoyer à Guarino de Vérone (*Principum et illustrium virorum Epistolæ*), l'indiquent suffisamment. Il parvint ainsi à le faire oublier et trouva protection près d'un Pontife plus indulgent qu'Eugène, Martin V, qui lui permit de professer les Belles-Lettres à Rome, paya cinq cents écus d'or sa traduction Latine de Thucydide et le nomma chanoine de Latran, puis Secrétaire Apostolique. Sa réfutation « d'une des traditions les plus respectées de l'Église Romaine », comme parle M. Nisard, resta si bien dans l'ombre, qu'au cours de sa longue et venimeuse polémique avec Pogge, quand ils faisaient tous les deux l'un contre l'autre assaut d'injures et de calomnies, jamais il n'en fut question : Pogge n'aurait pas chargé son ennemi de crimes imaginaires s'il avait pu lui reprocher un livre qui, répandu dans le public, eût suffi

lettres sont aussi fermes. Désireux, après quatorze ans d'exil, de revoir sa mère et sa sœur qu'il avait laissées à Rome, il s'accuse, un peu ironiquement, dans l'une d'elles, de n'avoir épargné ni les hommes ni les Dieux ; mais tout en demandant un sauf-conduit, il déclare qu'en ce qui concerne son Traité contre la Donation, il est en paix avec sa conscience ; qu'il est heureux d'avoir pu dire hautement ce qu'il pensait (*Lettre au Cardinal Gerardo*). Ce n'est pas là s'humilier.

pour envoyer Valla, sinon à la potence, du moins en exil.

Le *De falso credita et ementita Donatione Constantini* ne fut réellement connu, divulgué, qu'après sa mort et surtout lorsque Ulrich de Hutten l'eut édité pour la première fois, en 1517, à l'aide de presses clandestines établies dans son château délabré de Steckelberg, pour le dédier à Léon X. Luther apparaissait alors sur la scène du monde, et cette virulente négation de droits jusqu'alors réputés inébranlables servit de machine de guerre à la Réforme contre la Papauté. « J'ai entre
» les mains, » écrivait Luther, « la Donation
» de Constantin réfutée par Valla, éditée
» par Hutten. Bon Dieu! que de ténèbres
» ou de perversités accumulées par Rome!
» Vous serez stupéfait que Dieu ait permis,
» non seulement que cela durât pendant des
» siècles, mais que cela prévalût, que des
» mensonges aussi infâmes, aussi grossiers,
» aussi impudents fussent insérés dans les
» Décrétales et imposés comme des articles
» de foi. (1) » Cette première édition est fort

(1) « *Habeo in manibus Donationem Constantini a Laurentio Valleno confutatam, per Huttenum editam. Deus bone, quantæ seu tenebræ, seu nequitiæ Romanorum! et quod in judicio Dei mireris, per tot sæcula non modo durasse, sed etiam prævaluisse, ac inter Decretales relata esse tam im-*

rare; Brunet ne l'a même pas soupçonnée. Heureusement la dédicace de Hutten, qui manque dans la plupart des réimpressions postérieures du livre de Valla (1), se trouve reproduite en tête du *De falso credita et ementita Donatione* dans le *Fasciculus rerum expetendarum ac fugiendarum*, 1535, fol. 64, et dans le *Syntagma variorum autorum de imperiali jurisdictione et potestate ecclesiastica*, de Simon Schardius (Bâle, 1557, in-fol.). Le P. Nicéron, à qui nous avons emprunté ces renseignements, ajoute : « La préface de Hutten, qui accompagne l'ouvrage de Valla, est violente et emportée contre les Papes. » Elle est plutôt ironique et spirituelle. Après avoir

pura, tam crassa, tam impudentia mendacia, inque fidei articulorum vicem suscepisse. » Cette lettre porte la date de 1520.

(1) Entre autres celle de 1520, in-8°, portant l'écusson des Junte, que nous avons presque toujours suivie dans notre traduction, et qui est relativement la plus commune. Quoique nous l'ayons collationnée avec diverses autres réimpressions, celle qui figure dans les *Œuvres complètes* de L. Valla (Bâle, 1543, in-fol.), celle de Simon Schardius et celle de Banck, nous n'osons nous flatter d'en donner un texte irréprochable. L'œuvre de L. Valla se ressentira toujours de la clandestinité de l'édition de Hutten, qui a servi de type aux plus récentes, et qui, si l'on en juge par les altérations et les nombreuses variantes de celles-ci, devait être on ne peut plus défectueuse.

félicité Léon X, restaurateur de la paix, ami des lettres, de ce que la liberté d'écrire est plus grande sous son règne (grace aux presses clandestines) que sous celui de Jules II, il lui dit finement : « Ceux-là ne te connaissent
» pas, Saint Père, qui croient que tu ne sau-
» ras pas apprécier le travail de Laurent
» Valla. Tu affirmes que tu veux rendre la
» paix au monde : il n'y a pas de paix pos-
» sible tant que les ravisseurs n'auront pas
» restitué aux possesseurs légitimes ce qu'ils
» leur ont injustement pris. » Et il termine ainsi : « Je suis si éloigné de croire que tu
» puisses prendre cette réfutation d'un men-
» songe pour une impiété, que je considère
» comme de violents détracteurs de la ma-
» jesté Pontificale ceux qui approuvent la
» Donation. Pour moi, je suis sûr que tu
» me sauras gré d'avoir tiré des ténèbres
» pour le mettre au jour, de la mort pour le
» faire revivre, ce livre de Valla, jusqu'ici
» rejeté, condamné. Bien mieux, je te le
» dédie pour qu'il porte témoignage de ce
» que, sous ton Pontificat, il a été permis à
» tous de dire la vérité et de l'écrire. Je ne
» doute pas qu'il ne te plaise, et dès que je
» saurai que tu l'as approuvé publiquement,
» je tâcherai d'en découvrir quelque autre
» semblable. »

Léon X lui répondit à sa manière, en ami

des arts sinon en ami des lettres, et d'une façon qui, pour être détournée, n'en affirmait pas moins une fois de plus l'attachement obstiné de la Papauté à ses titres chimériques. Il commandait à Raphaël, outre la *Bataille du pont Milvius*, dont le sujet véritable, au point de vue catholique, est l'apparition miraculeuse du Labarum, deux immenses fresques : le *Baptême de Constantin par Saint Sylvestre*, et *Constantin donnant Rome au Pape*, qui ornent encore une des salles les plus splendides du Vatican. Le peintre d'Urbin mourut avant d'avoir exécuté les deux dernières, qui furent achevées, sur ses dessins, par ses élèves, Francesco Penni et Rafaelo delle Colle. Dans le *Baptême*, le légendaire Saint Sylvestre a pris la figure beaucoup plus historique de Clément VII, qui, par un bizarre anachronisme, verse l'eau sur la tête de Constantin; dans la *Donation de Rome*, l'Empereur et quatre de ses grands officiers, probablement les Satrapes dont parle la Charte apocryphe, humblement agenouillés devant le Pape, lui offrent la Ville éternelle, symbolisée par une statuette que Constantin présente sur la paume de sa main. Les Papes, grands partisans de l'humilité, chez les autres, ont toujours eu le goût de ces prosternements et le désir d'en perpétuer la mémoire. Adrien IV aussi avait fait peindre à fresque, dans le Vatican, la scène du couronnement de Lothaire, l'Empereur, à genoux devant Innocent II, et baisant dévotement sa sandale : peinture qui excita, de la part de Frédéric Ier et des Évêques Allemands, de si vives colères, qu'Adrien fut obligé de la faire détruire. Nous ne serons pas si exigeants ; les temps ne sont plus où l'on faisait gratter des chefs-d'œuvre de peur qu'ils ne créassent des titres. Si le successeur de ces altiers Pontifes arrête aujourd'hui ses yeux sur ces admirables tableaux, ne le lui reprochons pas : Donation et baptême étaient simulés, qu'il en jouisse en peinture.

La vraie et sérieuse réfutation du livre de Valla fut essayée un peu plus tard, sous Paul III Farnèse, par Steuchus, un des scribes de sa chancellerie. C'est le *Contra Laurentium Vallam, de Donatione Constantini*, auquel nous avons fait plus haut quelques emprunts. La discussion de Valla portant principalement sur l'acte lui-même, tel qu'il se trouve dans Gratien, ses incohérences de rédaction et ses barbarismes, Steuchus crut la ruiner du coup en opposant au texte Latin un texte Grec antérieur. Il n'était pas l'inventeur de ce subterfuge. Avant lui, sous Jules II, un certain Bartolommeo de Picerno y avait pensé et découvert fort à propos, pour le dédier au Pape, un de ces exemplaires Grecs (1), qu'il traduisit. Steuchus reprit, en plus grand, cette idée, qui avait du bon. Un exemplaire, c'était trop peu; il en déterra quatre dans la bibliothèque du Vatican, tous plus vieux les uns que les autres, rongés des vers, d'une antiquité « à faire rougir un grammairien, si toutefois un grammairien peut rougir. » François Hotman (2) les accuse formellement, lui et Bartolommeo, d'avoir fabriqué ces manuscrits pour le besoin de la cause; mais peu importe. Il est certain que les Grecs possédaient, au xi° siècle, une traduction de la Donation et qu'ils l'insérèrent, au xii°, dans leur *Nomocanon*; que ce soit cette traduction sur laquelle s'appuie Steuchus, ou qu'il en ait fait une nouvelle, le résultat pour lui était le même : compter pour rien le texte de Gratien, si bien convaincu de fausseté et de sottise par Laurent Valla, envoyer prome-

---

(1) « Laurent avait plus de christianisme que cet âne qui, pour complaire à Jules II, feignit de découvrir la Donation écrite en Grec. » (Préface d'Ulrich de Hutten). Banck, *De tyrannide Papæ*, a donné en entier la traduction Latine de Bartolommeo.

(2) *Brutum fulmen*, 1585, in-16 ; chap. *Crimen falsi*.

ner Gratien, comme il le dit (1), et toutes les fois qu'il se rencontre une absurdité, un barbarisme, s'écrier : « Voyons le Grec! » Il furète, il fouille dans ses quatre manuscrits, les épluche, les compare; quand le premier ne le satisfait pas, il poursuit gravement ses recherches et finit toujours par mettre la main sur une interprétation meilleure. Dans la version Latine qu'il donne du passage, déjà rectifié par les Grecs ou par lui-même, il fait disparaître l'absurdité, le barbarisme sur lequel avait appuyé le critique, et le tour est joué. Steuchus ne dit pas positivement que le texte primitif de la Donation fût libellé en Grec : il était trop fin pour cela. Sans s'expliquer autrement, il attribue à ces traductions une antériorité, probable d'ailleurs, sur le texte de Gratien, et triomphe avec bruit. Mais admirons sa bonne foi; lui qui parle de tous les Papes qui ont excipé de la Donation, lui qui base l'authenticité de la Charte sur cet assentiment unanime des Papes, il garde sur le témoignage le plus important, le plus explicite de tous, celui de Léon IX, un silence pru-

---

(1) « Je n'ai cure du Paléa » dit-il « et j'envoie promener Gratien. » *Neque nomen Paleæ mihi curæ est...; nunc Gratianum missum facio...* p. 43-44.

dent; Léon IX n'existe pas pour lui. C'est que ce Pontife a fourni aux Grecs le texte sur lequel ils ont fait leur traduction, qu'ils n'en avaient aucun auparavant, comme on le voit fort bien par la lettre de Léon IX à Michel le Cérulaire, et que ce texte est identique à celui de Gratien, identique à celui des Fausses Décrétales. S'il eût parlé de Léon IX et de la communication du document aux Grecs, tout son échafaudage de fourberies croulait à l'instant même (1). De telles supercheries, imaginées sinon sur l'ordre, du moins avec l'agrément de Jules II et de Paul III, montrent assez l'obstination

---

(1) Severinus Binius, chanoine de Cologne, et auteur d'une Collection des Conciles, a continué la mauvaise plaisanterie de Steuchus, mais en sens inverse ; les manuscrits Grecs ne pouvant plus servir à soutenir la Donation, auront du moins l'utilité de faire rejeter l'imposture sur des schismatiques : c'était fatal.

« *Timeo Danaos, et dona ferentes,* »

s'écrie Binius, avec une vertueuse indignation. La Donation est vraie, au fond ; tant de saints Papes pourraient-ils avoir menti en l'affirmant ? mais on n'en connaît pas les termes ; elle fut sans doute verbale. Les Grecs ont imaginé de la rédiger, avec la plus abominable malice, « pour que ce que l'Église possède par le Christ, de toute éternité, elle parût le posséder par Constantin. » Cet acte a été fabriqué en haine de l'Église ! Et comme un homme de sa trempe ne fait rien à demi, avec une rare impu-

que les Papes ont mise, jusqu'au dernier moment, à sauvegarder la Donation de Constantin.

Réfuté d'une façon si adroite par Steuchus, résumé brillamment et complété par Hotman, au xvi° siècle, réédité par Schardius, puis encore au xvii° siècle par Banck, qui le donne comme une pièce capitale pour l'histoire des démêlés du Saint-Siège avec les puissances, le traité de Laurent Valla mérite assurément de ne pas tomber dans l'oubli. C'est une œuvre. L'auteur a extrêmement soigné, au point de vue de la composition et du style, ce pamphlet ou plutôt ce plaidoyer qui était pour lui un morceau de prédilection et qu'il retoucha jusque dans sa vieillesse. La forme en est légèrement artificielle, comme tout ce qui tient au genre oratoire et demande de la symétrie; mais la langue est pure, puisée aux bonnes sources, digne de celui qui avait recueilli et commenté les Élégances de la lan-

---

dence, il affirme que personne, avant Balzamon, ne soupçonnait l'existence de la Charte de Donation; que Balzamon et son *Nomocanon*, rédigé en 1194, ont trompé, misérablement trompé ce pauvre Léon IX, en 1054. (Collection des Conciles, de Labbe; en note de la Donation de Constantin.)

gue Latine. Les premières pages sont toutes Cicéroniennes. Laurent Valla y prête successivement la parole, avec une grande ampleur, aux fils et aux amis de Constantin, au Sénat, au Peuple, qui tous le supplient de ne pas donner l'Empire; enfin à Sylvestre, qui refuse de le recevoir, et il a placé dans la bouche de ces différents personnages les raisons les plus propres à faire toucher du doigt les impossibilités matérielles et morales soit de la Donation, soit de son acceptation. Ce ne sont pas là de vaines tirades déclamatoires, des morceaux de rhétorique plus ou moins achevés; la forme oratoire ne nuit en rien à la vigueur des arguments, et, sous l'abondance du style, la cadence des périodes, l'éclat et la hardiesse des figures, des apostrophes, on sent une robuste dialectique, comme des muscles solides sous une draperie. Le discours de Sylvestre surtout est remarquable. Tous les motifs du refus qu'il le suppose faire, avec une malicieuse bonhomie, tirés de la prédication et de l'enseignement de Jésus, des Épîtres de Saint Paul, des écrits des Pères, appliqués avec une rare justesse, s'appuient sur des textes qu'on ne peut guère écarter; mais c'est une ironie bien cruelle que de placer dans la bouche d'un Pape cette audacieuse contre-partie des prétentions de

Grégoire VII, fondées sur des allégories
de la Lune et du Soleil. Ces polémistes
du xv° siècle étaient de rudes jouteurs, et,
en pareilles matières, leur connaissance
profonde des lettres sacrées les rendait bien
redoutables. L'Église, maîtresse de l'in-
struction publique, lui donnant pour base
l'étude des livres saints, pour couronnement
celle de la théologie et du droit canonique,
formait sans doute des prêtres instruits
et se préparait des apologistes; mais elle
se créait aussi de dangereux adversaires en
ceux qu'elle nourrissait ainsi de sa moelle
et que venait à éclairer un rayon de libre
pensée. Ce sont des théologiens qui lui ont
fait le plus de mal.

La discussion proprement dite de l'acte
incriminé se trouve dans la seconde moitié
du livre; elle est mordante, acharnée, spirituelle; le polémiste, auquel M. Nisard lui-
même reconnaît pour habitude « d'alléguer
des raisons avant de dire des injures, » y
redouble d'invectives, mais le « grammairien » surtout, éplucheur de mots et de syl-
labes, y triomphe. Valla, et ce n'est point
son moindre mérite, a ouvert la voie à la
critique diplomatique, un art encore en
enfance à son époque, et que l'Église n'était
guère tentée de protéger. Toute brillante et
passionnée qu'elle est, sa discussion repose

sur un examen approfondi du texte, au point de vue historique comme au point de vue grammatical; il passe tout au crible avec un soin minutieux, et si l'on analyse les moyens de vérification qu'il emploie pour saisir les traces de fraude, on se convaincra que les Mabillon et les d'Achéry n'en ont point eu d'autres : ils ont précisé et formulé les règles que Valla appliquait d'intuition.

En terminant, repoussons le reproche qu'on pourrait nous faire d'avoir choisi l'heure actuelle où la Papauté, cette grandeur déchue, tombe en ruines, pour ressusciter contre elle une vieille querelle. Quand le chef de l'Église, loin de réclamer comme à lui tout l'Occident, sans compter les îles, est dépouillé de ce Patrimoine de Saint Pierre que nul ne lui contestait, sauf les Romains, et que, claquemuré dans le Vatican, il attend qu'un nouveau Pepin lui rende ce que l'ancien ne lui avait peut-être pas donné, les prétentions qu'il étayait jadis sur un document enfoui depuis longtemps dans la poussière de ses archives semblent bien oubliées. Mais la Papauté accepte-t-elle sa déchéance? Royauté temporelle, se résigne-t-elle à subir, comme toutes les autres royautés qu'elle a

si souvent ébranlées ou détruites, les justes
retours de la fortune? Elle excommunie, elle
anathématise comme au temps d'Innocent III; elle repousse avec horreur tout
accommodement qui, propre à lui sauver
au moins des bribes du pouvoir temporel, témoignerait de son abdication du reste,
et elle se croit toujours en possession
de ce droit vague sur toutes les couronnes
qu'elle s'était attribué à elle-même par la
prétendue Donation de Constantin; elle
affirme être encore l'arbitre des souverains et
des peuples, leur juge, le tribunal suprême
auquel ils doivent se soumettre. Quand bien
même elle renoncerait à ces chimères et
déclarerait ne vouloir plus consacrer qu'au
soin de son troupeau spirituel les restes
d'une voix qui tombe et d'une ardeur qui
s'éteint, ceux aux mains de qui les Pontifes
n'ont été souvent que des Rois fainéants aux
mains de Maires du palais sans scrupules,
la contraindraient à poursuivre la lutte. Le
clergé ne renonce jamais à rentrer en possession de ce qu'une fois il a tenu; aucune
concession ne peut le satisfaire, puisque
tout lui appartient; il sait bien qu'il n'est
rien, s'il n'absorbe ou n'asservit tous les
pouvoirs. Il vit, par la pensée, dans ces
temps où ses richesses, si singulièrement
acquises, sa juridiction, ses privilèges, le

rendaient le maître de tout; il aspire à le redevenir, et, pour cheminer tout doucement vers son but par les mêmes voies tortueuses qu'autrefois, il ne cesse de se remettre sous les yeux les instruments de son ancienne domination, source pour lui d'amers regrets et de muettes espérances. Le *Décret* de Gratien, ce monstrueux formulaire de l'ingérence du prêtre dans la société séculière, est toujours la base de l'enseignement du droit canonique; il le sera, dit-on, *per sæcula sæculorum*, et avec ou sans la fameuse rubrique *palea*, la Donation de Constantin y figure toujours. D'incorrigibles sectaires rêvent de substituer Gratien au Code Civil ! Ne cessons donc pas de rappeler leurs anciennes fraudes, ne serait-ce que pour nous enfoncer plus avant au cœur le mépris des fourbes et le dégoût d'une théocratie qui n'a reculé devant aucun mensonge.

Alcide BONNEAU.

LA DONATION

DE

CONSTANTIN

EDICTUM
DOMINI CONSTANTINI
IMPERATORIS

I<small>N</small> *nomine Sanctæ et individuæ Trinitatis, Patris scilicet, et Filii, et Spiritus Sancti : Imperator Cæsar Flavius Constantinus, in Christo Jesu, uno ex eadem Trinitate sancta, Salvatore Domino Deo nostro, fidelis, mansuetus, beneficus, Alemanicus, Gothicus, Sarmaticus, Germanicus, Britannicus, Hunnicus, pius, felix, victor ac triumphator, semper Augustus, sanctissimo ac beatissimo patri patrum Sylvestro, urbis Romæ Episcopo et Papæ, atque omnibus*

ÉDIT
DU
SEIGNEUR CONSTANTIN
EMPEREUR

u nom de la Sainte et indivisible Trinité, c'est-à-dire du Père, du Fils et du Saint-Esprit, en Jésus-Christ, l'un de cette même sainte Trinité, notre Dieu et notre Sauveur : l'Empereur César Flavius Constantin, fidèle, clément, bienfaisant, Allemanique, Gothique, Sarmatique, Germanique, Britannique, Hunnique, pieux, heureux, vainqueur et triomphateur, toujours Auguste, au très-saint et très-bienheureux père des pères Sylvestre, Évêque et Pape de la ville de

ejus successoribus qui in sede beati Petri usque in finem sæculi sessuri sunt Pontificibus, necnon et omnibus reverendissimis et Deo amabilibus catholicis Episcopis, eidem sacrosanctæ Romanæ Ecclesiæ per hanc nostram imperialem constitutionem subjectis in universo orbe terrarum, nunc et in posterum cunctis retro temporibus constitutis, gratia, pax, caritas, gaudium, longanimitas, misericordia a Deo patre omnipotente, et Jesu Christo filio ejus et Spiritu sancto, cum omnibus vobis.

Ea quæ Salvator et Redemptor noster Dominus Jesus Christus, altissimi Patris filius, per suos sanctos Apostolos Petrum et Paulum, interveniente patre nostro Sylvestro, Summo Pontifice et universali Papa, mirabiliter dignatus est operari, liquida enarratione per hujus nostræ imperialis institutionis paginam, ad cognitionem omnium populorum in universo terrarum orbe studuit propalare nostra mansuetissima Serenitas. Primum quidem nostram fidem quam a prælibato beatissimo patre et oratore nostro Sylvestro, universali Pontifice, docti sumus,

Rome, et à tous les Pontifes, ses successeurs, qui sur le siège du bienheureux Pierre jusqu'à la fin des siècles s'assoiront, ensemble à tous les révérends Évêques catholiques, chéris de Dieu, et à tous ceux qui par cette nôtre et présente constitution impériale sont soumis à la sacro-sainte Église Romaine, maintenant et à tout jamais jusqu'à la fin des siècles, la grace, la paix, la charité, la longanimité, la miséricorde de Dieu le père tout-puissant et de Jésus-Christ, son fils, et du Saint-Esprit soient avec vous tous.

Ce que notre Sauveur et Rédempteur, le Seigneur Jésus-Christ, Fils du très-haut Père, par le moyen de ses saints Apôtres Pierre et Paul, et grace à l'intervention de notre père Sylvestre, Souverain Pontife et Pape universel, a daigné miraculeusement opérer, notre très-douce Sérénité s'est appliquée à le porter à la connaissance de tous les peuples, sur tout le globe terrestre, par un clair récit, dans cette page de notre impérial décret. D'abord, vous exposant notre foi, dans laquelle Nous avons été instruit par notre susdit très-bienheureux père et

*intima cordis confessione ad instruendas
omnium vestrum mentes proferentes, et
ita demum Dei misericordiam super nos
diffusam annuntiantes, nosse vos volumus,
sicut per anteriorem nostram sacram
pragmaticam jussionem significavimus,
Nos a culturis idolorum, simulacris mutis
et surdis, manufactis, diabolicis compo-
sitionibus, atque ab omnibus Satanæ
pompis recessisse, et ad integram Christianorum fidem, quæ est vera lux et vita
perpetua, pervenisse; credentes, juxta id
quod Nos idem almificus et summus
pater et doctor noster Sylvester Pontifex instruit, in Deum patrem omnipotentem, factorem cœli et terræ, visibilium omnium et invisibilium; et in
Jesum Christum, Filium ejus unigenitum, Dominum nostrum, per quem
creata sunt omnia; et in Spiritum Sanctum, dominum et vivificatorem uni-
versæ creaturæ. Hos, Patrem et Filium
et Spiritum Sanctum, confitemur ita ut
in Trinitate perfecta et plenitudo sit di-
vinitatis, et unitas potestatis. Pater
Deus, Filius Deus, et Spiritus Sanctus
Deus, et tres unum sunt in Jesu Chri-*

orateur Sylvestre, Pontife universel, vous l'exposant par une intime confession du cœur pour l'édification de vos âmes à tous, et vous annonçant enfin la miséricorde de Dieu qui s'est répandue sur nous, Nous voulons que vous sachiez, comme nous vous l'avons déjà signifié par une nôtre antérieure et sacrée pragmatique jussion, que Nous avons rompu avec le culte des idoles, simulacres muets et sourds, fabriqués de main d'homme, artifices du Diable, et avec toutes les pompes de Satan, pour adopter la foi pure des Chrétiens, qui est la vraie lumière et la vie éternelle; que suivant ce que nous a enseigné ce même vénérable et souverain père, Sylvestre, notre précepteur, Nous croyons en Dieu le père tout-puissant, créateur du ciel et de la terre, des choses visibles et invisibles, et en Jésus-Christ, son fils unique, notre Seigneur, par qui ont été créées toutes choses, et en le Saint-Esprit, seigneur et vivificateur de toute créature. Ces trois personnes, le Père, le Fils et le Saint-Esprit, nous les confessons, de telle sorte que dans la Trinité parfaite réside la plé-

sto. Tres itaque formæ, sed una potestas.

Nam sapiens retro semper Deus edidit ex se, per quod semper erant gignenda sæcula, Verbum. Et quando eodem solo suæ sapientiæ Verbo universam ex nihilo formavit creaturam, cum eo erat, cuncta suo arcano componens mysterio. Igitur perfectis cœlorum virtutibus et universis terræ materiis, pio sapientiæ suæ nutu, ad imaginem et similitudinem suam, primum de limo terræ fingens hominem, hunc in paradiso posuit voluptatis. Quem antiquus serpens et hostis invidens Diabolus, per amarissimum ligni vetiti gustum, exulem ab eisdem fecit gaudiis : eoque expulso, non desivit sua venenosa multis modis protelare jacula ut a via veritatis humanum abstrahens genus, idolorum culturæ, videlicet creaturæ et non Creatori deservire suadeat : quatenus per hoc eos, quos suis valuerit irretire insidiis, secum æterno efficiat concremandos supplicio.

nitude de la divinité et l'unité de la puissance. Le Père est Dieu, le Fils est Dieu, le Saint-Esprit est Dieu, et les trois ne font qu'un en Jésus-Christ. Triple est la forme, une est la puissance.

Car de toute éternité Dieu, sage, a engendré de lui le Verbe, par qui devaient être engendrés tous les siècles. Et lorsque de ce seul Verbe de sa sagesse il a formé de rien toute créature, il était avec lui, ordonnant toutes choses, par son sacré mystère. Donc, ayant créé toutes les parfaites splendeurs des cieux et toutes les matières de la terre, par un signe pieux de sa sagesse, à son image et à sa ressemblance, il fit le premier homme, du limon de la terre, et le plaça dans le paradis de volupté. Le vieux serpent et ennemi, le Diable, lui portant envie, par le très-amer plaisir du bois défendu, le fit exiler de ces joies, et, après son expulsion, ne cessa de lui lancer, de beaucoup de manières, ses traits empoisonnés, pour qu'égarant le genre humain de la voie de vérité, il le persuadât de s'adonner au culte des idoles, c'est-à-dire d'une créature, et non à celui

Sed Deus noster misertus plasmatis sui, dirigens sanctos suos prophetas, per hos lumen futuræ vitæ, adventum videlicet filii sui, Domini Dei et Salvatoris nostri Jesu Christi annuntians, misit eumdem unigenitum filium suum et sapientiæ Verbum, qui descendens de cœlis propter nostram salutem, natus de Spiritu Sancto ex Maria Virgine, Verbum caro factum est, et habitavit in nobis. Non amisit quod fuerat, sed cœpit esse quod non erat : Deum perfectum et hominem perfectum, ut Deus mirabilia perficiens et ut homo humanas passiones sustinens : ita Verbum hominem, et Verbum Deum, prædicante patre nostro Sylvestro, Summo Pontifice, intelligimus, ut verum Deum, verum hominem fuisse, nullo modo ambigamus. Electisque duodecim Apostolis, miraculis coram eis et innumerabilis populi multitudine coruscavit.

du Créateur; que ceux donc qu'il a pu, par ce moyen, envelopper de ses embûches, aillent avec lui brûler du supplice éternel.

Mais notre Dieu, qui eut pitié de sa créature, lui expédiant ses saints prophètes et annonçant par eux la lumière de la vie future, c'est-à-dire la venue de son fils, Dieu, notre Seigneur et Sauveur Jésus-Christ, envoya ce même sien fils unique et Verbe de la sagesse, qui descendant des cieux pour notre salut, né du Saint-Esprit et de la Vierge Marie, fut le Verbe fait chair et habita parmi nous. Il ne perdit pas ce qu'il avait été, mais commença d'être ce qu'il n'était pas : Dieu parfait et homme parfait, faisant, comme Dieu, des merveilles, et, comme homme, supportant les humaines souffrances; ainsi, d'après la prédication de notre père Sylvestre, Souverain Pontife, nous comprenons que le Verbe-homme et le Verbe-Dieu a été vrai Dieu et vrai homme : nous n'avons aucun doute là-dessus. Et s'étant choisi douze Apôtres, il brilla par beaucoup de miracles, devant eux et devant

Confitemur eumdem Dominum Jesum Christum adimplesse legem et prophetas, passum, crucifixum secundum Scripturas, tertia die a mortuis resurrexisse, assumptum in cœlos, atque sedentem ad dexteram Patris, inde venturum judicare vivos et mortuos, cujus imperii non erit finis. Hæc est enim fides nostra catholica orthodoxa, a beatissimo patre nostro Sylvestro, Summo Pontifice, nobis prolata. Exhortamur idcirco omnem populum, et diversas gentium nationes, hanc fidem tenere, colere et prædicare, et in Sanctæ Trinitatis nomine baptismi gratiam consequi, et Dominum nostrum Jesum Christum, Salvatorem nostrum, qui cum Patre et Spiritu Sancto per infinita sæcula vivit et regnat, quem Sylvester beatissimus pater noster universalis prædicat Pontifex, corde devoto adorare.

Ipse enim Dominus noster, misertus mihi peccatori, misit sanctos suos Apostolos ad visitandum nos, et lumen sui splendoris infulsit nobis ut abstractum

une innombrable multitude de peuple.

Nous confessons que ce même Seigneur Jésus-Christ a accompli la loi et les prophètes, qu'il a été crucifié selon les Écritures, qu'il est ressuscité des morts le troisième jour, qu'il est monté au ciel, qu'il est assis à la droite du Père, d'où il doit venir juger les vivants et les morts, que son règne n'aura pas de fin. Telle est, en effet, notre foi catholique orthodoxe, à nous enseignée par notre très-bienheureux père Sylvestre, Souverain Pontife. Nous exhortons donc tout le peuple et les diverses nations des Gentils, à accepter cette foi, à la pratiquer, à la proclamer, à recevoir la grace du baptême au nom de la sainte Trinité, et d'un cœur dévot adorer notre Seigneur Jésus-Christ, notre Sauveur, qui avec le Père et le Saint-Esprit par l'infinité des siècles vit et règne, et que prêche le très-bienheureux Sylvestre, notre père, Pontife universel.

Car ce même notre Seigneur, ayant pitié de moi, pécheur, envoya Nous visiter ses saints Apôtres et projeta sur Nous le rayon de sa splendeur pour que,

a tenebris, ad veram lucem et agnitionem veritatis me venisse gratularemini. Nam dum valida squaloris lepra totam mei corporis invasisset carnem, et multorum medicorum convenientium cura adhiberetur, nec ullius quidem cura promeruissemus salutem, ad hoc venerunt Sacerdotes Capitolii, dicentes mihi debere fieri fontem in Capitolio et compleri hunc innocentium sanguine, et eo calente loto me, posse mundari. Et secundum eorum dicta, aggregatis plurimis innocentibus infantibus, dum vellent sacrilegi paganorum sacerdotes eos mactare, et ex eorum sanguine fontem repleri, cernens Serenitas Nostra lacrymas matrum eorum, illico exhorrui facinus : miseratusque eas, proprios illis restitui præcipimus filios suos, datisque vehiculis et donis concessis, gaudentes ad propria relaxavimus.

Eadem igitur transacta die, nocturno

tiré des ténèbres, vous vous réjouissiez de me voir venir à la véritable lumière et à la connaissance de la vérité. Car lorsqu'une épaisse croûte de lèpre m'avait envahi toute la chair du corps, que les soins de beaucoup de médecins réunis y étaient appliqués et que des remèdes d'aucuns d'eux Nous ne pouvions attendre la santé, alors se présentèrent les Prêtres du Capitole pour me dire qu'il me fallait faire faire une cuve dans le Capitole et la remplir du sang d'innocents; qu'en me baignant dans ce sang chaud, je pouvais être purifié. Selon leurs paroles, un grand nombre d'enfants innocents ayant été rassemblés, au moment où les sacrilèges prêtres des païens voulaient les immoler et remplir la cuve de leur sang, Notre Sérénité apercevant les larmes de leurs mères, aussitôt j'eus horreur du forfait, et ayant pitié d'elles, Nous ordonnâmes qu'on leur rendît leurs propres fils, et leur ayant fourni des carrosses, accordé des cadeaux, nous les renvoyâmes tout joyeux chez eux.

Or, à la fin du même jour, quand le

nobis facto silentio, dum somni tempus advenisset, adsunt Apostoli sancti Petrus et Paulus, dicentes mihi : « Quoniam
» *flagitiis posuisti terminum, et effu-*
» *sionem sanguinis innocentis horruisti,*
» *missi sumus a Christo Domino Deo*
» *nostro, dare tibi sanitatis recuperandæ*
» *consilium. Audi ergo monita nostra, et*
» *fac quodcumque indicamus tibi. Syl-*
» *vester, Episcopus hujus civitatis, ad*
» *montem Soracte persecutiones tuas fu-*
» *giens, in cavernis petrarum cum suis*
» *clericis latebram fovet. Hunc ad te*
» *adduxeris, ipse tibi piscinam pietatis*
» *ostendet, in qua dum tertio te merserit*
» *omnis te valetudo ista deseret lepræ.*
» *Quod dum factum fuerit, hanc vicissi-*
» *tudinem tuo salvatori compensa, ut*
» *omnes jussu tuo per totum orbem re-*
» *staurentur ecclesiæ. Te autem ipsum in*
» *hac parte purifica, ut relicta omni su-*
» *perstitione idolorum, Deum vivum et*
» *verum, qui solus est et verus, adores*
» *et excolas, ut ad ejus voluntatem at-*
» *tingas.* »

nocturne silence se fut fait autour de
Nous et qu'approchait l'heure du sommeil, voici venir les saints Apôtres Pierre
et Paul, qui me dirent : « Puisque tu as
» mis un terme aux infamies et que tu
» as eu horreur de verser le sang inno-
» cent, nous sommes envoyés par le
» Christ, Dieu, notre Seigneur, pour t'in-
» diquer le moyen de recouvrer la santé.
» Écoute donc nos avertissements et fais
» tout ce que nous te marquons. Syl-
» vestre, Évêque de cette ville, fuyant
» au mont Soracte tes persécutions, se
» tient caché avec tout son clergé dans
» les cavernes de pierres. Tu le feras
» venir près de toi ; lui-même te mon-
» trera la piscine de piété dans laquelle,
» dès qu'il t'aura plongé trois fois, te
» quittera toute cette maladie de lèpre.
» Cela fait, rémunère de ce changement
» ton sauveur, en ordonnant que par
» tout le globe toutes les églises soient
» relevées. Toi-même, purifie-toi en ceci,
» qu'abandonnant toute superstition des
» idoles, tu adores et pratiques le Dieu
» vivant et véritable, et atteignes à sa
» volonté. »

Exsurgens igitur a somno, protinus juxta id quod a sanctis Apostolis admonitus sum, peregi : advocatoque eodem præcipuo et magnifico patre et illuminatore nostro Sylvestro, universali Papa, omnia a sanctis Apostolis mihi præcepta dixi verba, percontatique sumus ab eo, qui Dii isti essent Petrus et Paulus. Ille vero non eos Deos vero dici, sed Apostolos Salvatoris nostri Domini Jesu Christi, respondit. Et rursum interrogare cœpimus eumdem beatissimum Papam, utrum istorum Apostolorum imagines expressas haberet, ut ex pictura disceremus hos esse quos revelatio docuerat. Tunc idem venerabilis pater imagines eorumdem Apostolorum per diaconum suum exhiberi præcepit; quas dum aspicerem, et eorum quos in somno videram figuratos in ipsis imaginibus cognovissem vultus, ingenti clamore coram omnibus Satrapis meis confessus sum eos esse quos in somno videram. Ad hæc beatissimus idem Sylvester, pater noster, urbis Romæ Episcopus, indixit nobis pœnitentiæ tempus intra palatium nostrum Lateranense, in uno cilicio, ut de omnibus

Sorti du sommeil, aussitôt j'accomplis ce dont j'avais été averti par les saints Apôtres : et ayant fait venir ce même excellent et magnifique Sylvestre, notre père et notre illuminateur, Pape universel, je lui dis toutes les paroles que j'avais entendues des saints Apôtres, et Nous lui demandâmes quels Dieux étaient ce Pierre et ce Paul. Il nous répondit qu'à la vérité ce n'étaient pas des Dieux, mais des Apôtres du Sauveur, notre Seigneur Jésus-Christ. Et de nouveau nous nous mîmes à interroger ce même très-bienheureux Pape, lui demandant s'il n'avait pas des images reproduisant ces Apôtres, pour que Nous pussions juger, d'après la peinture, si c'était bien eux que la révélation nous avait montrés. Alors ce même vénérable père Nous fit présenter par son diacre les portraits de ces mêmes Apôtres ; dès que je les eus regardés et que j'eus reconnu les visages que j'avais vus en songe figurés dans ces images, à grands cris devant tous mes Satrapes, je confessai que c'était bien eux que j'avais vus en songe. Sur ce, le même très-bienheu-

*quæ a nobis impie peracta atque injuste
disposita fuerant, vigiliis, jejuniis atque
lacrymis et orationibus, apud Dominum
Deum nostrum Jesum Christum Salvatorem veniam impetraremus. Deinde per
manus impositionem clericorum, usque
ad ipsum præsulem veni. Ibique renun-
tians Satanæ, pompis et operibus ejus, vel
universis idolis manufactis, credere me
in Deum patrem omnipotentem, factorem
cœli et terræ, visibilium et invisibilium,
et in Jesum Christum filium ejus unicum,
Dominum nostrum, qui conceptus est de
Spiritu Sancto, natus ex Maria Virgine,
spontanea voluntate coram omni populo
confessus sum. Benedictoque fonte, illic
me trina mersione unda salutis purifi-
cavit. Positoque me in fontis gremio,
manum de cœlo me contingentem propriis
oculis vidi. De qua mundus exsurgens,
ab omni me lepræ squalore mundatum
agnoscite; levatoque me de venerabili
fonte, induto vestibus candidis, septi-
formis gratiæ Sancti Spiritus consigna-
tionem adhibuit beati chrismatis unc-
tione, et vexillum sanctæ crucis in mea
fronte linivit, dicens :* « *Signet te Deu*

reux Sylvestre, notre père, Évêque de la
ville de Rome, Nous signifia la durée de
notre pénitence, à faire dans notre palais
de Latran, sous un cilice, pour que de
toutes les choses que Nous avions commises avec impiété et injustice, par les
veilles, les jeûnes, les larmes et les
prières, nous demandions pardon auprès
de notre Seigneur Dieu, Jésus-Christ,
Sauveur. Ensuite, passant par les impo-
sitions de mains des clercs, j'arrivai jusqu'au prélat même. Là, renonçant à
Satan, à ses pompes et à ses œuvres, ou
à toutes les idoles faites à la main, de ma
volonté spontanée, devant tout le peuple,
je confessai croire en Dieu le Père tout-
puissant, créateur du ciel et de la terre,
des choses visibles et invisibles, et en
Jésus-Christ son fils unique, notre Seigneur, qui est conçu du Saint-Esprit, né
de la Vierge Marie. Les fonts bénits, il
m'y purifia par une triple immersion
dans l'eau du salut. Et comme j'étais dans
le sein de la cuve, je vis de mes propres
yeux une main qui, du ciel, venait me
toucher. J'en suis sorti sain, et voyez-
moi maintenant débarrassé de toute

» *sigillo fidei suæ, in nomine Patris, et*
» *Filii, et Spiritus Sancti, in consigna-*
» *tione fidei.* » *Cunctusque clerus respondit* : « *Amen.* » *Et adjecit Præsul :*
« *Pax tibi.* »

Prima itaque die post perceptum sacri baptismatis mysterium, et post curationem corporis mei a lepræ squalore, agnovi non esse alium Deum, nisi Patrem, et Filium, et Spiritum Sanctum, quem beatus Sylvester Papa prædicat, trinitatem in unitate et unitatem in trinitate. Nam omnes Dei gentium, quos usque hactenus colui, dæmonia, opera hominum manufacta comprobantur. Et enim quantam potestatem idem Salvator noster suo Apostolo B. Petro contulerit in cœlo ac terra, lucidissime nobis idem venerabilis pater edixit, dum fidelem eum in sua interrogatione inveniens, ait :

souillure de lèpre. Dès que je me fus levé des vénérables fonts et revêtu d'habits blancs, il me scella du sceau de la grace septiforme du Saint-Esprit, par l'onction du bienheureux chrême, et fit sur mon front, avec de l'huile, le signe de la sainte croix, en me disant : « Que » Dieu te signe du sceau de sa foi, au » nom du Père et du Fils et du Saint- » Esprit, en signe de foi. » Et tout le clergé répondit : « Amen! » Et le Prélat ajouta : « La paix soit avec toi. »

C'est pourquoi, le lendemain du jour où je connus le mystère du sacré baptême, et où mon corps fut guéri de la souillure de la lèpre, je compris qu'il n'y avait pas d'autre Dieu que le Père et le Fils et le Saint-Esprit, tel que le prêche le bienheureux Sylvestre, Pape; la trinité dans l'unité et l'unité dans la trinité. Car tous les Dieux des Gentils, que j'adorai jusqu'à ce jour, sont convaincus d'être des démons, des œuvres faites de main d'homme. Et en effet, ce même vénérable père Nous a enseigné très-clairement tout ce que notre Sauveur a attribué de puissance dans le ciel et sur

Tu es Petrus, et super hanc petram ædificabo Ecclesiam meam, et portæ Inferi non prævalebunt adversus eam. *Advertite, potentes, et aure cordis intendite quid bonus Magister et Dominus suo discipulo adjunxit, inquiens :* Quodcumque ligaveris super terram erit ligatum et in cœlis. *Mirum est hoc valde et gloriosum in terra ligare et solvere, et in cœlo ligatum et solutum esse. Et dum hæc prædicante beato Sylvestro agnoscerem, et beneficiis ipsius beati Petri integerrime sanitati me comperi restitutum,*

(1) *Utile judicavimus una cum omnibus*

(1) Ici commence le texte produit par Gratien et réfuté par Laurent Valla. Il est précédé de ce préambule :

PALEA

Constantinus imperator coronam et omnem regiam dignitatem in urbe Romana et in Italia et in partibus occidentalibus Apostolico sedi concessit. Nam in gestis beati Sylvestri (quæ beatus

la terre à son Apôtre, le bienheureux Pierre, lorsque le trouvant fidèle, dans son interrogatoire, il lui dit : *Tu es Pierre et sur cette pierre je bâtirai mon Église, et les portes de l'Enfer ne prévaudront pas contre elle.* Prenez garde, potentats, et prêtez l'oreille du cœur à ce que le bon Maître et Seigneur ajouta à son disciple, en disant : *Tout ce que tu lieras sur la terre sera lié aussi dans les cieux.* C'est admirable, certes, et glorieux de lier et de délier sur la terre, et que cela soit lié et délié dans le ciel ! Et tandis que je comprenais ces choses, à la prédication du bienheureux Sylvestre, et que je fus certain d'être parfaitement revenu à la santé grace aux bienfaits de ce même bienheureux Pierre,

Nous, avec tous nos Satrapes et le Sé-

Papa Gelasius in concilio LXX Episcoporum a catholicis legi commemorat et pro antiquo usu multas hoc imitari dicit ecclesias) ita legitur :
 Constantinus imperator, quarta die sui baptismatis, privilegium Romanæ Ecclesiæ contulit, ut in toto orbe Romano Pontifici sacerdotes, ita hunc caput habeant sicut judices regem. In eo privilegio inter cætera, legitur : Utile judicavimus.....

Satrapis nostris et universo Senatu, Optimatibus etiam et cuncto populo imperio Romanæ Ecclesiæ subjacenti, ut sicut beatus Petrus in terris vicarius Dei videtur esse constitutus : ita et Pontifices qui ipsius Principis Apostolorum gerunt vices, in terris principatus potestatem amplius quam terrenæ imperialis nostræ Serenitatis Mansuetudo habere videtur, concessam a Nobis nostroque Imperio obtineant; eligentes nobis ipsum Principem Apostolorum, vel ejus vicarios, firmos apud Deum esse patronos, et sicut nostra est terrena imperialis potentia, ita ejus sacro-sanctam Romanam Ecclesiam decernimus veneranter honorari, et amplius quam nostrum imperium terrenumque thronum, sedem sacratissimam Beati Petri gloriose exaltari : tribuentes ei potestatem et gloriam et dignitatem atque vigorem et honorificentiam imperialem. Atque decernentes sancimus ut principatum teneat tam super quatuor sedes, Alexandrinam, Antiochenam, Hierosolymitanam, Constantinopolitanam : quam etiam super omnes in universo orbe terrarum ecclesias Dei, hic Pon-

nat tout entier, les Optimates même et tout le peuple assujetti au gouvernement de l'Église Romaine, avons jugé utile que, de même que le bienheureux Pierre semble avoir été constitué le vicaire de Dieu sur la terre, de même les Papes, qui tiennent sur la terre la place du Prince des Apôtres, obtinssent en concession, de Nous et de notre Empire, une plus grande puissance que n'en paraît avoir la Mansuétude de notre terrestre impériale Sérénité. Nous avons choisi le Prince des Apôtres lui-même, ou ses vicaires, comme étant les plus fermes patrons auprès de Dieu, et à l'égal de notre terrestre impériale puissance, Nous avons décrété d'honorer avec vénération cette sacro-sainte Église Romaine, d'exalter glorieusement bien au-dessus de notre Empire et de notre trône terrestre, la très-sainte chaire du bienheureux Pierre, en lui attribuant la puissance et la gloire et la dignité et la force et la splendeur impériales. Donc, Nous décrétons et sanctionnons qu'il détienne la primauté, tant sur les quatre sièges d'Alexandrie, d'Antioche, de Jérusalem et

tifex, qui per tempora ipsius sacrosanctæ Romanæ ecclesiæ exstiterit, celsior et Princeps cunctis sacerdotibus totius mundi existat; et ejus judicio quæ ad cultum Dei, vel fidem Christianorum, vel stabilitatem procuranda fuerint disponantur.

Justum quippe est, ut ibi lex sancta caput teneat principatus, ubi sanctarum legum institutor, Salvator noster, beatum Petrum apostolatus obtinere præcepit cathedram; ubi et crucis patibulum sustinens, beatæ mortis sumpsit poculum suique magistri et domini imitator apparuit; et ibi Gentes pro Christi nominis confessione colla flectant, ubi eorum doctor, beatus Paulus, Apostolus, pro Christo extenso collo, martyrio coronatus est; illic usque in finem quærant doctorem, ubi sanctum doctoris quiescit corpus, et ibi proni ac humiliati, cœlestis Regis Dei Salvatoris nostri Jesu Christi famulentur officio ubi superbi terreni Regis serviebant imperio.

de Constantinople, que même sur toutes les églises de Dieu répandues sur tout le globe terrestre, le Pontife qui, dans la suite des temps, sera placé à la tête de cette sacro-sainte Église Romaine ; qu'il soit le plus haut, qu'il soit le Prince à tous les prêtres du monde entier, et que d'après sa volonté se gouverne tout ce qui regarde le culte de Dieu, ou la foi des Chrétiens, ou sa stabilité.

Il est juste, en effet, que la loi sainte tienne la tête du principat là où l'instituteur des saintes lois, notre Sauveur, a voulu que le bienheureux Pierre obtînt la chaire de l'apostolat ; où, soutenant le gibet de la croix, il a bu la coupe de la bienheureuse mort et s'est montré l'imitateur de son maître et seigneur ; que là, les Gentils, en confessant le nom du Christ, fléchissent le col, où leur docteur, le bienheureux Paul, Apôtre, tendant le cou pour le Christ, reçut la couronne du martyre ; que là jusqu'à la fin ils cherchent le docteur, où repose le corps sacré du docteur, et que là, prosternés et humiliés, ils rendent leur devoir au Roi céleste, Dieu, notre

Interea nosse volumus omnem populum universarum gentium ac nationum per totum orbem terrarum, construxisse nos intra palatium nostrum Lateranense eidem Salvatori nostro Domino Deo Jesu Christo ecclesiam a fundamentis cum baptisterio, et duodecim nos sciatis de ejus fundamentis, secundum numerum duodecim Apostolorum, cophinos terræ onustatos propriis asportasse humeris. Quam sacrosanctam ecclesiam, caput et verticem omnium ecclesiarum in universo orbe terrarum dici, coli, venerari ac prædicari sancimus, sicut per alia nostra imperialia decreta constituimus. Construximus quoque ecclesias beatorum Petri et Pauli primorum Apostolorum, quas auro et argento locupletavimus, ubi et sacratissima eorum corpora cum magno honore recondentes, thecas ipsorum ex electro, cui nulla fortitudo prævalet elementorum, construximus, et crucem ex auro purissimo et gemmis pretiosissimis, per singulas eorum thecas posuimus, et clavis aureis confiximus.

Sauveur Jésus-Christ, où ils obéissaient à l'empire d'un orgueilleux Roi terrestre.

Cependant Nous voulons faire savoir à tout le peuple, de toutes races et nations, par tout le globe terrestre, que Nous avons construit en dedans de notre palais de Latran, à ce même Sauveur, Dieu, notre Seigneur Jésus-Christ, une église de fond en comble, avec baptistère, et sachez que de ses fondations nous avons apporté, chargés sur nos propres épaules, douze sacs de terre, selon le nombre des douze Apôtres. Cette sacro-sainte église, Nous sanctionnons qu'elle soit réputée, respectée, vénérée et proclamée comme la tête et le sommet de toutes les églises, sur tout le globe de l'univers terrestre, comme Nous l'avons établi par nos autres édits impériaux. Nous avons aussi construit les églises des bienheureux Pierre et Paul, premiers Apôtres, que nous avons enrichies d'or et d'argent, et où ensevelissant leurs très-saints corps, Nous avons construit pour eux des cercueils d'ambre, que nulle force des éléments ne peut rompre ; sur chacun de leurs cercueils Nous avons

Ecclesiis beatorum Apostolorum Petri et Pauli, pro continuatione luminariorum, possessionum prædia contulimus, et rebus diversis eas ditamus, et per nostram imperialem jussionem sacram tam in Oriente, quam in Occidente, vel etiam in Septentrionali et Meridiana plaga, videlicet in Judæa, Græcia, Asia, Thracia, Africa et Italia, vel diversis insulis, nostra largitate ei concessimus; ea prorsus ratione, ut per manus beatissimi patris nostri Sylvestri, Summi Pontificis, successorumque ejus omnia disponantur. Gaudeat ergo una nobiscum omnis populus, et gentium nationes in universo orbe terrarum; et exhortantes, monemus omnes, ut Deo nostro et Salvatori Jesu Christo immensas una nobiscum referant gratias, quoniam ipse Deus in cœlis desuper et in terra deorsum, nos per suos sanctos Apostolos visitans, sanctum baptismatis sacramentum percipere et corporis sanitatem dignos effecit.

placé une croix en or très-pur et en pierreries très-précieuses, et nous les avons fermés avec des clefs d'or.

Aux églises des bienheureux Apôtres Pierre et Paul, pour l'entretien perpétuel des luminaires, Nous avons concédé des domaines de possessions; Nous les avons enrichies d'objets de toutes sortes et, par notre impériale jussion sacrée, tant à l'Orient qu'à l'Occident, tant au Septentrion qu'au Midi, c'est-à-dire dans la Judée, la Grèce, l'Asie, la Thrace, l'Afrique, l'Italie ou les diverses îles, Nous les avons, par notre largesse, dotées exclusivement pour que, par les mains du très-bienheureux Sylvestre, notre père, Souverain Pontife, et de ses successeurs, tout soit gouverné. Qu'ensemble avec nous tout le peuple se réjouisse donc, et toutes les nations des Gentils, sur tout le globe terrestre; en les y exhortant, Nous les avertissons de rendre avec Nous d'immenses graces à notre Dieu et Sauveur Jésus-Christ, puisque ce Dieu lui-même qui est en haut dans les cieux et en bas sur la terre, Nous visitant par le moyen de ses saints Apôtres, Nous a

Pro quo concedimus ipsis sanctis Apostolis, dominis meis beatissimis Petro et Paulo, et per eos etiam beato Sylvestro patri nostro, Summo Pontifici et universali urbis Romæ Papæ, et omnibus ejus successoribus Pontificibus, qui usque in finem mundi in sede beati Petri erunt sessuri, atque de præsenti contradimus palatium imperii nostri Lateranense, deinde diadema, videlicet coronam capitis nostri, simulque phrygium, necnon et superhumerale, videlicet lorum quod imperiale circumdare assolet collum, verum etiam et chlamydem purpuream atque tunicam coccineam, et omnia imperialia indumenta, seu etiam dignitatem imperialium Præsidentium equitum; conferentes ei etiam imperialia sceptra, simulque cuncta signa atque banna et diversa ornamenta imperialia, et omnem processionem imperialis culminis et gloriam potestatis nostræ. Viris etiam diversi ordinis, reverendissimis clericis sanctæ Romanæ Ecclesiæ servientibus, illud culmen singularis potentiæ et præ-

rendu digne de recevoir le sacrement de baptême et la santé du corps.

C'est pourquoi Nous concédons à ces dits saints Apôtres, mes seigneurs les très-bienheureux Pierre et Paul, et par eux au bienheureux Sylvestre, notre père, Souverain Pontife et Pape universel de la ville de Rome, et à tous les Pontifes, ses successeurs, qui, jusqu'à la fin du monde, s'assoiront dans la chaire du bienheureux Pierre, Nous concédons et livrons présentement le palais de Latran de notre empire, de plus le diadème, c'est-à-dire la couronne de notre tête, et aussi le phrygium, sans excepter le super-huméral, c'est-à-dire la courroie que l'Empereur porte d'ordinaire autour du cou, et encore le manteau de pourpre et la robe d'écarlate et tous les vêtements impériaux, ou bien même la dignité de Maîtres de la cavalerie impériale ; Nous leur donnons aussi tous les sceptres impériaux, ensemble tous les insignes, bannières et divers ornements impériaux, tout l'appareil du faîte impérial et toute la gloire de notre puissance. Quant aux particuliers de divers ordres, aux

cellentiæ habere sancimus, cujus amplissimus noster Senatus videtur gloria adornari, id est patricios et consules effici, necnon et cæteris dignitatibus imperialibus eos promulgamus decorari. Et sicut imperialis exstat decorata militia, ita clerum sanctæ Romanæ Ecclesiæ adornari decrevimus; et quemadmodum imperialis potentia diversis officiis cubiculariorum, necnon et ostiariorum, atque omnium concubitorum ordinatur, ita et sanctam Romanam Ecclesiam decorari volumus. Et ut amplissime pontificale decus præfulgeat, decrevimus ut clerici ejusdem Romanæ Ecclesiæ mappulis et linteaminibus, id est, candidissimo colore decoratos equos equitent : et sicut noster Senatus calceamentis utitur cum udonibus, id est candido linteamine, illustrentur; et ita cœlestia sicut terrena ad laudem Dei decorentur.

révérendissimes clercs, serviteurs de la sainte Église Romaine, Nous sanctionnons qu'ils aient ce comble singulier de puissance et de prééminence qui semble faire l'ornement et la gloire de notre amplissime Sénat, c'est-à-dire qu'ils soient tous patriciens et consuls; nous promulguons en outre qu'ils soient revêtus de toutes les autres dignités impériales. Tout ce qui décore la milice impériale, Nous avons décrété que le clergé de la sainte Église Romaine en soit décoré, et de même que la puissance impériale est rehaussée par les divers offices de chambellans, d'huissiers et de concubins, Nous voulons que la sainte Église Romaine en soit rehaussée également. Et pour que magnifiquement reluise la splendeur pontificale, Nous avons décrété que les clercs de cette sainte Église Romaine chevauchent des chevaux ornés de nappes et de draps, c'est-à-dire ornés de la plus éclatante blancheur, et, comme notre Sénat, soient distingués par des *udones*, c'est-à-dire par des chaussures d'étoffe blanche; tout cela afin que ce qui est du ciel soit paré, pour la gloire

Præ omnibus autem, licentiam tribuimus beato Sylvestro et successoribus ejus ex nostro indicto, ut quem placatus proprio consilio clericare voluerit, et in religioso numero clericorum connumerare, nullus ex omnibus præsumat superbe agere. Decrevimus itaque et hoc, ut ipse et successores ejus diademate videlicet corona, quam ex capite nostro illi concessimus, ex auro purissimo et gemmis pretiosis, uti debeant pro honore beati Petri. Ipse vero beatissimus Papa super coronam clericatus, quam gerit, ad gloriam beatissimi Petri, ipsa ex auro non est passus uti corona. Phrygium vero candido nitore splendidum, resurrectionem Dominicam designans, ejus sacratissimo vertice manibus nostris imposuimus, et tenentes frænum equi ipsius pro reverentia beati Petri stratoris officium illi exhibuimus, statuentes eodem phrygio omnes ejus successores singulariter uti in processionibus ad imitationem Imperii nostri. Unde ut pontificalis apex non vilescat, sed magisquam

de Dieu, à l'égal de ce qui est de la terre.

En outre, à l'exclusion de tous autres, Nous avons accordé au bienheureux Sylvestre et à ses successeurs, par notre indict, de clergifier et dénombrer dans le religieux nombre des clercs, quiconque, de son propre mouvement, il lui plaira vouloir, sans que nul soit assez osé pour l'accuser d'agir présomptueusement. Nous avons de plus décrété ceci, que lui-même et ses successeurs dussent, en l'honneur du bienheureux Pierre, jouir du diadème, c'est-à-dire de la couronne que nous ôtons de notre tête pour la lui concéder, d'or très-pur et de pierreries précieuses. Mais le bienheureux Pape, par-dessus la couronne de prêtrise qu'il porte, en l'honneur du bienheureux Pierre, n'a pas voulu poser cette couronne d'or; alors Nous avons de nos mains placé sur son très-saint chef le phrygium resplendissant d'une éclatante blancheur et retraçant la résurrection du Seigneur; puis, tenant la bride de son cheval, par révérence pour le bienheureux Pierre, Nous avons publiquement rempli pour

terreni Imperii dignitas, gloria et potentia decoretur, ecce tam palatium nostrum, quam Romanam urbem et omnes Italiæ sive occidentialium regionum provincias, loca, civitates, beatissimo Pontifici et universali Papæ Sylvestro tradimus, atque relinquimus, et ab eo et a successoribus ejus per pragmaticum constitutum decrevimus disponenda, atque juri sanctæ Romanæ Ecclesiæ concedimus permanenda. Unde congruum perspeximus nostrum Imperium et regiam potestatem orientalibus transferri regionibus et in Byzanciæ provinciæ optimo loco nomini nostro civitatem ædificari, et nostrum illic Imperium constitui : quoniam ubi principatus sacerdotum et Christianæ religionis caput ab Imperatore cœlesti constitutum est, justum non est, ut illic Imperator terrenus habeat potestatem.

lui l'office d'écuyer, ordonnant que tous ses successeurs usassent particulièrement de ce phrygium dans les processions, à l'instar de notre Empire. C'est pourquoi, afin que le faîte pontifical ne soit pas avili, mais bien honoré au-dessus de la dignité, de la gloire et de la puissance de l'Empire terrestre, voici que Nous livrons et délaissons tant notre palais que la ville de Rome et toutes les provinces, localités et cités de l'Italie ou des régions occidentales, au bienheureux Sylvestre, Pontife et Pape universel, pour que par lui et ses successeurs, ainsi que nous l'avons décrété par constitution pragmatique, il en soit disposé et que le tout reste sous l'autorité de la sainte Église Romaine. C'est pourquoi Nous avons jugé convenable de transférer notre Empire et la royale puissance aux régions orientales, et en un très-bon endroit de la province de Byzance d'édifier une cité de notre nom et d'y établir notre Empire : car il n'est pas juste que là où le Prince des prêtres et le chef de la religion Chrétienne est établi par l'Empereur céleste, un Empereur terrestre garde le pouvoir.

Hæc vero omnia, quæ per hanc nostram imperialem sacram scripturam, et per alia divalia decreta statuimus et confirmamus, usque in finem mundi illibata et inconcussa permanere decernimus. Unde coram Deo vivo, qui nos regnare præcepit, et coram terribili ejus judicio obtestamur omnes nostros successores Imperatores et cunctos Optimates, Satrapas etiam, amplissimumque Senatum, et universum populum in toto orbe terrarum, nunc et in posterum, nulli eorum quoquo modo licere hæc, aut infringere, aut in quoquam convellere. Si quis autem (quod non credimus), in hoc temerator aut contemptor exstiterit, æternis condemnationibus subjaceat condemnatus, et sanctos Dei Apostolos Petrum et Paulum sibi in præsenti et in futura vita sentiat contrarios; atque in inferno inferiori concrematus cum Diabolo et omnibus deficiat impiis. Hujus vero imperialis decreti paginam propriis manibus roborantes, super venerandum corpus beati Petri posuimus; ibi eidem Dei Apostolo spondentes, nos cuncta inviolabiliter conservare et nostris successoribus

Enfin tout ce que par cette charte impériale et sacrée ainsi que par d'autres décrets divins Nous avons ordonné et confirmé, Nous décrétons que cela reste intact et inébranlable jusqu'à la fin du monde. C'est pourquoi, en face du Dieu vivant qui nous a enseigné à régner, en face de son jugement terrible, Nous enjoignons à tous nos successeurs les Empereurs, ainsi qu'à tous les Grands, aux Satrapes même, à l'amplissime Sénat et à tout le peuple répandu sur le globe terrestre de l'univers, à tous présents et à venir, que nul n'ose, de quelque façon que ce soit, enfreindre ou déchirer ce privilège. Si cependant, ce que nous ne croyons pas, quelqu'un pousse à ce point l'audace et le mépris, qu'il soit condamné à la damnation éternelle, qu'il sente qu'il a pour ennemis, dès à présent et pour la vie future, les saints Apôtres de Dieu, Pierre et Paul, et qu'il soit précipité au fin fond de l'enfer, pour y être brûlé avec le Diable et tous les impies. Et corroborant de nos propres mains la page de cet impérial décret, Nous l'avons déposée sur le corps vénérable du bienheureux

Imperatoribus conservanda in mandatis relinquere, ac beato patri nostro Sylvestro, Summo Pontifici et universali Papæ, ejusque cunctis successoribus Pontificibus, Domino Deo et Salvatore nostro Jesu Christo annuente, tradimus perenniter atque feliciter possidenda.

Et subscriptio imperialis : *Divinitas vos conservet per multos annos, sanctissimi ac beatissimi Patres. Datum Romæ, sub tertio die Kalendarum Aprilium, domino nostro Flavio Constantino Augusto quater et Gallicano viris clarissimis consulibus.*

Pierre, où, promettant à ce même Apôtre de Dieu d'observer inviolablement toutes ces choses et de laisser l'ordre de les observer à nos successeurs les Empereurs, au bienheureux Sylvestre, notre père, Souverain Pontife et Pape universel, ainsi qu'à tous les Pontifes ses successeurs, avec la grace de notre Seigneur, Dieu et Sauveur Jésus-Christ, Nous les concédons pour qu'ils en jouissent éternellement et heureusement.

Suit la souscription impériale : La Divinité vous conserve longues années, très-saints et très-bienheureux Pères. Donné à Rome sous le troisième jour des Calendes d'Avril, notre Seigneur Flavius Constantin, Auguste, et Gallicanus, très-illustres personnages, pour la quatrième fois consuls.

TRAITÉ DE LAURENT VALLA

CONTRE LA PRÉTENDUE

Donation de Constantin

'AI publié sur toutes sortes de sujets maints et maints livres, dans quelques-uns desquels je m'écarte de l'opinion d'auteurs considérables et consacrés par le temps. Puis-

LAURENTII VALLENSIS
de falso credita et ementita
CONSTANTINI DONATIONE
LIBELLUS INCIPIT FELICITER

Plures a me libri compluresque emissi sunt in omni doctrinarum genere, in quibusque a nonnullis magnisque et longo

qu'il en est qui m'ont en abomination et qui me dénoncent comme un téméraire, un sacrilège, que doit-on croire qu'ils vont faire aujourd'hui, quelle va être leur rage, et, s'ils en trouvent l'occasion, avec quel bonheur et quel empressement ils me traîneront au supplice, moi qui m'attaque non seulement aux morts, mais aux vivants; non à tel ou tel, mais à un grand nombre; non à de simples particuliers, mais aux dépositaires du pouvoir! Et de quel pouvoir! au Souverain Pontife, armé du glaive temporel, comme les Rois et les Princes, et, par surcroît, du glaive spirituel qu'on

jam ævo probatis auctoribus dissentio. Cum sint qui indigne ferant meque ut temerarium sacrilegumque criminentur, quid tandem nunc quidam facturi putandi sunt quantopere in me debacchaturi, et si facultas detur, quam avide ad supplicium festinanterque rapturi, qui non tantum adversus mortuos scribo sed et adversus vivos; nec in unum alterumve, sed in plurimos; non contra privatos modo, verum etiam contra magistratus? Ac quos magistratus? nempe Summum Pontificem, qui non temporali solum armatus est gladio,

ne peut éviter, pour ainsi dire, même sous le bouclier de quelque Prince : là encore te frapperaient l'excommunication, l'anathème, l'exécration. S'il est réputé avoir agi prudemment, comme il s'en est vanté, l'homme qui a dit : « *Je ne veux pas écrire contre ceux qui peuvent proscrire* » ; à plus forte raison devrais-je ainsi faire vis-à-vis de celui qui ne laissera pas même un refuge à la proscription, qui m'atteindra partout des flèches invisibles de sa puissance, de sorte que je pourrais m'écrier : *Où fuirai-je son souffle ? où me cacherai-je de sa face ?* A moins qu'on ne pense que le Souverain Pontife

Regum ac Principum more, sed ecclesiastico quoque, ut ab eo neque subter ipsum (ut sic loquar) clypeum alicujus Principum protegere te possis ; quominus excommunicatione, anathemate, execratione feriare. Ac si prudenter, ut dixit, sic fecisse existimatus est qui inquit : « *Nolo scribere in eos qui possunt proscribere* »; quanto mihi magis idem faciendum videatur in eum qui ne proscriptioni quidem reliquerit locum, quique invisibilibus me potestatis suæ jaculis prosequatur, ut jure possim dicere : *Quo ibo a spiritu suo et quo ab ipsius*

soit d'humeur à supporter les reproches plus patiemment que ne feraient les autres : mais c'est le contraire. Ananias, Prince des Prêtres, devant le tribun siégeant comme juge, ordonna de frapper Saint Paul, qui se vantait d'avoir jusque-là vécu en toute bonne conscience ; un autre Prince des Prêtres, Phassur, fit jeter en prison Jérémie, pour avoir parlé librement. A l'égard du premier, le tribun et le gouverneur, à l'égard du second le Roi, purent et voulurent les soustraire à la violence du Pontife ; mais moi, quel tribun, quel gouverneur, quel roi m'arrachera, si j'y tombe, d'entre les

fugiam facie? Nisi forte putemus patientius hunc esse laturum Summum Sacerdotem quam cæteri facerent ; nihil minus. Siquidem Paulo, quod bona se conscientia conversatum esse diceret, Ananias, Princeps Sacerdotum, coram tribuno, qui judex sedebat, jussit obverberari ; et Phassur, eadem præditus dignitate, Jeremiam ob loquendi libertatem conjecit in carcerem. Sed illum tribunus ac præses, hunc rex adversus injuriam pontificis tutari et potuit et voluit. Me vero quis tribunus, quis rex, quis præses ? quis e manibus Summi Sacerdotis, si me

mains du Grand Prêtre? qui donc le pourrait, s'il le voulait?

Ce n'est pas une raison pour que la peur d'un double péril me trouble et me détourne de mon but. Contre les lois divines et humaines, le Souverain Pontife ne peut rien lier ni délier; et donner sa vie pour la défense de la vérité et de la justice, c'est le comble de la vertu et de l'honneur, c'est la suprême récompense. Combien versent leur sang pour la patrie terrestre! J'offre le mien pour la patrie céleste; ils la méritent, ceux qui sont agréables à Dieu, non aux hommes. La peur de la mort me ferait

rapuerit ille, etiam ut velit, eripere poterit?
Verum non est causa cur me duplex hic periculi terror conturbet arceatque a proposito. Nam neque contra jus fasque Summi Pontificis licet aut ligare quippiam aut solvere, et in defendenda veritate atque justitia profundere animam summæ virtutis, summæ laudis, summi præmii est. An vero multi ob terrestrem patriam defendendam mortis adiere discrimen : ego ob cœlestem patriam assequendam. Assequuntur autem eam qui Deo placent, non qui hominibus. Mortis discrimine deterrebor? Faces-

reculer? Arrière toute crainte! arrière les appréhensions, les épouvantes! C'est d'un cœur ferme, en toute confiance, en plein espoir, qu'il faut défendre la cause de la vérité, la cause de la justice, la cause de Dieu!

Pour être compté comme un véritable orateur, il ne suffit pas de savoir bien dire, si l'on n'ose dire. Osons donc accuser quiconque appelle sur lui une juste accusation, et *que celui qui pèche devant tous soit dénoncé par un seul au nom de tous.* — Mais je ne dois pas publiquement dénoncer mon frère, c'est affaire entre lui et moi? — Non; *celui qui pèche publiquement,* et qui ne supporterait pas

sat igitur trepidatio; procul abeant metus, timores excidant; forti animo, magna fiducia, bona spe defendenda est causa veritatis, causa justitiæ, causa Dei.

Neque enim is habendus est verus orator qui bene scit dicere, nisi et dicere audeat. Audeamus itaque accusare quicumque digna committit accusatione, et *qui in omnes peccat, unius pro omnium voce corripiatur.* — At non debeo palam objurgare fratrem, sed inter me et ipsum? — Imo *publice peccans,* et qui privatum consilium non

un conseil amical, *doit être publiquement repris, pour donner de la crainte aux autres*. Est-ce que Paul, dont ce sont les propres paroles, n'a pas repris Pierre en face, devant l'Église, parce qu'il était répréhensible? Il nous a laissé cela par écrit, en exemple. — Je ne suis pas Paul, dira-t-on, pour oser reprendre Pierre? — Si; je suis Paul, puisque j'imite Paul. Bien plus, l'esprit de Dieu est en moi quand j'obéis ponctuellement aux ordres de Dieu. La dignité suprême ne protège personne contre le blâme, puisqu'elle n'a pas protégé Pierre, ni bien d'autres, élevés au même rang : Marcel, qui fai-

admitteret, *publice arguendus est, ut cæteri timorem habeant*. An non Paulus, cujus verbis modo sum usus, in os Petrum coram Ecclesia reprehendit, quia reprehensibilis erat? Et hoc ad nostram doctrinam scriptum reliquit. — At non Paulus qui possim Petrum reprehendere? — Imo Paulus sum, qui Paulum imitor. Quemadmodum, quod multo plus est, unus cum Deo spiritus efficior, cum studiose mandatis illius obtempero. Neque aliquem sua dignitas ab increpationibus tutum reddit, quæ Petrum non reddidit multosque alios eodem præditos

5.

sait des libations aux Dieux; Célestin,
infecté de l'hérésie de Nestorius; d'autres encore dont le souvenir est présent
et que nous savons avoir été repris, pour
ne pas dire condamnés, par leurs inférieurs; car qui n'est pas l'inférieur du
Pape ? Ce que j'en fais, ce n'est pas pour
invectiver qui que ce soit et composer
des espèces de Philippiques; loin de moi
cette pensée coupable. C'est pour déraciner l'erreur de l'esprit des hommes,
pour les arracher aux vices et aux crimes,
soit par la persuasion, soit par les reproches; je n'ose dire, pour que d'autres, à
mon exemple, émondent, le fer en main,

gradu : ut Marcellum quod diis libasset ; ut
Celestinum quod cum Nestorio hæretico
sentiret ; ut quosdam etiam nostra memoria
quos ab inferioribus (quis enim non est
inferior Papa ?) reprehensos scimus, ut
taceam condemnatos. Neque vero id ago
ut cupiam quempiam insectari et in eum
quasi Philippicas scribere ; hoc enim a me
facinus procul absit. Sed ut errorem a mentibus hominum convellam, ut eos a vitiis
sceleribusque vel admonendo vel increpando submoveam. Non ausim dicere ut
alii per me edocti luxuriantem nimiis

les bourgeons par trop luxuriants du Siège Apostolique, cette vigne du Christ, et la forcent à produire des grappes abondantes au lieu de maigres sarments. Quand j'agis de la sorte, qui donc voudrait seulement me fermer les lèvres ou se boucher les oreilles, bien loin de proposer contre moi la peine de mort? Si quelqu'un l'osait, qu'en pourrais-je dire? Qu'il est le Bon Pasteur, ou bien l'aspic insensible qui refuse d'écouter la voix du charmeur et veut l'engourdir de ses morsures et de son venin?

Je me doute qu'on dresse l'oreille et

sarmentis Papalem Sedem, quæ Christi vinea est, ferro coerceant, et plenas uvas non graciles labruscas ferre compellant. Quod cum facio, numquis erit qui aut mihi os aut sibi aures velit occludere, ne dicam supplicium mortemque proponere? Hunc ego si hæc faciat, etiam si Papa sit, quid dicam esse? Bonumne Pastorem, an aspidem surdam, quæ nolit exaudire vocem incantantis, velit ejusdem membra morsu venenoque præstringere?

Scio jamdudum exspectare aures homi-

qu'on se demande quelle inculpation j'entends diriger contre les Souverains Pontifes. Une inculpation grave, assurément, car je les accuse ou d'une honteuse ignorance, ou d'une horrible avarice, forme de l'idolâtrie, ou de l'orgueil du pouvoir, que toujours accompagne la cruauté. En effet, il y a quelques siècles, ou bien ils ne soupçonnèrent pas que la Donation de Constantin était une fraude, une imposture : ou bien ils la fabriquèrent eux-mêmes, et ceux qui suivirent, emboîtant le mensonge de leurs devanciers, défendirent comme vraie cette Donation qu'ils savaient fausse, au déshonneur de la ma-

num quodnam Pontificibus Romanis crimen impingam: profecto ingens, sive supinæ ignorantiæ, sive immanis avaritiæ, quæ est idolorum servitus, sive imperandi vanitatis, cujus crudelitas semper est comes. Nam aliquot jam sæculis, aut non intellexerunt Donationem Constantini commentitiam fictamque esse, aut ipsi finxerunt, sive posteriores in majorum suorum dolis vestigia imprimentes pro vera quam falsam cognoscerent defenderunt, dedecorantes Pontificatus majestatem, dedecorantes veterum Pontificum memoriam, dedecorantes

jesté Pontificale, au déshonneur de la mémoire des anciens Papes, au déshonneur de la religion Chrétienne : le tout entremêlé de meurtres, de menaces et d'infamies. Ils disent que la ville de Rome est à eux; à eux aussi le royaume de Sicile et le royaume de Naples, et toute l'Italie, les Gaules, les Espagnes, les Allemands, les Anglais, à eux enfin tout l'Occident. Tout cela est, en effet, dans la charte de donation; tout t'appartient donc, Souverain Pontife; ton ardent désir est de recouvrer tout. Dépouiller de leurs États les Rois et les Princes de l'Occident, ou les forcer à te payer des tributs annuels, voilà ton am-

religionem Christianam, et omnia cædibus, minis flagitiisque miscentes. Suam esse aiunt urbem Romam ; suum regnum Siciliæ Neapolitanumque, suam universam Italiam, Gallos, Hispanos, Germanos, Britannos, suum denique Occidentem. Hæc enim cuncta in ipsa Donationis pagina contineri. Ergo hæc omnia tua sunt, Summe Pontifex; omnia tibi in animo est recupare. Omnes Reges ac Principes Occidentis spoliare urbibus, aut cogere ut annua tibi tributa pensitent, sententia est. At ego contra exi-

bition. Mais moi, j'estime au contraire plus équitable de permettre aux Princes de t'enlever tout ce qui est soumis à ton pouvoir. Car ainsi que je le démontrerai, cette Donation, d'où les Papes veulent tirer leur droit, a été aussi inconnue à Sylvestre qu'à Constantin.

Mais, auparavant que j'arrive à réfuter la charte de donation, à démontrer que cette charte, leur seul appui, est non seulement fausse, mais absurde, la méthode exige que je reprenne les choses de plus loin et que je prouve d'abord que Constantin et Sylvestre ne furent pas tels, que le premier, voulût-il donner, eût le droit de donner,

stimo justius licere Principibus spoliare te imperio omni quod obtines. Nam ut ostendam, Donatio illa, unde natum esse suum jus Summi Pontifices volunt, Sylvestro pariter et Constantino fuit incognita.

Verum antequam ad Donationis paginam confutandam venio, quod unum istorum patrocinium est non modo falsum verum etiam stolidum, ordo postulat ut altius repetam et primum dicam non tales fuisse Constantinum Sylvestrumque, illum quidem qui donare vellet, qui jure

possédât même ce qu'il aurait transmis aux mains d'un autre; et que le second, voulût-il accepter, le pût, en droit; deuxièmement, que, quand cela ne serait pas, quoique ce soit très-vrai et très-clair, jamais Sylvestre ne reçut, jamais Constantin n'opéra la transmission des choses données; qu'elles restèrent toujours sous la main et au pouvoir des Césars; troisièmement, que Constantin n'a rien donné à Sylvestre, mais à son prédécesseur, dont il reçut le baptême; que ces présents furent médiocres et seulement pour aider le Pape à vivre; quatrièmement, qu'il est faux que le

donare posset, qui ut in manu alteri ea traderet in sua haberet potestate; hunc autem qui vellet accipere, qui ne jure accepturus foret. Secundo loco, si hæc non essent, quæ verissima, clarissima sunt, neque hunc acceptasse, neque illum tradidisse possessionem rerum quæ fuerunt donatæ, sed eas semper in arbitrio ac imperio Cæsarum permansisse. Tertio nihil datum Sylvestro a Constantino, sed priori Pontifici a quo baptismum acceperat, donaque illa mediocria fuisse, quibus Papa degere vitam posset. Quarto falso dici Donationis exem-

texte de la Donation soit tiré des Décrétales ou de l'histoire de Sylvestre, qu'on ne le trouve ni dans les Décrétales, ni dans aucune histoire; que ce texte, d'ailleurs, fourmille de contradictions, d'impossibilités, de sottises, de barbarismes, d'extravagances. Je parlerai ensuite de quelque autre donation, simulée ou du moins frivole, des Césars, et surabondamment j'ajouterai : Si Sylvestre a été mis en possession, il faut bien que lui ou tout autre Pape ait été dépossédé, et, après un tel laps de temps, il est impossible, de droit divin ou de droit humain, d'exercer la répétition. Enfin, pour ce

plum aut apud Decreta reperiri, aut ex historia Sylvestri esse sumptum, quod neque in illa neque in ulla historia invenitur; in eoque quædam contraria, impossibilia, stulta, barbara, ridicula contineri. Præterea loquar de quorumdam aliorum Cæsarum vel simulata vel frivola donatione; ubi ex abundanti adjiciam : Si Sylvester possedisset, tamen sive illo sive quovis alio Pontifice a possessione dejecto, post tantum temporis intercapedinem, nec divino nec humano jure posse repeti. Postremo ea quæ a Summo Pontifice tenentur nullius

que détient actuellement le Pape, aucun laps de temps n'autorise la prescription, et, ce qui rentre dans ma première partie, jamais Constantin n'a pu ni voulu donner l'Empire à un autre.

Parlons d'abord de Constantin; Sylvestre viendra ensuite.

Ce ne serait pas à faire que nous ne plaidions pas une cause publique, une cause Impériale, sur un ton un peu plus élevé qu'une cause ordinaire. Je me figure donc que je prends la parole dans un cénacle de Rois et de Princes (aussi

temporis longitudine posse prescribi, atque quod ad primam partem attinet, nunquam fuisse Constantinum facturum ut alteri daret Imperium.

Loquamur autem de Constantino prius, deinde de Sylvestro.

Non est committendum ut publicam quasi et Cæsaream causam non majore quam privatæ solent ore agamus. Itaque quasi in concione Regum ac Principum orans, ut certe facio (nam mea hæc oratio in manus eorum

bien mon plaidoyer doit-il être un jour entre leurs mains), et je m'adresse à eux, comme s'ils étaient là, en face de moi. Je vous cite ici, Rois et Princes, car il est difficile à un simple particulier de se figurer les intentions des Rois; je recherche vos pensées intimes, je scrute vos consciences, je réclame votre témoignage. En est-il un seul parmi vous qui, à la place de Constantin, eût été homme à donner la ville de Rome, sa patrie, la tête du Monde, la Reine des cités, la plus puissante, la plus noble, la plus riche entre les nations, la ville qui a subjugué tous les peuples et dont l'aspect même est auguste? à la donner en ca-

ventura est) libet tanquam præsentes et in conspectu positos alloqui. Vos appello, Reges ac Principes; difficile est enim privatum hominem animi regii concipere imaginem; vestram mentem inquiro, conscientiam scrutor, testimonium postulo. Numquid vestrum quispiam, Constantini si loco fuisset, faciendum sibi putasset ut urbem Romam patriam suam, caput Orbis terrarum, Reginam civitatum, potentissimam, nobilissimam, ditissimam populorum, triumphatricem nationum et ipso aspectu sacram,

deau, à titre de gracieuseté, pour se confiner lui-même dans l'obscure bourgade qui depuis est devenue Byzance ? à donner avec Rome l'Italie, non pas une province, mais la maîtresse des provinces ; à donner les trois Gaules, les deux Espagnes ; à donner les Bretons ; à donner tout l'Occident : des deux yeux de l'Empire, il s'en serait arraché un ? J'ai beau faire, je ne puis croire qu'aucun de vous, en état de raison, agisse de la sorte.

Que peut-il vous arriver de plus à souhait, de plus doux, de plus délicieux, que d'accroître vos possessions, d'annexer des royaumes à vos royaumes,

liberalitatis gratia donaret alteri et se ad humile oppidum conferret, deinde Byzantium ? Donaret præterea una cum Roma Italiam, non provinciam sed provinciarum victricem; donaret tres Gallias; donaret duas Hispanias; donaret Germanos; donaret Britannos; totum donaret Occidentem, et se altero ex Imperii oculis orbaret ? Hoc ego, ut quis faciat compos mentis, adduci non possum ut credam.

Quid enim vobis exspectatius, quid jocundius, quid gratius contingere solet quam accessionem imperiis vestris regnisque ad-

d'étendre le plus possible, en long et en large, votre domination? C'est là, ce me semble, l'objet de tous vos soucis, de toutes vos pensées, le travail qui consume vos jours et vos nuits. Ces conquêtes sont vos rêves de gloire; pour elles vous méprisez les voluptés, pour elles vous courez mille périls, pour elles vous sacrifiez vos plus chers rejetons, pour elles, de grand cœur, vous risquez l'un de vos membres : à moins que j'aie jamais appris ou lu qu'aucun de vous, dans cet acharnement à agrandir son empire, se soit laissé effrayer pour avoir perdu un œil, un bras, une jambe ou

jungere, et longe latéque quam maxime proferre ditionem? In hoc, ut viderevideor, omnis vestra cura, omnis cogitatio; labor dies noctesque consumitur. Ex hoc præcipua spes gloriæ, propter hoc voluptates relinquitis, propter hoc mille pericula aditis, propter hoc carissima pignora, propter hoc partem corporis æquo animo amittitis. Siquidem neminem vestrum aut audivi aut legi a conatu ampliandi imperii fuisse deterritum, quod aut luminis, aut manus, aut cruris, aut alterius membri jacturam fecisset; quin ipse hic ardor atque hæc late do-

toute autre partie du corps; telle est la passion, l'avidité des conquêtes, que plus un Prince est puissant, plus elle l'étreint et le tourmente. Alexandre, non content d'avoir traversé les déserts de la Lybie, soumis l'Orient jusqu'à l'Océan, son extrême limite, dompté le Septentrion, bravé tant de blessures, tant de périls, malgré les murmures de ses soldats que rebutaient de si lointaines et si pénibles expéditions, Alexandre croyait n'avoir rien fait s'il ne rendait ses tributaires l'Occident et toutes les nations, ou par la force des armes ou par la terreur de son nom. C'est trop peu dire : il songeait déjà à franchir l'Océan, et, s'il existait

minandi cupiditas, ut quisque maxime potens est, ita eum maxime angit atque agitat. Alexander non contentus deserta Libyæ peragrasse, Orientem ad extremum usque Oceanum vicisse, domuisse Septentrionem, inter tot vulnera, tot casus, recusantibus jam detestantibusque tam longinquas, tam asperas expeditiones militibus, ipse sibi nihil effecisse videbatur, nisi et Occidentem et omnes nationes aut vi aut nominis sui auctoritate sibi tributarias reddidisset. Parum dico; jam Oceanum transire et si quis alius

quelque autre continent, à l'explorer et à le soumettre à son empire; enfin il eût, je pense, tenté l'escalade du ciel. Telle est à peu près la volonté de tous les Rois, si tous n'en ont pas l'audace. Je veux taire les crimes, les abominations commises pour s'emparer du pouvoir ou pour l'étendre; les frères n'ont pas horreur de tremper leurs mains criminelles dans le sang des frères, les fils dans le sang des pères, les pères dans le sang des fils. Nulle part ne sévit avec plus de violence et d'atrocité la folie humaine. Et ce dont on pourrait s'étonner, les vieux y mettent tout autant d'ardeur que les jeunes, ceux

esset orbis explorare ac suo subjicere arbitrio destinaverat : in cœlum tandem, ut opinor, tentasset ascendere. Talis fere est omnium regum voluntas, etsi non omnium talis audacia. Taceo quanta scelera, quot abominanda propter imperium assequendum ampliandumve admissa sint, ut nec fratres a fratrum, nec filii a parentum, nec parentes a filiorum sanguine nefarias abstineant manus. Adeo nusquam magis, nusquam atrocius grassari solet humana temeritas. Et quod mirari possis, non seniores

qui n'ont pas d'héritiers que ceux qui en ont, les Rois légitimes que les usurpateurs.

Si l'on se donne tant de peine pour acquérir le pouvoir, combien s'en donnera-t-on pour le conserver ! Car enfin, il est bien moins déplorable de ne pas augmenter ses domaines que de les amoindrir, bien moins honteux de ne pas incorporer à son royaume celui d'un autre que de laisser annexer le sien. Si nous lisons qu'un Roi, un peuple ont parfois aliéné le gouvernement d'un royaume ou d'une ville, il ne s'agissait pas de la principale province ni de la capitale, mais bien de quelque région lointaine, de

ad hoc videas animos senum quam juvenum, orborum quam parentum, Regum quam tyrannorum.

Quod si tanto conatu dominatus peti solet, quanto major necesse est conservetur! Neque enim tantopere miserum est non ampliare imperium quam imminuere, neque tam deforme tibi alterius regnum non accedere tuo quam tuum accedere alieno. Nam quod a rege aliquo aut populo legimus nonnullos præpositos regno aut urbibus, id factum est non de prima nec de maxima sede, po-

quelque infime partie de l'empire; encore était-ce sous la condition que le donataire reconnût comme suzerain le donateur et se considérât comme son vassal.

Maintenant, je le demande, ne font-ils pas montre de leur bassesse et de leur indignité, ceux qui pensent que Constantin a pu aliéner la meilleure partie de l'Empire, je ne parle pas de Rome, de l'Italie, etc., mais des Gaules, où il avait livré des batailles en personne, installé dès longtemps sa domination, posé les bases de sa renommée et de sa puissance? Lui qui, dans sa soif du pouvoir, avait fait la guerre à tous les peuples; qui n'avait pas reculé devant la guerre civile, pour

strema quodammodo ac minima imperii parte, atque ea ratione : ut donantem qui donatus est quasi dominum et se ministrum illius semper agnosceret.

Nunc, quæso, nonne abjecto animo et minime generoso videntur esse qui opinantur Constantinum meliorem a se Imperii alienasse partem, non dico Romam, Italiamque et cætera, sed Gallias, ubi ipse prælia gesserat, ubi solum diu dominatus fuerat, ubi suæ gloriæ suique imperii rudimenta posuerat? Hominem qui cupiditate domi-

déposséder ses amis et ses proches;
qui n'était pas encore venu à bout de
dompter et détruire les restes de la
faction rivale ; lui qui ne combattait
pas tant de nations pour acquérir de
la gloire ou de la puissance, mais par
nécessité, harcelé qu'il était par les
Barbares; lui qui avait un si grand
nombre de fils, de parents, d'amis; lui
qui savait que le Sénat et le Peuple Romain auraient horreur de cette cession;
lui qui connaissait par expérience l'in-
stabilité des nations vaincues, les révoltes
qui saluaient chaque transmission de
pouvoir à un nouveau Prince; lui qui se
souvenait de n'avoir pas été élu, comme

nandi nationibus bella intulisset, socios affi-
nesque bello civili prosecutus imperio pri-
vasset; cui nondum perdomitæ aut profligatæ
reliquiæ essent alterius factionis; qui cum
multis nationibus bella gerere non modo
soleret spe gloriæ imperiique, sed etiam
necesse haberet, utpote a Barbaris quotidie
lacessitus; qui filiis, qui conjunctis sanguine, qui amicis abundaret; qui Senatum
Populumque Romanum huic facto repugnaturum cognosceret; qui expertus esset instabi-
litatem victarum nationum et ad omnem fere

les autres Césars, par le choix du Sénat et le consentement du Peuple, mais de s'être emparé du trône à la tête de ses soldats et les armes à la main : quel irrésistible et pressant motif le poussait donc, qu'il ne tînt compte de rien et voulût faire preuve d'une telle libéralité ?

C'est, dit-on, parce qu'il était devenu Chrétien. — Raison de plus pour qu'il ne se dépouillât pas de la plus belle moitié de l'Empire. Dois-je croire que c'était déjà un crime, une honte, une abomination de régner, et qu'une souveraineté ne pouvait se concilier avec la religion Chrétienne ? Ceux qui vivent dans l'adultère, qui se sont engraissés par l'usure,

Romani principis mutationem rebellantium; qui se meminisset more aliorum Cæsarum non electione patrum consensuque plebis, sed exercitu, armis, bello dominatum occupasse; quæ tam vehemens causa et urgens aderat, ut ista negligere et tanta liberalitate uti vellet?

Aiunt, quia effectus erat Christianus. — Ergo ne Imperii optima parte se abdicaret. Credo, scelus erat, flagitium, nefas jam regnare nec cum Christiana religione conjungi poterat regnum. Qui in adulterio sunt, qui

qui possèdent les biens des autres, ceux-là ont coutume, en recevant le baptême, de répudier la femme d'autrui, l'argent d'autrui, les biens d'autrui. Si telle est ton intention, Constantin, tu dois rendre aux villes leur liberté, non les contraindre à changer de maître. Mais ce n'est pas de cela qu'il s'agit : tu n'as tant fait que pour honorer la religion. Comme s'il était plus religieux de déposer le pouvoir que de le garder pour protéger la religion ! Car, en ce qui est des Papes, il ne peut être ni honnête à eux ni utile d'accepter ta Donation. Pour toi, si tu yeux te montrer Chrétien et manifester ta piété,

usuris rem auxerunt, qui aliena possident, hi post baptismum alienam uxorem, alienam pecuniam, aliena bona reddere solent. Hanc cogitationem si habes, Constantine, restituere urbibus libertatem non mutare dominum debes. Sed non id in causa fuit tantum in honorem religionis ut faceres adductus es. Quasi religiosum sit magis regnum deponere quam pro tutela religionis illud administrare! Nam quod ad accipientes attinet, neque honesta erit illis neque utilis ista Donatio. Tu vero si Christianum te ostendere, si pietatem indicare tuam, si

si tu veux être agréable je ne dis pas à l'Église Romaine mais à l'Église de Dieu, c'est maintenant, surtout maintenant qu'il te faut être Prince, afin de combattre pour ceux qui ne peuvent ni ne doivent combattre, afin de les abriter sous ton égide, eux qui sont en butte aux embûches et aux outrages. Dieu a voulu découvrir à Nabuchodonosor, à Cyrus, à Assuérus et à beaucoup d'autres Princes le sacrement de vérité : il n'a exigé d'aucun d'eux qu'il déposât le pouvoir, qu'il cédât quelque partie de son empire ; il leur a demandé seulement de rendre la liberté aux Hébreux, de les protéger contre des voisins menaçants. C'était assez pour les

consultum non dico Romanæ Ecclesiæ vis sed Ecclesiæ Dei, nunc præcipue, nunc Principem agas, ut pugnes pro his qui pugnare non possunt nec debent, ut eos tua auctoritate tutos reddas qui insidiis injuriisque obnoxii sunt. Nabuchodonosor, Cyro, Assuero multisque aliis Principibus sacramentum veritatis Deus aperire voluit, a nullo tamen eorum exegit ut imperio cederet, ut partem regni donaret, sed tantum libertatem Hebræis redderet eosque ab instantibus finitimis protegeret. Hoc satis fuit Judæis, hoc

Juifs; ce sera assez pour les Chrétiens. Tu es devenu Chrétien, ô Constantin ce serait une chose indigne que, Empereur Chrétien, tu possédasses moins de pouvoir qu'infidèle. La souveraineté est un don de Dieu, et les Princes païens eux-mêmes sont réputés choisis par Dieu.

— Mais, direz-vous, il avait été guéri de la lèpre : vraisemblablement il aura voulu montrer de la reconnaissance et rendre plus qu'il n'avait reçu. — Allons donc! Naaman, ce Syrien guéri par Elysée, n'offrit en récompense que des

sat erit et Christianis. Factus es, Constantine, Christianus; at indignissima res est Christianum te nunc Imperatorem minorem esse principatu quam fueras infidelis. Est enim principatus præcipuum quoddam Dei munus, ad quem gentiles etiam Principes a Deo eligi existimantur.

— At erat lavatus a lepra. Ideo verisimile est referre gratiam voluisse et majore mensura reddere quod acceperat.— Itane? Naaman ille Syrus ab Elyseo curatus munera tantum offerre voluit, non dimidium bonorum :

présents, non pas la moitié de tous ses biens, et Constantin aurait offert la moitié de l'Empire? Je rougis d'examiner cette fable impudente comme une histoire indubitable, car votre conte a été calqué sur l'histoire de Naaman, comme celui du Dragon sur le chimérique Dragon de Bel. Mais, même en l'admettant, est-ce que dans cette histoire il est question de donation? Aucunement. J'en parlerai plus loin tout à mon aise.

Il avait donc été guéri de la lèpre; il fut aussitôt envahi de l'esprit Chrétien; la crainte de Dieu, l'amour de Dieu remplirent son âme; il résolut de l'honorer. Je ne puis pourtant me persuader qu'il

Constantinus dimidium imperii obtulisset? Piget me impudenti fabellæ tanquam indubitatæ historiæ respondere; sic enim hæc fabula ex historia Naaman et Elysei ut altera Draconis ex fabuloso Dracone Beli adumbrata est. Sed ut ista concedam, numquid in hac historia de donatione fit mentio? Minime; verum de hoc commodius postea loquar.

Lavatus est a lepra; cepit ob id mentem Christianam; Dei timore, Dei amore imbutus est; illi honorem habere voluit. Non

ait voulu lui faire de tels présents, surtout quand je ne vois personne avoir déposé l'empire pour le donner aux prêtres, soit parmi les Gentils, en l'honneur des Dieux, soit parmi les fidèles en l'honneur du Dieu vivant. Ainsi aucun des Rois d'Israël ne voulut consentir à ce que, suivant l'antique usage, ses sujets allassent sacrifier au Temple de Jérusalem, de peur que, frappés de la solennité du culte religieux ou de la majesté du Temple, ils ne retournassent au Roi de Juda, dont ils s'étaient séparés. Et combien plus grave eût été l'acte attribué à Constantin! N'essayez pas de vous prévaloir de cette guérison

tamen persuaderi possum eum tanta donare voluisse, quippe cum videam neminem, aut gentilem in honorem Deorum, aut fidelem in honorem viventis Dei imperium deposuisse sacerdotibusque donasse. Siquidem ex Regibus Israel nemo adduci potuit ut pristino more ad Templum Jerusalem populos sacrificaturos ire permitteret, eo videlicet timore ne forte ad regem Judæ a quo defecerant redirent, sacro illo cultu religionis admoniti ac Templi majestate. Et quanto hoc majus est quod fecisse dicitur

de la lèpre. Jéroboam était le premier Roi d'Israël choisi par Dieu, choisi dans une infime condition, ce qui, je pense, est bien une autre affaire que d'être guéri de la lèpre : cependant, il n'a pas cru devoir faire cadeau à Dieu de son royaume. Et vous voulez que Constantin ait donné à Dieu le sien, qu'il ne tenait pas de lui, sachant (ce qui n'était pas le cas de Jéroboam) que, ce faisant, il frustrait ses enfants, il humiliait ses amis, il dédaignait tous les siens, il mutilait sa patrie, consternait tout le monde et s'oubliait lui-même?

Admettons cependant qu'il ait été tel et

Constantinus! Ac ne quid tibi propter curationem lepræ blandiaris. Jeroboam primus in regem Israel a Deo electus est, et quidem ex infima conditione, quod mea sententia plus est quam esse lepra lavatum ; et tamen is non est ausus regnum suum Deo credere. Et tu vis Constantinum regnum suum Deo donasse quod ab illo non accepisset, qui præsertim (id quod in Jeroboam non cadebat) offenderet filios, deprimeret amicos, negligeret suos, læderet patriam, mœrore omnes afficeret, sui quoque oblivisceretur?

comme changé en un autre homme.
Est-ce qu'il n'y avait là personne pour
l'avertir, et au premier rang ses fils, ses
proches, ses amis? Qui ne pense qu'ils
ne fussent aussitôt accourus autour de
l'Empereur? Voyez-les : dès qu'ils ont
appris les intentions de Constantin, ils
tremblent, ils se pressent, avec des gé-
missements et des larmes ils tombent
aux pieds du Prince et lui parlent en
ces termes :

« Est-ce ainsi, toi le plus tendre des
» pères, que tu dépouilles, que tu déshé-
» rites, que tu ruines tes fils? Que tu
» veuilles te dépouiller de la plus belle
» et de la plus considérable partie de

Qui si etiam talis fuisset et quasi in alium hominem versus, certe non defuissent qui eum admonerent, et imprimis filii, propinqui, amici. Quos quis est qui non putet protinus Imperatorem fuisse adituros? Ponite igitur illos ante oculos, mente Constantini audita trepidos, festinantes, cum gemitu lacrymisque ad genua Principis procumbantes et hac voce utentes :

« Itane, pater antehac filiorum amantis-
» sime, filios privas, exheredas, abdicas! Nam
» quod te optima maximaque Imperii parte

» l'Empire, ce serait pour nous un
» moindre sujet de plainte que d'étonne-
» ment : ce dont nous nous plaignons,
» c'est que tu la transmettes à d'autres,
» à notre détriment et à notre honte.
» Pourquoi frustrer tes fils de la succes-
» sion impériale qu'ils attendent, toi
» qui as partagé le trône avec ton père?
» Par quel oubli de nos devoirs vis-à-vis
» de toi, de la Patrie, du nom Romain
» ou de la majesté de l'Empire avons-
» nous mérité que tu nous prives de la
» première et de la meilleure part du
» Principat? Il nous faut quitter le foyer
» paternel, l'aspect du sol natal, les cieux
» accoutumés, les vieux usages, laisser là

» exuere vis, non tam querimur quam mi-
» ramur. Querimur autem quod eam ad alios
» defers, cum nostra et jactura et turpitu-
» dine. Quid enim causæ est quod liberos
» tuos exspectata successione Imperii frau-
» das, qui ipse una cum patre regnasti?
» Quid in te commisimus? Qua in te, qua
» in Patriam, qua in nomen Romanum ac
» majestatem Imperii impietate digni vi-
» demur quos præcipua optimaque pri-
» ves Principatus portione? Qui de patriis
» laribus, a conspectu natalis soli, ab assueta

» nos pénates, nos sanctuaires, nos tom-
» beaux, pour aller, en exil, vivre je ne
» sais où, dans quelle partie du monde ?
» Et nous, tes proches, et nous, tes amis,
» qui nous tenions à tes côtés dans les
» batailles, nous qui avons vu nos frères,
» nos pères, nos fils tomber expirants
» sous les coups des ennemis, nous que
» le trépas des autres n'a pu effrayer et
» qui sommes prêts à braver la mort
» pour toi, voici que tu nous abandonnes
» tous ensemble. Et nous qui occupons
» à Rome les magistratures, nous les
» préfets actuels ou futurs des villes de
» l'Italie, de la Gaule, de l'Espagne, de
» toutes les autres provinces, vas-tu nous

» aura, a vetusta consuetudine relegemur,
» penates, fana, sepulchra exules relinque-
» mus, nescio ubi aut qua terrarum regione
» victuri! Quid nos propinqui, quid nos
» amici qui tecum toties in acie stetimus,
» qui fratres, parentes, filios hostili mucrone
» confossos palpitantesque conspeximus,
» nec aliena morte territi sumus, et ipsi pro
» te parati mortem appetere, nunc abs te uni-
» versi destituimur! Qui Romæ gerimus
» magistratus, qui urbibus Italiæ, qui Galliis,
» qui Hispaniis, qui ceteris provinciis præ-

» destituer en masse ? Recevrons-nous
» l'ordre de ne plus être que de simples
» citoyens ? Compenseras-tu ailleurs le
» préjudice que tu nous causes ? Com-
» ment le pourrais-tu faire, eu égard à no-
» tre dignité et à nos mérites, après avoir
» cédé à quelque autre une si grande
» partie de l'univers ? Ce peuple qui
» commandait à cent peuples, veux-tu,
» César, le remettre aux mains d'un seul
» homme ? Comment une telle pensée
» a-t-elle pu te venir ? As-tu d'un coup
» tout oublié, pour que tu n'aies pitié
» ni de tes amis, ni de tes proches, ni
» de tes fils ? Plût au ciel, César, que
» nous fussions tombés sur un champ

» sumus aut præfecturi sumus, omnes ne
» revocamur? Omnes privati esse jubemur?
» An jacturam hanc aliunde pensabis? Et
» quomodo pro merito ac dignitate poteris,
» tanta orbis terrarum parte alteri tradita?
» Num qui præerat centum populis eum tu,
» Cæsar, uni præficies ? Quomodo tibi istud
» in mentem venire potuit? Quo subita
» tuorum te cepit oblivio, ut nihil te mise-
» reat amicorum, nihil proximorum, nihil
» filiorum ? Utinam nos, Cæsar, salva tua
» dignitate atque victoria, in bello contigisset

» de bataille, sauvant ton honneur et
» assurant la victoire, plutôt que d'as-
» sister à pareil spectacle! Certes, tu
» peux disposer à ton gré de l'Empire,
» qui t'appartient, et de nos personnes;
» sur un seul point nous te serons re-
» belles jusqu'à la mort : nous n'aban-
» donnerons pas le culte des Dieux Im-
» mortels. Pourtant, nous sommes prêts
» à nous offrir à tous en exemple, pour
» que tu saches combien ta libéralité aura
» été profitable à la religion Chrétienne :
» ne donne pas ton Empire à Sylvestre,
» et nous nous faisons tous Chrétiens,
» comme toi. Si tu le lui donnes, non
» seulement nous ne supporterons pas

» occumbere, potius quam ista cernamus!
» Ac tu quidem de Imperio tuo ad tuum
» arbitrium agere potes, atque etiam de no-
» bis, uno dumtaxat excepto, in quo ad
» mortem usque erimus contumaces: ne a
» cultu Deorum Immortalium desistamus.
» Magno etiam erimus aliis exemplo, ut
» scias tua ista largitas quid mereatur de
» religione Christiana. Nam si non largiris
» Sylvestro Imperium tuum, tecum Chri-
» stiani esse volumus, multis factum nostrum
» imitaturis. Sin largiris, non modo non

» de devenir Chrétiens, mais grace à toi
» nous aurons ce nom en horreur, en
» abomination, en exécration ; tu nous
» rendras tels, que bientôt tu auras pitié
» de notre vie et de notre mort; et ce
» n'est pas nous, c'est toi que tu accuseras
» de dureté. »

Est-ce que Constantin, à moins de le croire dénué de tout sentiment humain, n'eût pas été touché de ce discours, si rien en lui ne parlait? Eût-il refusé de les entendre, est-ce qu'il n'y avait pas là des hommes tout prêts à s'opposer à ses desseins, par la persuasion ou par la force? Est-ce que le Sénat et le Peuple Romain,

» Christiani fieri sustinebimus, sed invi-
» sum, detestabile, execrandum nobis hoc
» nomen efficies, talesque reddes ut tandem
» tu vitæ et mortis nostræ miserearis, nec
» nos sed te ipsum duritiæ accuses. »

Nonne hac oratione Constantinus, nisi exstirpatam ab eo volumus humanitatem, si sua sponte non movebatur, motus fuisset? Quid si hos audire noluisset, nonne erant qui huic facto et oratione adversarentur et manu? An Senatus Populusque Romanus

dans de si graves conjonctures, auraient pensé n'avoir rien à faire ? Est-ce qu'ils n'eussent pas appelé quelque orateur, recommandable, comme dit Virgile, par son caractère et son talent, qui lui aurait tenu ce discours :

« César, si tu es oublieux de toi, assez
» oublieux pour frustrer tes fils de l'héré-
» dité, tes proches de leurs richesses, tes
» amis de leurs honneurs, toi-même de
» l'intégrité de l'Empire, le Sénat et le
» Peuple Romain ne peuvent être ou-
» blieux de leur droit et de leur dignité.
» Comment oses-tu disposer de l'Empire
» Romain, acheté au prix de notre sang
» et non du tien ? Veux-tu couper un

sibi tanta in re nihil agendum putasset ? Nonne oratorem, ut ait Virgilius, gravem pietate ac meritis advocasset, hanc qui apud Constantinum haberet orationem ?

« Cæsar, si tu tuorum immemor es atque
» etiam immemor ut nec filiis hereditatem,
» nec propinquis opes, nec amicis honores,
» nec tibi Imperium esse integrum velis,
» non tamen Senatus Populusque Romanus
» immemor potest esse sui juris suæque
» dignitatis. Etenim quomodo tibi tantum
» permittis de Imperio Romano quod non

» corps en deux, faire d'un royaume
» deux royaumes, avec deux têtes, deux
» volontés, et mettre, pour ainsi dire,
» à deux frères l'épée à la main pour
» qu'ils se disputent l'héritage ? Aux
» villes qui ont bien mérité de Rome
» nous conférons le droit de cité, pour
» que leurs habitants soient Romains
» toi, tu sépares de nous la moitié de
» l'Empire, pour qu'elles ne reconnais-
» sent plus dans Rome leur métropole !
» Dans les ruches d'abeilles, s'il naît
» deux Rois, nous tuons le moins bon ;
» toi, dans la ruche de l'Empire Romain,
» dont tu es l'unique et l'excellent Prince,

» tuo sed nostro sanguine partum est? Tu
» ne unum corpus in duas secabis partes, et
» ex uno duo efficies regna, duo capita, duas
» voluntates et quasi duobus fratribus gla-
» dios quibus de hereditate certent porriges?
» Nos civitatibus quæ de hac urbe bene me-
» ritæ sunt jura civitatis damus, ut cives
» Romani sint : tu a nobis dimidium Imperii
» aufers, ne hanc urbem parentem suam
» agnoscant ! Et in alveis quidem apium si
» duo Reges nati sunt, alterum qui deterior
» est occidimus ; tune in alveo Imperii Ro-
» mani, ubi unus et optimus es Princeps

» tu veux en mettre un autre et le plus
» mauvais; non pas même une abeille,
» mais un frelon! Ta prudence laisse à
» désirer, Empereur. Qu'arrivera-t-il si,
» de ton vivant ou après ta mort, les
» nations barbares attaquent soit la
» moitié que tu cèdes, soit celle que tu
» gardes pour toi ? Quelle puissante
» armée, quelles troupes leur oppose-
» rons-nous ? C'est à peine si maintenant
» toutes les forces de l'Empire y suffisent;
» que pourrons-nous faire alors? Et ces
» deux moitiés, seront-elles toujours
» d'accord ensemble? C'est impossible,
» je pense; Rome voulant toujours do-

» alterum et hunc deterrimum et non apem
» sed fucum collocandum putes ! Prudentiam
» tuam desideramus, Imperator. Nam quid
» futurum est, si vel te vivo, vel post tuam
» mortem huic parti quam alienas aut alteri
» quam tibi relinquis bellum a barbaris
» nationibus inferatur? Quo robore militum,
» quibus copiis occurremus ? Vix nunc totius
» Imperii viribus possumus ; tunc poteri-
» mus? An perpetuo membrum hoc cum
» illo in concordia erit? Ut reor, nec esse
» poterit, cum Roma dominari velit, nolit
» pars illa servire. Quin te vivo breve intra

» miner, l'autre refusera d'obéir. Bien
» mieux, de ton vivant et avant peu,
» quand tous les anciens gouverneurs
» auront été rappelés et remplacés, quand
» tu seras parti pour tes États, occupé
» au loin, est-ce que sous un nouveau
» maître toutes choses ne seront pas
» nouvelles, c'est-à-dire différentes et
» contraires? Qu'un royaume soit par-
» tagé entre deux frères, la division
» s'opère aussitôt dans l'esprit des peu-
» ples. Ils se font la guerre entre eux
» avant que l'étranger ne les attaque.
» Qui ne voit qu'il en arrivera de même
» à cet Empire? C'est pour cette raison,

» tempus, revocatis veteribus præsidibus,
» suffectis novis, te in tuum regnum profecto
» et longe agente, hic altero dominante, nonne
» omnia nova id est diversa atque adversa
» erunt? Regno fere inter duos fratres diviso,
» protinus et populorum animi dividuntur,
» et prius a se ipsis quam externis hostibus
» bellum auspicantur. Idem eventurum in
» hoc Imperio quis non videt? An ignoras
» hanc olim imprimis fuisse causam optima-
» tibus, cur dicerent citius se in conspectu
» Populi Romani esse morituros quam ro-
» gationem illam ferri sinerent ut pars

» l'ignores-tu, que les Patriciens déclarè-
» rent qu'ils préferaient mourir en face du
» Peuple Romain, plutôt que de consentir
» à ce qu'une partie du Sénat et une partie
» de la Plèbe allassent habiter Veïes et
» qu'il y eût ainsi deux Romes. S'il y a déjà
» tant de dissensions dans une cité, que
» sera-ce dans deux cités ? De nos jours
» même, si l'on a vu tant de discordes
» dans un Empire, j'en appelle à tes
» propres souvenirs et à tes fatigues, que
» sera-ce dans deux Empires ? Mais vrai-
» ment, crois-tu que ces gens-là, quand tu
» seras engagé dans quelque guerre, vou-
» dront ou sauront venir à ton secours ?

» Senatus ac pars plebis ad incolendum Veios
» mitteretur, duasque urbes communes Po-
» puli Romani esse? Si enim in una urbe
» tantum dissentionum esset, quid in duabus
» urbibus futurum erit? Ita hoc tempore, si
» tantum discordiarum in uno Imperio,
» testor conscientiam tuam ac labores, quid
» in duobus Imperiis fiet? Age vero, pu-
» tasne hinc fore qui tibi bellis occupato
» esse auxilio aut velint aut sciant? Ita ab
» armis atque ab omni re bellica abhorren-
» tes erunt qui præficientur militibus atque
» urbibus, ut ille qui præficit. Quid, nonne

» Leurs généraux ou gouverneurs de
» villes auront pour les combats et l'art
» militaire, la même horreur que celui qui
» les aura nommés. Mieux que cela, est-
» ce que le sachant si inhabile à régner,
» si résigné aux outrages, les légions Ro-
» maines et les provinces elles-mêmes
» n'essayeront pas de le dépouiller, dans
» l'espérance qu'il ne voudra ni com-
» battre! ni châtier ? Je crois, certes,
» qu'elles ne resteront pas seulement un
» mois dans le devoir, et que, dès le
» moment de ton départ, elles entreront
» en rébellion. Que feras-tu ? Quel parti
» prendre, quand tu auras sur les bras

» hunc tam imperitum regnandi et injuriæ
» facilem aut Romanæ legiones, aut ipsæ
» provinciæ spoliare tentabunt, ut quem
» sperabunt vel non repugnaturum, vel
» pœnas non repetiturum ? Credo, me hercle,
» non unum quidem mensem illos in officio
» mansuros, sed statim et ad primum pro-
» fectionis tuæ initium rebellaturos. Quid
» facies ? Quid consilii capies cum duplici
» atque adeo multiplici bello urgebere ? Na-
» tiones quam subegimus continere vix pos-
» sumus; quomodo illis accedente ex liberis
» gentibus bello resistetur ? Tu, Cæsar, quid

» la guerre de tous côtés? A peine pou-
» vons-nous contenir les nations sou-
» mises; comment leur résister, au cours
» d'une guerre avec des nations libres?
» Ce sera à toi, César, de voir ce que tu
» devras faire : de notre côté, cela nous
» tient à cœur autant que toi. Tu es
» mortel, mais il faut que l'Empire Ro-
» main soit immortel; il le sera, s'il ne
» dépend que de nous, et non seule-
» ment l'Empire, mais notre honneur.
» Eh! quoi, nous subirions le joug
» d'hommes dont nous détestons la reli-
» gion; nous, les maîtres du Monde,
» nous obéirions au plus méprisé des
» hommes? Quand la Ville fut prise par

» ad te spectet ipse videris. Nobis autem
» hæc res non minus quam tibi curæ esse
» debet. Tu mortalis es ; imperium Populi
» Romani decet esse immortale, et quantum
» in nobis est erit, neque imperium modo,
» verum etiam pudor. Scilicet quorum reli-
» gionem contemnimus eorum occupemus
» imperium et principes orbis terrarum huic
» contemptissimo homini serviemus? Urbe a
» Gallis capta, Romani senes demulceri sibi
» barbam a victoribus passi non sunt : nunc
» sibi tot Senatorii ordines, tot Prætorii, tot

» les Gaulois, les vieux Romains ne souf-
» frirent pas que les vainqueurs leur
» passassent la main sur la barbe ; main-
» tenant il faudra que tant de Sénateurs,
» de Tribuns, de Préteurs, de person-
» nages Consulaires, de Triomphateurs
» souffrent la domination d'hommes
» qu'ils ont condamnés, comme des
» esclaves récalcitrants, à toutes sortes
» d'outrages et de supplices? Est-ce que
» ces gens-là créeront des magistrats,
» administreront les provinces, feront
» la guerre? Auront-ils le droit de nous
» condamner à mort ? Sans doute, sous
» eux, le patriciat Romain servira à gages,
» espèrera des distinctions; mendiera

» Tribunitii, tot Consulares Triumphales-
» que viri eos dominari patientur, quos ipsi
» tanquam servos malos omni contumelia-
» rum genere suppliciorumque affecerunt?
» Istine homines, ne magistratus creabunt,
» provincias regent, bella gerent? Inde nobis
» sententias capitis ferent? Sub his nobilitas
» Romana stipendia faciet, honores sperabit,
» munera assequetur? Et quod majus quod-
» que altius penetret vulnus accipere pos-
» sumus? Non ita putes, Cæsar, Romanum
» degenerasse sanguinem ut istud passurus

» des récompenses. Quelle plus cruelle
» et plus profonde blessure pouvons-
» nous recevoir ? Ne crois pas, César,
» que le sang Romain soit si dégénéré
» qu'il souffre tranquillement cette honte,
» sans chercher à s'y soustraire. Nos
» femmes elles-mêmes ne s'y résigne-
» raient pas ; elles se brûleraient vives
» avec leurs chers enfants et leurs
» Dieux domestiques, plutôt que de
» laisser dire : Les Carthaginoises mon-
» trèrent plus de courage que les Ro-
» maines. Certes, si nous t'avions choisi
» pour Roi, César, tu aurais le droit de
» gouverner à ta guise l'Empire Romain,
» mais non jusqu'à pouvoir en amoindrir

» sit æquo animo et non quavis ratione de-
» vitandum existimet, quod medius fidius
» neque mulieres nostræ sustinerent ; sed
» magis se una cum dulcibus liberis sacris-
» que penatibus concremarent, ut non Car-
» thaginienses feminæ fortiores fuerint quam
» Romanæ. Etenim, Cæsar, si regem te
» deligissemus, haberes tu quidem magnum
» de Imperio Romano agendi arbitrium, sed
» non ita ut vel minimum de ipsius immi-
» nueres majestate. Alioquin qui te fecisse-
» mus regem eadem facultate te regno

» la majesté. D'ailleurs, nous qui t'au-
» rions fait Roi, nous t'ordonnerions
» aussi facilement de déposer la cou-
» ronne, plutôt que de te laisser partager
» l'Empire, aliéner tant de provinces,
» livrer la capitale elle-même à un
» étranger, au plus vil des hommes. Nous
» donnons la bergerie en garde à un
» chien; si le chien se fait loup, nous le
» chassons ou nous le tuons. Toi qui
» depuis longtemps t'es montré si bon
» chien de garde, en veillant sur le trou-
» peau Romain, à la fin, chose inouïe,
» tu vas te changer en loup? Eh bien,
» sache-le (puisque tu nous forces à par-
» ler haut, pour notre défense), tu n'as

» abdicare juberemus, nedum possis regnum
» dividere, nedum tot provincias alienare,
» nedum ipsum regni caput peregrino atque
» humilissimo homini adjicere. Canem ovili
» præficimus; quem si lupi mavult et officio
» fungi aut ejicimus aut occidimus. Nunc tu
» cum diu canis officio in ovili Romano de-
» fendendo sis functus, ad extremum in
» lupum nullo exemplo converteris? At-
» que ut intelligas (quandoquidem nos
» pro jure nostro cogis asperius loqui) nul-
» lum tibi in Imperium Romanum jus esse,

» aucun droit sur l'Empire; César s'em-
» para de force du pouvoir; Auguste, suc-
» cédant à l'usurpateur, eut la même tache
» originaire et ne se fit maître absolu
» qu'en écrasant les partis rivaux; Tibère,
» Caligula, Claude, Néron, Galba, Othon,
» Vitellius, Vespasien et les autres nous
» ravirent la liberté au même titre ou
» par des moyens semblables. A ton tour,
» par l'exil ou le meurtre de tes compé-
» titeurs, tu t'es fait Empereur. Je passe
» que tu es né hors mariage. Ainsi donc,
» César, pour te dire toute notre pensée,
» s'il te déplaît de conserver le gouver-
» nement de Rome, tu as des fils, tu peux
» mettre l'un d'eux à ta place, confor-

» Cæsar vi domitatum occupavit; occupanti
» Augustus et in vitium successit et adver-
» sariorum partium profligatione dominum
» se fecit. Tiberius, Caius, Claudius, Nero,
» Galba, Otho, Vitellius, Vespasianus cæte-
» rique aut eodem aut simili via libertatem
» nostram prædati sunt. Tu quoque, aliis
» expulsis aut interemptis, dominus effectus
» es. Sileo quod ex matrimonio natus non
» sis. Quare, ut tibi mentem nostram testi-
» ficemur, Cæsar, si non libet tibi Romæ
» principatum tenere, habes filios quorum

» mément à la loi naturelle ; nous te le
» permettons, nous t'en supplions. Si-
» non, nous sommes bien décidés à dé-
» fendre du même coup l'intégrité de
» l'Empire et notre honneur d'hommes.
» L'injure que tu fais aux Romains
» n'est pas moindre que ne fut le viol
» de Lucrèce ; contre un Tarquin, il
» se trouvera bien un Brutus, qui donne
» à ce peuple un chef et lui fasse re-
» couvrer sa liberté. Nous saurons tirer
» l'épée contre ces Pères que tu nous
» imposes, puis contre toi-même ; nous
» l'avons déjà fait contre maints Empe-
» reurs, et pour de moindres motifs. »

» aliquem in locum tuum, nobis quoque
» permittentibus et rogantibus, naturæ lege
» substituas. Sin minus, nobis in animo est
» publicam amplitudinem cum privata di-
» gnitate defendere. Neque enim minor
» hæc injuria Quiritum quam fuit violata
» Lucretia, neque nobis deerit Brutus qui
» contra Tarquinium se ad libertatem recu-
» perandam huic populo præbeat ducem, et
» in istos Patres quos nobis præponis deinde
» et in te ferrum stringemus, quod in multos
» Imperatores et quidem leviores ob causas
» fecimus. »

A moins qu'on ne pense que Constantin fût de pierre ou de bois, ces paroles l'eussent certainement ému. Si le peuple ne les prononça pas, on peut croire qu'il se parlait à peu près ainsi, en lui-même, tout frémissant.

Poursuivons maintenant, et disons que ce n'était guère enrichir Sylvestre que de l'exposer à tant de haines et tant de poignards. Sylvestre, je pense, ne serait pas resté en vie vingt-quatre heures. Lui mort et quelques autres avec, il semble que toute trace d'un si cruel outrage, d'une si grande injure, se serait évanouie

Hæc profecto Constantinum, nisi lapidem eum aut truncum existimamus, permovissent. Quæ si populus non dixisset, tamen dicere apud se et his passim verbis fremere credibile erat.

Eamus nunc et dicamus gratificari voluisse Sylvestro quem tot hominum odiis tot gladiis subjiceret; et vix quantum sentio unum Sylvester diem in vita futurus fuisset. Nam eo paucisque aliis absumptis, videtur omnis sublatum iri de pectoribus Romanorum tam diræ, injuriæ, contumeliæque

du cœur des Romains. Mais admettons, si faire se peut, que prières, menaces, bonnes raisons, rien ne valut; que Constantin persista et refusa de revenir sur ce qu'il avait une fois décidé. Qui donc eût été insensible à la harangue de Sylvestre, j'entends celle qu'il n'eût pas manqué de prononcer et qui, sans doute, aurait été à peu près telle :

« Excellent Prince, ô mon fils, César,
» si je ne puis ni approuver en toi une
» piété si excessive et si prodigue, ni en
» profiter, je ne suis pas surpris de l'er-
» reur où tu es en voulant offrir à Dieu
» des présents et lui immoler des vic-

suspicio. Age porro, si fieri potest concedamus, neque preces, neque minas, neque ullam rationem aliquid profecisse, perstareque adhuc Constantinum, nec velle a suscepta semel per suasione discedere. Quis non ad Sylvestri orationem, si res vera fuisset, unquam commotum assentiatur? Quæ talis haud dubie fuisset :

« Princeps optime ac fili, Cæsar, pietatem
» siquidem tuam tam pronam tamque
» effusam non possum vel amare vel am-
» plecti, verumtamen quod in offerendis
» Deo muneribus immolandisque victimis

» times ; tu n'es encore qu'un conscrit
» dans la milice Chrétienne. De même
» qu'il ne convenait pas au Prêtre de
» sacrifier toute espèce de bétail, de
» fauves ou de brebis, de même il ne lui
» est pas loisible de recevoir toute espèce
» de cadeau. Or, je suis Prêtre, Pontife,
» et je dois regarder à deux fois ce que
» je laisserai offrir à l'autel, de peur qu'on
» n'amène, je ne dis pas quelque animal
» impur, mais quelque vipère, quelque
» serpent. Ton intention, si toutefois tu
» en as le droit, est de céder à un autre,
» à l'exclusion de tes fils, une partie de
» l'Empire, avec Rome, la Reine du

» nonnihil erres, minime demiror ; quippe
» qui adhuc es in Christiana militia tiro.
» Ut non decebat a sacerdote omnem pe-
» cudem feramque et ovem sacrificari, ita
» non omne ab eo suscipiendum est munus.
» Ego Sacerdos sum ac Pontifex, qui di-
» spicere debeo quid ad altare patiar offerri,
» ne forte non dico immundum animal
» offeratur, sed vipera aut serpens. Itaque
» sic habes, si foret tui juris, partem Imperii
» cum regina orbis Roma alteri tradere
» quam filiis ; quod minime sentio. Si po-
» pulus hic, Italia, si cæteræ nationes sus-

» monde; c'est ce que je désapprouve.
» Quand bien même ce peuple et l'Italie
» et toutes les autres nations le suppor-
» teraient; quand bien même ils se rési-
» gneraient à être placés sous le joug
» d'hommes qu'ils détestent et dont ils
» repoussent la religion, enveloppés qu'ils
» sont par les joies du monde, ce qui est
» impossible : pourtant, crois-moi, mon
» très-cher fils, je ne pourrais t'approuver
» sans démentir mon passé, oublier qui
» je suis, renier presque notre Seigneur
» Jésus. Ces présents, ou, si tu l'aimes
» mieux, la rémunération que tu m'offres,
» souilleraient, ruineraient et ma gloire

» tinerent, et quos oderunt et quorum
» religionem adhuc respuunt, capti illece-
» bris sæculi, eorum imperio obnoxii esse
» vellent, quod impossibile est : tamen si
» quid mihi credendum putas, fili aman-
» tissime, ut tibi assentiar ulla adduci
» ratione non possum, nisi vellem mihi ipsi
» esse dissimilem et conditionem meam
» oblivisci ac propemodum Dominum
» Jesum abnegare. Tua enim munera, sive
» ut tu vis, tuæ remunerationes et gloriam
» et innocentiam et sanctimoniam meam
» atque omnium qui mihi successuri sunt

» et ma pureté et ma sainteté et celle de
» mes successeurs ; ils fermeraient la voie
» à ceux qui doivent parvenir à la con-
» naissance de la vérité. Est-ce qu'Élysée
» voulut une récompense de Naaman
» le Syrien, qu'il avait guéri de la lèpre?
» Moi, pour t'avoir guéri, j'en accepterais
» une. Il repoussa un simple cadeau ;
» moi j'accepterais des royaumes. Il eut
» honte de souiller en lui un Prophète ;
» moi, je souillerais le Christ, que je porte
» en moi. Et pourquoi crut-il déshonorer
» un Prophète en acceptant des présents ?
» Sans doute parcequ'il lui semblait faire
» trafic des choses saintes, placer à usure

» polluerent ac prorsus everterent, viamque
» his qui ad cognitionem veritatis venturi
» sunt intercluderent. An vero Elysæus a
» Naaman Syro a lepra curato mercedem
» accipere voluit? Ego a te curato accipiam.
» Ille munera respuit ; ego regna mihi dari
» sinam. Ille personam prophetæ maculare
» noluit ; ego personam Christi, quam in
» me gero, maculare potero? Cur autem ille
» accipiendo munera personam Prophetæ
» maculare putavit? Nempe quod videri po-
» terat vendere sacra, fœnerare donum Dei,
» indigere præsidiis hominum, elevare atque

» un don de Dieu, avoir besoin de l'aide
» des hommes, ravaler et amoindrir le
» mérite du bienfait. Il aima mieux
» faire des Rois et des Princes ses
» bénéficiaires, que d'être le leur; il ne
» voulut pas même qu'on lui rendît
» présent pour présent : *Mieux vaut,*
» dit le Seigneur, *donner que recevoir.*
» J'ai les mêmes raisons que lui et de
» plus fortes encore, puisque le Seigneur
» m'a enseigné en disant : *Guérissez les*
» *malades, ressuscitez les morts, purifiez*
» *les lépreux, chassez les démons; vous*
» *avez reçu gratis, donnez gratis.* Aurai-je
» l'infamie, César, de mépriser les pré-

» minuere simul more beneficii dignitatem.
» Maluit ergo sibi Principes ac Reges bene-
» ficiarios facere, quam ipse beneficiarius
» illorum esse ; imo ne mutua quidem be-
» neficentia uti. *Beatius est enim multo,* ut
» inquit Dominus, *dare quam accipere.* Ea-
» dem mihi atque major est causa, cui etiam
» a Domino præcipitur dicente : *Infirmos cu-*
» *rate, mortuos suscitate, leprosos mundate,*
» *dæmones ejicite; gratis accepistis, gratis*
» *date.* Egone tantum flagitium admittam,
» Cæsar, ut Dei præcepta non exequar, ut
» gloriam meam polluam? *Melius est,* ut

» ceptes de Dieu, de ternir ma gloire?
» *J'aime mieux mourir*, dit Saint Paul,
» *que de laisser personne me dépouiller*
» *de ma gloire.* Notre gloire est d'ho-
» norer devant Dieu notre ministère,
» comme Saint Paul l'a dit encore : *Je*
» *vous le dis, Gentils, tant que je serai*
» *l'apôtre des Gentils, je glorifierai*
» *mon ministère.* Et moi, César, je se-
» rais pour les autres un exemple et une
» cause de perdition, moi Chrétien, Prê-
» tre de Dieu, Pontife Romain, Vicaire
» du Christ? Comment l'innocence des
» Prêtres resterait-elle intacte au milieu
» des grandeurs, des magistratures, des
» gouvernements, des affaires mondaines?

» inquit Paulus, *mihi mori quam ut gloriam*
» *meam quis evacuet.* Gloria nostra est apud
» Deum honorificare ministerium nostrum,
» ut idem inquit : *Vobis dico gentibus,*
» *quamdiu ego quidem sum gentium aposto-*
» *lus, glorificabo ministerium meum.* Ego,
» Cæsar, aliis quoque sim et exemplum et
» causa delinquendi : Christianus homo, Sa-
» cerdos Dei, Pontifex Romanus, Vicarius
» Christi? Jam vero innocentia Sacerdotum
» quomodo incolumis erit inter apices, inter
» magistratus, inter administrationem sæcu-

» Renonçons-nous aux choses de la terre
» pour accaparer d'immenses richesses ?
» Nous dépouillons-nous de nos biens
» pour nous emparer des biens des autres,
» de la fortune publique? Nous possède-
» rons des villes, nous lèverons des tributs,
» des impôts? Et de quel droit nous
» appellerons-nous Clercs, si telles sont
» nos fonctions? Notre part, notre lot,
» ce que les Grecs désignaient sous le
» nom de *Clêros*, est tout divin; il n'est
» pas de ce monde, mais du Ciel. Les
» Lévites, qui étaient la même chose
» que les Clercs, ne partageaient pas
» l'héritage avec leurs frères : et tu veux
» que nous prenions même la part de

» larium negotiorum; ideone terrenis renun-
» ciamus ut eadem uberiora assequamur, et
» privata abjiciamus ut aliena possideamus et
» publica? Nostræ erunt urbes, nostra tributa,
» nostra vectigalia. Et cur Clericos, si hæc
» fecerimus, nos vocare licebit? Pars nostra
» sive sors, quæ Græce dicitur *Kleros*,
» divina est, non terrena sed cœlestis. Levitæ,
» qui idem Clerici sunt, partem cum fratri-
» bus non fuere sortiti. Et tu nos jubes
» etiam fratrum sortiri portionem? Quo
» mihi divitias atque opes, qui Domini voce

» nos frères? Qu'ai-je à faire de richesses
» et de domaines, moi à qui il est ordonné,
» par la voix de Dieu, de ne pas être
» inquiet du lendemain, à qui il a été
» dit par lui : *Ne thésaurisez pas sur
» la terre, ne possédez ni or, ni argent,
» ni monnaie dans vos ceintures*, et : *Il
» est plus difficile à un riche d'entrer
» dans le royaume des Cieux, qu'à un
» chameau de passer par le trou d'une
» aiguille ?* Aussi bien, il a pris des pau-
» vres pour disciples, ceux qui abandon-
» naient tout pour le suivre, et il fut lui-
» même l'exemple de la pauvreté, tant
» le maniement des richesses et de l'argent
» est mortel pour la vertu : à plus forte

» jubeor nec de crastino esse sollicitus et
» cui dictum est ab illo : *Nolite thesaurizare
» super terram; nolite possidere aurum, neque
» argentum, neque pecuniam in zonis vestris*,
» et : *Difficilius est divitem intrare in regnum
» cœlorum quam camelum per foramen acus
» transire ?* Ideoque pauperes sibi ministros
» elegit, et qui omnia relinquerunt et eum
» sequerentur, et paupertatis ipse fuit exem-
» plum, usque adeo divitiarum pecunia-
» rumque tractatio innocentiæ inimica est,
» non modo possessio illarum atque domi-

» raison leur possession et le pouvoir
» qu'il donne. Un seul, Judas, qui tenait
» la bourse et distribuait les aumônes,
» prévariqua et, pour l'amour de cet
» argent dont il avait pris l'habitude,
» blâma et trahit le Maître, Dieu, Notre-
» Seigneur.

» C'est pourquoi je crains, César, que
» d'un Pierre tu ne fasses de moi un
» Judas. Écoute ce qu'a dit Saint Paul :
» *Nous n'avons rien apporté en ce monde,*
» *et il est évident que nous n'en pourrons*
» *rien emporter; pourvu que nous ayons*
» *des aliments et de quoi nous vêtir,*
» *soyons satisfaits. Car ceux qui veu-*
» *lent devenir riches, tombent dans la*

» natus. Unus Judas, qui loculos habebat et
» portabat quæ mittebantur, prevaricatus
» est et amore pecuniæ cui assueverat, Ma-
» gistrum, Dominum, Deum et reprehendit
» et prodidit.
» Itaque vereor, Cæsar, ne me ex Petro
» facias Judam. Audi etiam quid Paulus
» dicat : *Nihil intulimus in hunc mundum,*
» *haud dubium quod nec auferre quid pos-*
» *simus ; habentes autem alimenta et quibus*
» *tegamur, his contenti simus. Nam qui*
» *volunt divites fieri incidunt in tentationem*

» *tentation et dans les filets du Diable*
» *et dans la foule des désirs inutiles et*
» *pernicieux qui plongent les hommes*
» *dans la ruine et dans la perdition. Car*
» *la cupidité est la racine de tous les*
» *maux; beaucoup en la suivant se sont*
» *détournés de la foi et se sont embar-*
» *rassés dans bien des tourments. Mais*
» *toi, homme de Dieu, fuis ces choses.*

» Et tu veux me forcer d'accepter,
» César, ce que je dois repousser comme
» le poison? De plus, dans ta sagesse, Cé-
» sar, songe à ce qui me restera de temps
» au milieu de toutes ces affaires, pour
» vaquer au ministère divin? Lorsque
» plusieurs se plaignirent de ce que

» *et in laqueum Diaboli, et desideria multa*
» *et inutilia et nociva, quæ mergunt homines*
» *in interitum et perditionem. Radix enim*
» *omnium malorum est cupiditas, quam qui-*
» *dam appetentes erraverunt a fide et inse-*
» *ruerunt se doloribus multis. Tu autem,*
» *homo Dei, hoc fuge.*

» Et tu me accipere jubes, Cæsar, quæ
» velut venenum effugere debeo? Et quis
» præterea, pro tua prudentia, Cæsar, consi-
» dera, quis inter hæc divinis rebus faciendis
» locus? Apostoli quibusdam indignantibus

» leurs veuves étaient négligées dans les
» distributions de chaque jour, les Apô-
» tres répondirent : *Il n'est pas juste*
» *que nous délaissions la parole de Dieu*
» *pour servir aux tables*. Et cependant
» surveiller les tables des veuves, c'était
» bien moins que de lever des impôts,
» administrer le trésor public, compter
» la paye des soldats et s'embarrasser de
» mille autres soucis pareils. *Nul, com-*
» *battant pour Dieu*, dit Saint Paul, *ne*
» *se mêle des affaires du siècle*. Est-ce
» que Aaron et les autres de la tribu de
» Levi administraient autre chose que
» le Tabernacle du Seigneur? Ses fils,
» pour avoir mis dans leurs encensoirs

» quod viduæ ipsorum in ministerio quo-
» tidiano despicerentur, responderunt *non*
» *esse æquum derelinquere se verbum Dei et*
» *ministrare mensis*. Et tamen mensis vi-
» duarum ministrare quanto alius est quam
» exigere vectigalia, curare ærarium, stipen-
» dium numerare militibus, et mille aliis
» hujusmodi implicare curis? *Nemo mi-*
» *litans Deo implicat se negotiis sæcula-*
» *ribus*, inquit Paulus. Nunquid Aaron cum
» cæteris Levitici generis aliud quam Do-
» mini Tabernaculum procurabat? Ejus filii

» du feu étranger, furent consumés du
» feu céleste. Et tu veux que nous met-
» tions dans les sacro-saints encensoirs,
» c'est-à-dire dans les fonctions sacer-
» dotales, le feu des richesses séculières,
» ce feu défendu et profane? Éléazar,
» Phinée, tous les autres pontifes et mi-
» nistres du Tabernacle ou du Temple,
» ont-ils gouverné quoi que ce soit qui
» ne se rapportât au service de Dieu? Ils
» ne l'ont pas fait, ils ne pouvaient le
» faire, s'ils voulaient s'acquitter digne-
» ment de leur charge. S'ils l'eussent
» fait, ils auraient entendu l'anathème
» de Dieu, disant : *Maudits soient ceux*

» quia ignem alienum in thuribula sump-
» serant, igni cœlesti conflagrarunt. Et tu
» jubes nos ignem sæcularium divitarium,
» vetitum ac profanum, in sacra thuribula,
» id est in sacerdotalia opera sumere? Num
» Eleazar, num Phinees, num cæteri ponti-
» fices ministrique aut Tabernaculi aut
» Templi quicquid nisi quod ad rem divinam
» pertineret administrabant? Administra-
» bant, dico imo administrare poterant,
» si officio suo satisfacere volebant? Ac si
» noluissent, audiant execrationem Domini
» dicentis : *Maledicti qui opus Domini*

» *qui apportent de la négligence au ser-*
» *vice du Seigneur.* Cet anathème,
» adressé à tous, s'adresse surtout aux
» Papes. Quelle lourde charge que d'être
» Pape, la tête de l'Église, le berger de
» ce grand troupeau, responsable du
» sang d'un seul agneau et d'une seule
» brebis perdue! d'être celui à qui il a
» été dit : *Si tu m'aimes plus que les*
» *autres (comme tu l'affirmes), pais mes*
» *agneaux. Encore une fois, si tu m'aimes*
» *plus que les autres (comme tu l'af-*
» *firmes), pais mes brebis. Et pour la*
» *troisième fois, si tu m'aimes plus que*
» *les autres (comme tu l'affirmes), pais*
» *mes brebis.* Et tu m'ordonnes, César,

» *faciunt negligenter!* Quæ execratio, cum
» in omnes tum in Pontifices maxime cadit.
» O quantum est pontificale munus, quan-
» tum est caput esse Ecclesiæ, quantum est
» præponi pastorem tanto ovili ex cujus
» manu uniuscujusque agni ovisque amissæ
» sanguis exigitur; cui dictum est : *Si*
» *amas me plusquam alii (ut fateris) pasce*
» *agnos meos. Iterum si amas me plusquam*
» *alii (ut fateris) pasce oves meas. Tertio*
» *si amas me plusquam alii (ut fateris) pasce*
» *oves meas.* Et tu me jubes, Cæsar, capras

» de paître même les chèvres et les
» porcs, qui ne veulent pas du même
» berger ? Quoi! tu veux me faire Roi,
» ou plutôt Empereur, c'est-à-dire le
» prince des Rois ? Notre Seigneur Jésus-
» Christ, Dieu et homme, Roi et Prêtre,
» affirma qu'il était Roi, mais écoute de
» quel royaume il parlait : *Mon royaume*
» *n'est pas de ce monde; si mon royaume*
» *était de ce monde, mes serviteurs tire-*
» *raient l'épée de tous côtés.* Et quelle a
» été sa première parole, celle qu'il a le
» plus souvent répétée au cours de sa
» prédication, n'est-ce pas : *Faites péni-*
» *tence, car le royaume des Cieux est*
» *proche; voici venir le règne de Dieu*

» etiam pascere et porcos, qui nequeunt ab
» eodem pastore custodiri ? Quid, quod me
» Regem facere vis, aut potius Cæsarem, id
» est Regum principem ? Dominus Jesus
» Christus, Deus et homo, Rex et Sacerdos
» cum se Regem affirmaret, audi de quo regno
» locutus est : *Regnum meum non est de hoc*
» *mundo; si de hoc mundo esset regnum meum,*
» *ministri mei utique decertarent.* Et quæ fuit
» prima vox et frequenter prædicationis suæ
» clamor, nonne hæc : *Pœnitentiam agite;*
» *appropinquat enim regnum cœlorum.* Ap-

» *qui préparera le royaume des Cieux?*
» Est-ce qu'en parlant ainsi il ne décla-
» rait pas n'avoir rien à prétendre aux
» royaumes terrestres ? Non seulement
» il ne rechercha pas un tel royaume,
» mais il le refusa quand on le lui
» offrit, car ayant appris que le peuple
» avait résolu de l'enlever et de le
» faire Roi, il s'enfuit dans les soli-
» tudes des montagnes. Il nous a laissé
» cela en exemple à suivre, à nous qui
» tenons sa place, et l'a formellement
» enseigné : *Les Princes des nations*
» *règnent sur elles, et ceux qui sont les*
» *plus considérables exercent le pouvoir;*

» *propinquavit regnum Dei, cui compara-*
» *bitur regnum cœli.* Nonne cum hæc dixit,
» regnum sæculare nihil ad se pertinere de-
» claravit ? Eoque non modo regnum hujus-
» modi non quæsivit, sed oblatum quoque
» accipere noluit. Nam cum intelligeret ali-
» quando populos destinasse ut eum rape-
» rent Regemque facerent, in montium soli-
» tudines fugit. Quod nobis qui locum suum
» tenemus non solum exemplo dedit imi-
» tandum sed etiam præcepto, inquiens :
» *Principes gentium dominantur earum et*
» *qui majores sunt potestatem exercent in*

» *il n'en sera pas ainsi entre vous; au*
» *contraire, que celui qui voudra être le*
» *plus grand d'entre vous soit votre ser-*
» *viteur, et que celui qui voudra être le*
» *premier entre vous soit votre esclave.*
» *Le Fils de l'Homme n'est pas venu*
» *pour se faire servir, mais pour servir*
» *et donner son sang pour la rédemption*
» *de plusieurs.*

» Dieu autrefois, sache-le, César, a
» donné des Juges, non des Rois, à
» Israël, et quand le peuple exigea une
» dénomination royale, il le maudit et
» ne lui accorda un Roi que pour le
» punir de son endurcissement de cœur
» et parce qu'il avait permis la rupture,

» *eos; non ita erit inter vos, sed quicumque*
» *voluerit inter vos major fieri sit vester*
» *minister, et qui voluerit primus inter vos*
» *esse erit vester servus. Sicut Filius Ho-*
» *minis non venit ut ministretur ei, sed ut*
» *ministret et det animam suam redemp-*
» *tionem pro multis.*

» Judices olim Deus, ut scias, Cæsar, con-
» stituit super Israël non Reges, populumque
» sibi nomen regium postulantem detes-
» tatus est; nec aliter ob duritiam cordis
» illorum Regem dedit, quam quod repu-

» abolie par la nouvelle Loi. Et j'accep-
» terais un royaume, moi à qui il est à
» peine permis d'être Juge? *Ignorez-vous,*
» dit Paul, *que les Saints jugeront ce*
» *monde ? et si les Saints sont jugés par*
» *vous, êtes-vous indignes de juger les*
» *moindres choses? Ignorez-vous que*
» *nous jugerons les Anges? Combien*
» *plus les choses de ce siècle! Si donc vous*
» *avez des différends pour les choses du*
» *siècle, prenez les moins considérés*
» *de l'Église et faites-en vos juges.*
» Pourtant les juges n'avaient à décider
» que sur des procès, ils n'exigeaient
» pas de tributs. Et j'en exigerais, moi,

» dium permiserat, quod in nova Lege revo-
» cavit. Et ego regnum accipiam, qui vix
» Judex esse permittor ? *An nescitis,* inquit
» Paulus, *quod Sancti de hoc mundo judica-*
» *bunt? Et si in vobis judicabitur mundus,*
» *indigni estis qui de minimis judicetis?*
» *Nescitis quod angelos judicabimus? Quanto*
» *magis sæclaria? Sæclaria igitur judicia si*
» *habueritis, contemptibiles qui sunt in Ec-*
» *clesia, eos constituite ad judicandum.* At-
» qui judices de rebus controversis tantum-
» modo judicabant, non etiam tributa exi-
» gebant. Ego exigam, qui scio a Domino

» qui sais que le Seigneur ayant de-
» mandé à Pierre : *De qui les Rois de*
» *la terre reçoivent-ils le tribut ou le*
» *cens, de leurs enfants ou des étran-*
» *gers ?* et Pierre ayant répondu : *Des*
» *étrangers,* — *Par conséquent,* répondit
» le Seigneur, *les enfants en sont exempts.*
» Si tous les hommes sont mes enfants,
» César, ce qui est la vérité, tous seront
» donc exempts, personne ne payera. Ta
» Donation n'est donc pas mon affaire,
» et je n'en puis rien retirer, si ce n'est
» des ennuis que je ne dois ni ne veux
» supporter. Eh quoi! il me faudrait
» exercer le pouvoir, punir de mort
» les coupables, faire la guerre, dé-

» interrogatum Petrum : *A quibusnam Reges*
» *terræ acciperent tributum censumve, a*
» *filiis an ab alienis?* et cum hic respon-
» disset : *Ab alienis,* ab eodem dictum : —
» *Ergo liberi sunt filii.* Ac si omnes filii mei
» sunt, Cæsar, ut certe sunt, omnes liberi
» erunt; nihil quisquam solvet. Igitur non
» est opus mihi tua Donatione, quia nihil
» assecuturus sum præter laborem, quem
» et minime debeo et minime possum ferre.
» Quid, quod necesse haberem potestatem
» exercere, sanguinis punire sontes, bella

» truire des villes, saccager des terri-
» toires le fer et le feu à la main! Je
» ne puis pourtant pas espérer de con-
» server autrement ce que tu m'auras
» donné, et si je fais ces choses, moi,
» Prêtre, Pontife du Christ, Vicaire
» du Christ, je suis dans le cas de
» l'entendre tonner contre moi et me
» dire : *Ma maison sera appelée par*
» *toutes les nations la maison de la*
» *prière, et tu en as fait une caverne*
» *de voleurs! Je ne suis pas venu au*
» *monde,* a dit le Seigneur, *pour juger le*
» *monde, mais pour le délivrer.* Puis-je
» être une cause de mort, moi qui ai
» succédé à Pierre et à qui il a été dit

» gerere, urbes diripere, regiones ferro
» ignique vastare! Aliter non est quod
» sperem posse me tueri quæ tradidisses, et
» si hæc fecero, Sacerdos, Christi Pontifex,
» Christi vicarius, sum ut illum in me to-
» nantem audiam atque dicentem : *Domus*
» *mea, domus orationis vocabitur omnibus*
» *gentibus, et tu fecisti eam speluncam*
» *latronum. Non veni in mundum,* ut inquit
» Dominus, *ut judicem mundum, sed ut*
» *liberem eum.* Et ego qui illi successi causa
» mortium ero? cui in persona Petri dictum

» en la personne de Pierre : *Remets ton*
» *épée en place au fourreau, car tous ceux*
» *qui en appelleront à l'épée périront*
» *par l'épée ; il ne vous est même pas*
» *permis de vous défendre avec le fer.*
» Pourtant Pierre voulait défendre le
» Seigneur lorsqu'il coupa l'oreille au
» serviteur du Grand-Prêtre : toi, tu
» veux que nous usions du glaive pour
» acquérir ou pour défendre des tré-
» sors !

» Notre pouvoir est le pouvoir des
» clefs, dont le Seigneur a dit : *Je te*
» *donnerai les clefs du royaume des*
» *Cieux ; tout ce que tu lieras sur la*
» *terre sera lié aussi dans le Ciel, et tout*

» est : *Converte gladium tuum in locum*
» *suum ; omnes enim qui acceperint gladium*
» *gladio peribunt ; ne defendere quidem vobis*
» *ferro vos licet.* Si quidem defendere Do-
» minum Petrus volebat cum auriculam
» abscidit servo ; et tu divitiarum aut com-
» parandarum aut tuendarum causa uti
» ferro nos jubes !

» Nostra potestas est potestas clavium,
» dicente Domino : *Tibi dabo claves regni*
» *cœlorum ; quodcunque ligaveris super*
» *terram erit ligatum et in cœlis, et quod-*

» *ce que tu délieras sur la terre sera*
» *aussi délié dans le Ciel;* et : *Les portes*
» *de l'Enfer ne prévaudront pas contre*
» *elles.* Rien ne peut accroître un tel
» pouvoir, une telle autorité, un tel
» royaume. Celui qui ne s'en contente
» pas adresse ses vœux à Satan, qui osa
» dire au Seigneur : *Je te donnerai tous*
» *les royaumes du monde, si tu te pro-*
» *sternes pour m'adorer.* Permets-moi,
» César, de t'appliquer ces paroles. Ne
» joue pas le rôle de Satan ; ne force pas
» le Christ, en ma personne, d'accepter
» les royaumes du monde que tu lui
» offres. J'aime mieux les mépriser que
» les avoir, et, pour dire un mot des in-

» cunque solveris super terram erit solutum
» et in cœlis. Et : *Portæ inferi non præva-*
» *lebunt adversus eas.* Nihil ad hanc pote-
» statem, nihil ad hanc dignationem, nihil
» ad hoc regnum adjici potest ; quo qui
» contentus non est, aliud sibi quoddam a
» Diabolo postulat, qui etiam Domino dicere
» ausus est : *Tibi dabo omnia regna mundi,*
» *si cadens in terram adoraveris me.* Quare,
» Cæsar, cum pace tua dictum sit, nqli mihi
» Diabolus effici, qui Christum, id est me,
» regna mundi a te data accipere jubeas.

» fidèles, qui sont, je l'espère, de futurs
» Chrétiens, d'Ange de lumière, que je
» suis, ne fais pas de moi pour eux un Ange
» des ténèbres. J'entends les gagner à la
» piété, et non pas plier leur col sous le
» joug; c'est avec le glaive de la parole de
» Dieu et non avec le glaive de fer que
» je dois les soumettre, si je ne veux pas
» qu'ils deviennent pires, qu'ils ruent,
» qu'ils frappent de la corne, qu'irrités de
» ma faute, ils blasphèment le nom de
» Dieu. J'entends me faire de très-chers
» fils, et non des esclaves; les adopter,
» non les acheter; les engendrer, non
» les posséder par contrat; offrir à Dieu

» Malo enim illa spernere, quam possidere.
» Et ut aliquid de infidelibus, sed ut spero
» futuris fidelibus loquar, noli me de Angelo
» lucis reddere illis Angelum tenebrarum.
» Quorum corda ad pietatem inducere
» volo, non ipsorum cervici jugum impo-
» nere, et gladio quod est verbum Dei non
» gladio ferreo mihi subjicere, ne deteriores
» efficiantur, ne recalcitrent, ne cornu me
» feriant, ne nomen Dei meo irritati errore
» blasphement. Filios mihi carissimos volo
» reddere, non servos, adoptare non emere,
» generare non mancupare, animas eorum

» leurs âmes en sacrifice, non leurs corps
» au Diable. *Venez à moi*, dit le Sei-
» gneur, *parce que je suis doux et hum-*
» *ble de cœur ; recevez mon joug et*
» *vous trouverez le repos ; à toutes les*
» *créatures mon joug est doux et mon*
» *poids est léger.* C'est encore par une
» de ses paroles que je veux finir. Dans
» notre différend, accepte cette sen-
» tence qu'il a prononcée comme pour
» nous : *Rendez à César ce qui ap-*
» *partient à César, et à Dieu ce qui*
» *appartient à Dieu.* Ainsi donc, tu
» ne dois pas, César, abandonner ce
» qui est à toi, ni moi accepter ce qui
» est à César. Tu me l'offrirais mille

» offerre sacrificium Deo, non Diabolo cor-
» pora. *Discite a me*, inquit Dominus, *quia*
» *mitis sum et humilis corde. Capite jugum*
» *meum et invenietis requiem ; animalibus*
» *universis jugum enim meum suave est*
» *et pondus meum leve.* Cujus ad extremum
» in hoc finem faciam. Illam in hac re sen-
» tentiam accipe quam quasi inter me et te
» tulit : *Reddite quæ sunt Cæsaris Cæsari*
» *et quæ sunt Dei Deo.* Quo fit ut nec tu,
» Cæsar, tua relinquere, neque ego quæ
» Cæsaris sunt accipere debeam ; quæ vel

» fois que je ne l'accepterais jamais. »

A ce discours de Sylvestre, à ces paroles dignes d'un homme Apostolique, qu'aurait pu répondre Constantin ? Cela étant, ceux qui soutiennent la réalité de la Donation n'outragent-ils pas Constantin en lui imputant d'avoir voulu frustrer les siens et déchirer l'Empire ? N'outragent-ils pas le Sénat et le Peuple Romain, l'Italie, l'Occident entier, qui auraient permis contre tout droit ce changement de maître ? N'outragent-ils pas Sylvestre en le supposant capable d'avoir accepté une donation indigne d'un saint homme ? N'outragent-ils pas

» si millies offeras nunquam accipiam. »
Ad hanc Sylvestri orationem Apostolico viro dignam quid esset quod amplius Constantinus posset opponere ? Quod cum ita sit, qui aiunt Donationem esse factam nonne injuriosi sunt in Constantinum quem suos privare Imperiumque Romanum voluisse convellere; injuriosi in Senatum Populumque Romanum, Italiam totumque Occidentem, quem contra jus fasque mutari imperium permisisse; injuriosi in Sylvestrum quem indignam sancto viro donationem acceptam habuisse; injuriosi in Summum

le Souverain Pontife, en lui jugeant permis de posséder des royaumes terrestres et de gouverner l'Empire Romain ? Tout concourt donc à démontrer que Constantin, au milieu de tant d'obstacles, n'a jamais songé à donner à Sylvestre, comme ils le disent, la majeure partie de l'Empire.

Mais voyons : pour qu'on ajoute foi à la Donation dont il s'agit, dans votre charte, il faut de plus l'acceptation de Sylvestre ; l'acte d'acceptation nous manque. — Il est croyable, dites-vous, que Sylvestre l'approuva. — Certes ! et je

Pontificem cui licere terrenis potiri regnis et Romanum moderari Imperium arbitrantur? Hæc tamen omnia eo pertinent ut appareat Constantinum, inter tot impedimenta, nunquam fuisse facturum ut rem Romanam Sylvestro ex maxima parte donaret, ut isti aiunt.

Age porro, ut credamus istam Donationem de qua facit pagina vestra mentionem, debet constare etiam de acceptatione Sylvestri : nunc de illa non constat. — At credibile est, dicitis, ratam hunc habuisse.

crois, moi, qu'il fit mieux que l'approuver, qu'il la demanda, qu'il l'implora, qu'il l'extorqua par ses prières. Comment osez-vous appeler croyable ce qui surpasse toute créance? La donation n'est pas prouvée par cela seul qu'il en est question dans votre charte; bien plus, cette charte fournit contre vous du refus de Sylvestre une preuve plus forte que de la Donation elle-même, car l'on ne peut recevoir malgré soi. Nous devons donc soupçonner que Sylvestre ne se contenta pas de refuser, mais que tacitement il jugea, pour Constantin, de l'impossibilité de donner, et, pour lui-même, de l'impossibilité d'accepter.

— Ita credo, nec ratam habuisse modo, verum etiam petisse, rogasse, precibus extorsisse, credibile est. Quid vos credibile, quod præter opinionem hominum est, dicitis? Nec quia in pagina privilegii de donatione fit mentio putandum est fuisse donatum, ita plus contra vos facit, hunc donum respuisse quam illum dare voluisse, et beneficium in invitum non confertur. Neque vero tantum donata respuisse Sylvestrum suspicari debemus, sed tacite etiam judicasse nec illum jure dare, nec se jure accipere posse.

Mais, ô aveugle et imprévoyante avidité! Accordons que vous puissiez produire l'acte d'acceptation de Sylvestre, un acte véritable, intact, sincère. Est-ce que toutes choses inscrites dans un contrat de donation sont par cela même immédiatement transférées? Où est la possession? Où est la transmission? Si Constantin n'a donné qu'un morceau de papier, il voulait, non gratifier Sylvestre, mais se moquer de lui. — Celui qui donne, répliquerez-vous, est par cela même supposé livrer ce qu'il donne. — Voyez un peu ce que vous dites, s'il est certain que la mise en possession n'a pas été effectuée et que la donation soit elle-même fort douteuse. Le plus pro-

Sed o cæcam semper inconsultamque avaritiam! Demus ut tabulas quoque de assensu Sylvestri proferre possitis veras, incorruptas, sinceras. Num protinus donata sunt quæ in tabulis continentur? Ubi possessio? Ubi in manus traditio? Nam si chartam Constantinus modo dat, non gratificari Sylvestro voluit, sed illudere. — Verisimile est, dicitis, qui donat, quippiam eum et possessionem tradere. — Videte quid loquamini, cum possessionem non esse datam constet et an datum sit jus

bable, dans ce cas, c'est que celui qui n'a pas mis en possession n'a pas non plus voulu donner.

La non-mise en possession n'est-elle pas hors de doute? Le nier serait par trop impudent. Constantin a-t-il, par hasard, conduit Sylvestre, comme en triomphe, au Capitole, parmi les acclamations de la foule des Quirites, encore païens? L'a-t-il fait asseoir sur un trône d'or, en présence de tout le Sénat, et, sur son ordre, les magistrats, chacun selon sa dignité, sont-ils venus le saluer comme Roi et se prosterner devant lui? C'est ainsi qu'on institue les nouveaux Princes, et non par le don de quelque

ambigatur. Versimile est qui possessionem non dedit, eum ne jus quidem dare voluisse.

An non constat possessionem nunquam fuisse traditam? Quod negare impudentissimum est. Numquid Sylvestrum Constantinus in Capitolium quasi triumphantem inter frequentium Quiritum sed infidelium plausum duxit? In sella aurea simul assistente universo Senatu collocavit, magistratus pro sua quemque dignitate Regem salutare et adorare jussit? Hæc erga novos Principes fieri solent, non tantum aliquod palatium

palais, fût-ce le palais de Latran. Constantin l'a-t-il ensuite promené à travers toute l'Italie, puis à travers les Gaules, les Espagnes, la Germanie et le reste de l'Occident? Ou, si cela les fatiguait tous les deux de tant voyager par le monde, ont-ils au moins délégué l'important office d'effectuer la tradition au nom de l'Empereur et d'accepter au nom de Sylvestre? Ces délégués durent être de hauts personnages, d'une grande illustration; cependant, nous ignorons qui ils furent et quelle grande difficulté il y a dans ces deux mots : donner, recevoir.

A notre connaissance, pour laisser de

velut Lateranense tradi. Num postea per universam Italiam circumduxit? Adiit cum illo Gallias, adiit Hispanias, adiit Germanos cæterumque Occidentem? Aut si gravabantur ambo tantum obire terrarum, quibusnam tam ingens officium delegarunt qui et Cæsaris vice traderent possessionem et Sylvestri acceperent? Magni hi viri atque eximiæ auctoritatis esse debuerunt, et tamen qui fuerint ignoramus; et quantum in his duobus verbis : tradere et accipere, subest pondus.

Nostra memoria, ut exempla vetusta omit-

côté les exemples anciens, nous n'avons jamais vu faire autrement lorsqu'un nouveau possesseur reçoit l'investiture d'une ville, d'une région ou d'une province : ainsi nous supposons une transmission du pouvoir si les anciens magistrats sont changés et remplacés par d'autres. Quand même Sylvestre n'aurait pas exigé cela, il importait à la munificence de Constantin de déclarer qu'il transférait la possession, non verbalement mais réellement, de rappeler ses préfets, d'en faire nommer de nouveaux par son successeur. La possession n'est pas transmise tant qu'elle reste dans les mains qui la détenaient, et le nouveau maître

tam, nunquam aliter factitatum vidimus, cum quis aut urbis aut regionis aut provinciæ dominus factus est; ita demum traditam possessionem existimari, si magistratus pristini submoveantur novique subrogentur. Hoc si tunc fieri Sylvester non postulasset, tamen magnificentiæ Constantini intererat ut declararet non verbo sed re possessionem tradere, suos præsides amovere aliosque ab alio substitui jubere. Non traditur possessio quæ penes eosdem remanet qui possidebant, et no-

n'ose pas déplacer les anciens titulaires.

Admettons que cela n'empêche rien ; que Sylvestre n'en est pas moins réputé entré en jouissance, que tout se passa de la sorte, en dépit de la coutume et du sens commun. Constantin parti, quels sont les gouverneurs que Sylvestre préposa aux villes et aux provinces, les guerres qu'il entreprit, les nations ennemies qu'il subjugua? Quels hommes eut-il pour faire tant de choses? — Nous n'en savons rien, répondez-vous. — C'est, je pense, que tout cela s'est fait de nuit, de sorte que personne n'en a rien vu.

Poursuivons. Sylvestre a été mis en

vus dominus illos submovere non audet.

Sed fac istud quoque non obstare et nihilominus putari Sylvestrum possedisse, atque omnia præter morem præterque naturam tunc esse dicamus administrata; postquam ille abiit, quos provinciis urbibusque rectores Sylvester præposuit, quæ bella gessit, quas nationes ad arma spectantes oppressit? Per quos hoc administravit? — Nihil horum scimus, respondetis. — Ita, puto, nocturno tempore hæc omnia gesta sunt, et ideo nemo vidit.

Age, fuit in possessione Sylvester : quis

possession. Par qui donc a-t-il été dépossédé ? Car il n'est pas resté toujours en possession, ni lui ni aucun de ses successeurs, du moins jusqu'à Grégoire le Grand qui lui aussi ne posséda pas. Qui est hors de possession et ne peut prouver qu'il ait été dépossédé, n'a jamais possédé, et, s'il dit le contraire, déraisonne. Vous le voyez, je dénonce votre folie ; autrement, dites-nous qui a dépossédé le Pape. Est-ce Constantin lui-même, sont-ce ses fils, ou Julien, ou quelque autre César ? Dites le nom de l'usurpateur, la date, qu'il se passa premièrement ceci, secondement cela, et qu'enfin le Pape fut expulsé. Y eut-il ou non sédition, meurtre ?

eum de possessione dejecit ? Nam perpetuo in possessione non fuit neque successorum aliquis saltem usque ad Gregorium magnum, qui et ipse caruit possessione. Qui extra possessionem est, nec se ab ea dejectum probare potest, is profecto nunquam possedit, et si se possedisse dicat, insanit. Vides et te insanum etiam probo ; alioquin, dic quis Papam dejecit. Ipse ne Constantinus, an ejus filii, an Julianus, an aliquis alius Cæsar ? Profer nomen expulsoris, profer tempus ; unde primo, unde se-

Succomba-t-il sous quelque ligue universelle des peuples et de sa propre patrie?
Quoi! Personne ne vint à son secours?
Pas même un de ceux que Sylvestre ou
tout autre Pape avait investis du gouvernement des villes et des provinces?
Perdit-il tout le même jour ou bien
tint-il bon quelque temps, lui et ses officiers? Abdiquèrent-ils au premier tumulte? Quoi! les vainqueurs n'ont pas
égorgé ces misérables, cette lie du genre
humain qu'ils jugeaient indignes de l'Empire, pour venger l'outrage reçu, reprendre le pouvoir usurpé, fouler aux pieds
notre religion, et laisser enfin un exemple
à la postérité? Rien de tout cela. Nul des

cundo, ac deinceps expulsus est? Num per se-
ditionem et cædes an sine his? Conjurarunt
in eum pariter nationes atque patria? Quid?
Nemo omnium auxilio fuit? Ne illorum quidem qui per Sylvestrum aliumve Papam
præpositi urbibus ac provinciis erant? Uno
die universa amisit, an paulatim restitit
ipse suique magistratus? An ad primum tu-
multum se abdicarunt? Quid? Ipsi victores
non in eam fæcem hominum, quam Imperio
indignam ducebant, ferro grassati sunt, in
ultionem contumeliæ, in tutelam occupatæ

vaincus ne prit la fuite, personne ne se cacha, personne n'eut peur. Oh, l'étonnante aventure ! Cet Empire Romain, fondé au prix de tant de fatigues et de tant de sang, il fut si tranquillement, si placidement conquis ou perdu par le clergé Chrétien, qu'il n'y eut pas une goutte de sang, pas l'ombre d'une guerre, pas le moindre tumulte; et, voilà ce qu'il y a de plus admirable, par qui ont été accomplies toutes ces révolutions? à quelle date? dans quelles circonstances? combien de temps cela a-t-il duré? on l'ignore absolument. On croirait volontiers que Sylvestre

dominationis, in contemptum religionis nostræ, in ipsum etiam posteritatis exemplum? Omnino. Nemo eorum qui victi sunt fugam cœpit, nemo latuit, nemo timuit. O admirabile casum ! Imperium Romanum tantis laboribus, tanto cruore partum tam placide, tam quiete a Christianis sacerdotibus vel partum est, vel amissum, ut nullus cruor, nullum bellum, nulla querela intercesserit; et quod non minus admirari debeas, per quos hoc gestum sit, quo tempore, quo modo, quamdiu, prorsus ignotum. Putes in sylvis, inter arbores regnasse Sylvestrum,

régna au fond des bois en face d'arbres, et non à Rome en face d'êtres humains ; qu'il a été chassé par les pluies et les froids de l'hiver, non par des hommes.

Qui ne sait, si peu qu'il ait de lecture, combien de rois eut Rome ; combien de consuls, de dictateurs, de tribuns du peuple, de censeurs, d'édiles ont été créés ? Pas un ne nous échappe, malgré leur nombre, malgré le lointain des âges. Nous savons de même combien Athènes eut de généraux, combien Thèbes, combien Lacédémone ; nous connaissons toutes leurs batailles, sur terre et sur mer. Nous n'ignorons pas davantage

non Romæ, non inter homines, et ab hibernis imbribus frigoribusque non ab hominibus ejectum.

Quis non habet cognitum, qui paulo plura lectitaverit, quot reges Romæ, quot consules, quot dictatores, quot tribuni plebis, quot censores, quot ediles creati fuerint ? Nemo ex tanta hominum copia, ex tanta vetustate nos fugit. Scimus item quot Atheniensium duces, quot Thebanorum, quot Lacedemoniorum exstiterint ; pugnas eorum terrestres navalesque uni-

quels furent les rois des Perses, des
Mèdes, des Chaldéens, des Hébreux, de
bien d'autres peuples, et, pour chacun
d'eux, s'il reçut le pouvoir ou s'il s'en
empara, s'il le perdit, s'il le recouvra.
Pour ce qui est de l'Empire Romain, ou
plutôt de l'Empire Sylvestrien, quels
furent ses commencements, quelle fut
sa fin, quand exista-t-il, qui le posséda? c'est ce qu'on ignore, dans Rome
même. Je vous demande quels témoins, quels auteurs vous pouvez alléguer. — Pas un seul, répondez-vous.
— Et vous ne rougissez pas de dire
que Sylvestre a vraisemblablement été
mis en possession? non d'êtres hu-

versas tenemus. Non ignoramus qui reges
Persarum, Medorum, Chaldæorum, Hebræorum fuerint aliorumque plurimorum,
et quomodo horum quisque aut acceperit
regnum aut tenuerit, aut perdiderit, aut
recuperaverit. Romanum autem sive Syl-
vestrianum Imperium qua ratione ince-
perit aut qua desierit, quando, per quos,
in ipsa quoque urbe nescitur. Interrogo
enim quos harum rerum testes auctoresque
proferre possitis : — Nullos, respondetis.
— Et non pudet vos non tam homines

mains apparemment, mais de têtes de bétail!

Puisque vous ne pouvez rien prouver, je prouverai moi, au contraire, et pour vous fermer toute échappatoire, que Constantin jusqu'au dernier jour de sa vie, et après lui successivement tous les autres Césars, restèrent en possession. C'est vraiment bien difficile, bien malin de prouver cela! Que l'on feuillette toutes les histoires Grecques et Latines, que l'on invoque les autres auteurs qui ont parlé de cette époque, on ne trouvera pas entre eux là-dessus le plus léger désaccord. Qu'un seul

quam pecudes dicere verisimile esse possedisse Sylvestrem?

Quod quia vos non potestis, ego e contrario docebo ad ultimum usque diem vitæ Constantinum et gradatim deinceps omnes Cæsares possedisse, ut ne quid habeatis quod hiscere possitis; ac perdifficile est et magni, ut opinor, operis hoc docere. Evolvantur omnes Latinæ Græcæque historiæ, citentur cæteri auctores qui de illis meminere temporibus, at neminem reperies in hac re ab alio discrepare. Unum ex mille tes-

témoignage, entre mille, nous suffise :
Eutrope, qui connut Constantin, qui vit
les trois fils de Constantin hériter de leur
père l'empire du monde, a écrit ceci de
Julien, fils du frère de Constantin : « Ce
Julien, qui avait été diacre dans l'Église
Romaine, et qui une fois Empereur apostasia en faveur du culte des idoles, arriva
au pouvoir et, en grand appareil, alla
porter la guerre chez les Parthes; j'ai
moi-même fait partie de cette expédition. »
Eutrope n'eût point passé sous silence la
donation de l'Empire d'Occident, et un
peu plus loin il n'eût pas dit de Jovien,
le successeur de Julien : « Il fit avec
Sapor une paix nécessaire mais hon-

timoniis sufficiat : Eutropius qui Constantinum, qui tres Constantini filios a patre relictos dominos orbis terrarum vidit, qui de Juliano filio fratris Constantini ita scribit : « Hic Julianus, qui fuit diaconus in Romana Ecclesia, Imperatorque effectus apostatavit in idolorum cultu, rerum potitus est ingentique apparatu Parthis intulit bellum, cui expeditioni ego quoque interfui. » Nec de donatione Imperii Occidentis tacuisset, nec paulo post de Joviano, qui successit Juliano, ita dixisset : « Pacem cum Sapore necessa-

teuse, reculant les frontières et livrant une partie de l'Empire, chose qui jusqu'alors et depuis la fondation de Rome n'était jamais arrivée. Bien plus, à Caudium, vaincues par Pontius Télésinus, en Espagne, devant Numance et en Numidie, nos légions furent forcées de passer sous le joug, mais les frontières restèrent intactes. »

C'est ici qu'il est à propos de vous faire comparaître, Pontifes Romains, vous qui venez de descendre dans la tombe, et toi, Eugène, qui vis présentement, grace à la pitié de Félix (1). Pourquoi vous targuez-

riam quidem sed ignobilem fecit, mutatis finibus ac nonnulla Imperii Romani parte tradita quod ante ex quo Romanum Imperium conditum erat nunquam accidit. Quin etiam legiones nostræ apud Caudium per Pontium Telesinum et in Hispania apud Numantiam et in Numidia sub jugo missæ sunt, ut nihil tamen finium traderetur. »

Hoc loco libet vos qui nuperrime defuncti estis convenire, Pontifices Romani, et te,

---

(1) Félix V, antipape mis à la place d'Eugène IV, déposé par le Concile de Bâle (1440).
(Note du Traducteur).

vous, à pleine bouche, de la Donation de Constantin et nous menacez-vous, nous autres, soutiens de l'Empire que vous avez volé, de la vengeance de certains Rois et Princes? Pourquoi exigez-vous de l'Empereur, lors de son couronnement, et de plusieurs autres souverains, par exemple du roi de Naples et de Sicile, qu'ils fassent acte de sujétion, ce que jamais n'exigea aucun des Pontifes Romains, ni Damase de Théodose, ni Siricius d'Arcadius, ni Anastase d'Honorius, ni Jean de Justinien, ni aucun des autres saints Pontifes à l'égard des excellents Césars? Au con-

Eugeni, qui vivis cum Felicis tamen venia. Cur donationem Constantini magno ore jactitatis frequenterque nos ultores erepti Imperii quibusdam Regibus, Principibusque minamini, et confessionem quamdam servitutis a Cæsare dum coronandus est et a nonnullis aliis Principibus extorquetis, velut ab rege Neapolis atque Siciliæ, id quod nunquam aliquis veterum Romanorum Pontificum fecit, non Damasus apud Theodosium, non Syricius apud Arcadium, non Anastasius apud Honorium, non Joannes apud Justinianum, non alii sanctissimi Papæ apud optimos Cæsares? Sed semper

traire, ils les ont toujours regardés comme les maîtres de Rome, de l'Italie et de toutes les provinces que j'ai nommées; les monnaies d'or de Constantin (pour ne point parler des autres monuments et des temples de la ville de Rome) ont toujours eu cours et portaient non des inscriptions Grecques mais des inscriptions Latines, ainsi que celles de ses successeurs; j'en possède plusieurs ayant pour la plupart ces mots : *Concordia Orbis,* sous l'image de la croix; il en existerait des quantités à l'effigie des Souverains Pontifes, si jamais ils avaient régné; celles-là, personne n'en trouve, ni en or, ni en ar-

illorum Romam Italiamque cum provinciis quas nominavi fuisse professi sunt, eorumque numismata aurea (ut de aliis monumentis sileam templisque urbis Romæ) circumferuntur, non Græcis sed Latinis litteris inscripta, Constantini jam Christiani et deinceps cunctorum ferme imperatorum, quorum multa penes me sunt cum hac plerumque suscriptione, subter imaginem crucis, *Concordia Orbis;* qualia infinita Summorum Pontificum, si unquam Romæ imperassent, reperirentur, quæ nulla reperiuntur, neque aurea neque argentea,

gent, personne ne dit en avoir vu. Cependant, si quelque autre a possédé l'Empire, il faut nécessairement qu'il ait eu en ce temps-là une monnaie à lui; elle eût été frappée sans doute à l'effigie du Sauveur ou de Saint Pierre.

O profondeur de la bêtise humaine! Ne voyez-vous pas que si la Donation de Constantin est vraie, il ne reste rien à l'Empereur, je parle de l'Empereur Latin? Oh! le bel Empereur, le beau Roi des Romains! Si un autre possède son Empire, s'il n'en a pas de rechange, il n'a plus rien du tout. Si donc il est clair que Sylvestre n'a pas été mis en possession, c'est-à-dire si Constantin ne

neque ab alio visa memorantur; et tamen necesse erat illo tempore proprium habere numisma quisquis imperium Romæ teneret, saltem sub imagine Salvatoris aut Petri.

Proh! O imperitia hominis! Non cernitis, si Donatio Constantini vera est, Cæsari, de Latino loquor, nihil relinqui? En, qualis Imperator, qualis Rex Romanus erit, cujus regnum si quis habeat, nec aliud habeat, omnino nihil habet? Ac si itaque palam est Sylvestrum non possedisse, hoc est Constantinum non tradidisse possessionem,

lui a pas réellement transmis la possession, il est hors de doute qu'il ne lui en a pas non plus conféré le droit, à moins que vous ne prétendiez que le droit a bien été conféré, mais que pour une cause ou pour une autre la tradition ne fut pas effectuée. Ainsi Constantin donnait ce qu'il ne pouvait livrer : il donnait une chose qui ne pouvait passer aux mains du donataire qu'après sa mort ; il faisait un présent qui ne devait avoir de validité que cinquante ans plus tard, peut-être jamais. Vraiment, soutenir ou croire cela, c'est de la folie.

Mais il est temps, si je ne veux être

haud dubium erit ne jus quidem, ut dixi, dedisse possidendi, nisi dicitis jus quidem datum, sed aliqua causa possessionem non traditam ; ita plane dabat quod tradere non poterat, dabat quod non prius venire in manus ejus cui dabatur possibile erat quam esset extinctum, dabat donum quod ante quingentos annos aut nunquam valiturum foret. Verum hoc loqui aut sentire insanum est.

Sed jam tempus est, ne longior fiam,

trop long, que je donne le coup de grace
à la cause déjà bien malade et bien
meurtrie de mes adversaires, que je la
démolisse tout à fait. Presque toutes les
histoires qui méritent ce nom, rapportent
que Constantin embrassa le Christianisme dès son enfance, avec son père
Constance, bien avant le pontificat de
Sylvestre (1); ainsi le constate Eusèbe, auteur de l'*Histoire ecclésiastique*, que
Rufin, l'un des plus savants hommes,
traduisit en Latin et compléta par l'histoire de son temps, en deux volumes.
Eusèbe et Rufin furent presque contem-

causæ adversariorum jam concisæ atque
laceratæ letale vulnus imprimere et imo
eam jugulare ictu. Omnis fere historia quæ
nomen historiæ meretur Constantinum a
puero cum patre Constantio Christianum
refert, multo etiam ante pontificium Sylvestri, ut Eusebius *Ecclesiasticæ Historiæ*
scriptor, quem Rufinus, non in postremis
doctus, in Latinum interpretatus duo volu-
mina de ævo suo adjecit, quorum uterque

1) Nous avons relevé, dans l'Introduction, cette
erreur de Laurent Valla.
(*Note du Traducteur.*)

porains de Constantin. A ce témoignage, il faut ajouter celui du Pontife Romain qui ne se contenta pas d'assister, mais qui présida à cette conversion; qui n'en fut pas le simple spectateur, mais l'auteur; qui a raconté non les affaires des autres, mais les siennes propres : à savoir le Pape Melchiade, prédécesseur immédiat de Sylvestre. Il s'exprime ainsi : « L'Église fut alors si florissante, que non seulement de nobles familles, mais les Princes Romains eux-mêmes, les maîtres du monde entier, s'empressèrent d'embrasser la croyance au Christ et de recourir aux sacrements de la foi. Parmi eux le très-dévot Constantin, converti le

pene Constantini temporibus fuit. Adde etiam testimonium Romani Pontificis, qui his rebus gerendis non interfuit sed præfuit, non testis sed auctor, non alieni negotii sed sui narrator; is est Melchiades Papa, qui proximus fuit ante Sylvestrum, qui ita ait : « Ecclesia ad hoc usque pervenit, ut non solum gentes sed etiam Romani principes qui totius orbis monarchiam tenebant ad fidem Christi et ad fidei sacramenta concurrerent. Ex quibus vir religiosissimus Constantinus, primus fidem veritatis paten-

premier ouvertement à la vraie foi, permit à tous ceux qui vivaient sous sa domination, par tout l'univers, non seulement de se faire Chrétiens, mais d'édifier des églises, et constitua à celles-ci des domaines. Enfin le susdit Prince fit à l'Église des dons considérables et il établit le temple qui fut la première basilique de Saint-Pierre, en cédant son propre palais, tant à Saint Pierre qu'à l'usage de ses successeurs. » Ainsi, suivant Melchiade, Constantin n'a rien donné que le palais de Latran et divers domaines, dont Grégoire, dans son inventaire, fait souvent mention.

ter adeptus, licentiam dedit per universum orbem sub suo degentibus imperio non solum fieri Christianos, sed etiam fabricandi ecclesias et prædia constituit tribuenda. Denique idem præfatus Princeps donaria immensa contulit et fabricam templi primæ sedis beati Petri instituit, adeo ut sedem imperialem relinqueret et beato Petro suisque successoribus profuturam concederet. » En, nihil Melchiades a Constantino datum ait, nisi palatium Lateranense et prædia de quibus Gregorius in registro sæpissime facit mentionem.

Où sont-ils ceux qui nous défendent d'élever un doute sur la valeur de la Donation de Constantin, quand cette donation est antérieure à Sylvestre et qu'elle a rapport à de simples cadeaux tout particuliers ? La chose est évidente, manifeste ; cependant il nous faut parler de la charte même que produisent ces impudents. Disons d'abord que le pseudo-Gratien, celui qui a tant ajouté à l'œuvre de Gratien, doit être accusé d'improbité, mais qu'il faut accuser d'ignorance ceux qui croient que le texte du privilège se trouve dans Gratien ; les savants ne l'ont jamais cru et on ne le rencontre

Ubi sunt qui nos in dubium vocare non sinunt Donatio Constantini valeat nec ne, cum illa donatio fuerit et ante Sylvestrum et rerum tantummodo privatarum? Quæ res, quanquam plana et aperta sit, tamen de ipso quod isti stolidi proferre solent privilegio disserendum est. Et ante omnia, non modo ille qui Gratianus videri voluit, qui nonnulla ad opus Gratiani adjecit, improbitatis arguendus est, verum etiam inscitiæ, qui opinantur paginam privilegii apud Gratianum contineri ; quod neque docti putarunt unquam et in vetustissimis

dans aucun des anciens manuscrits du *Décret*. Si Gratien avait voulu en faire mention, il n'aurait pas placé cette charte où on l'a mise, en interrompant l'ordre des matières, mais bien à l'endroit où il rapporte le traité de Louis le Débonnaire. En outre, deux mille passages du Décret contredisent ce texte, par exemple celui où se trouvent les paroles de Melchiade, que j'ai citées plus haut. Quelques auteurs donnent à celui qui intercala ce morceau le nom de *Palea,* soit qu'il s'appelât ainsi, soit qu'ils estiment que ce qu'il a ajouté n'est que de la *paille,* comparé au pur froment de Gratien. Qu'il

quibusque codicibus Decretorum non invenitur. Et si quo in loco hujus rei Gratianus meminisset, non in hoc ubi isti collocant, seriam ipsam orationis abrumpentes, sed in eo ubi ait de Ludovici pactione meminisset. Præterea duo millia locorum in Decretis sunt quæ ab hujus loci fide dissentiunt; quorum unus est ubi quæ superius retuli Melchiadis verba ponuntur. Nonnulli eum qui hoc capitulum adjecit aiunt vocatum *Paleam,* vel vero nomine, vel ideo quod quæ de suo adjunxit ad Gratianum comparata instar *palearum* juxta frumenta existi-

soit ce qu'on voudra, il est impossible de croire que l'auteur du recueil des Décrets ignorât ce qui fait l'objet de ces additions, ou qu'il en fît grand cas et le tînt pour vrai. Bien; cela nous suffit; nous avons gain de cause. D'abord par le silence de Gratien, que ses interpolateurs ont fait mentir, et surtout parce qu'il les contredit et les réfute, comme on peut le voir en maints endroits. Enfin, on convient généralement que ce Palea est un homme ignorant, inconnu, de nulle autorité, de nulle valeur, tellement inepte, qu'il a prêté à Gratien des idées inconciliables avec le reste de son ouvrage. Et voilà l'auteur que vous mettez en

mentur. Utcunque sit, indignum est credere, quæ ab hoc adjecta sunt, ea Decretorum collectorem aut ignorasse, aut magnifecisse habuisseque pro veris. Bene habet, sufficit, vicimus; primum quod hoc Gratianus non ait ut isti mentiebantur, imo adeo ut ex infinitis locis datur intelligi negat atque confutat; deinde quod vanum et ignotum est atque nullius auctoritatis ac nauci hominem afferunt, ita etiam stolidum ut ea Gratiano affinxerit quæ cum cæteris illius dictis congruere non possunt. Hunc ergo vos

avant! Son témoignage est le seul dont vous puissiez vous appuyer! Vous produisez sa charte en confirmation d'une affaire si importante, contre mille espèces de preuves contraires! Et moi qui m'attendais à voir quelque bulle d'or, des titres gravés sur le marbre, des autorités par milliers!

— Mais Paléa, dites-vous, cite son autorité, il indique ses sources historiques, il appelle en témoignage le Pape Gélase et un grand nombre d'Évêques. Il a puisé, nous dit-il, dans les *Actes* de Sylvestre, que le saint Pape Gélase, au Concile des soixante-dix Évêques, affirmait être lus par les catholiques et dont il déclarait que

auctorem profertis, hujus unius testimonio nitimini; hujus chartulam ad tantæ rei confirmationem contra sexcenta probationum genera recitatis. At ego exspectaveram ut aurea sigilla, marmoratos titulos, mille auctores ostenderetis!

— Sed ipse, dicitis, Palea auctorem profert, fontem historiæ ostendit, et Gelasium Papam cum multis Episcopis in testimonium citat; ex Gestis, inquit, Sylvestri, quæ beatus Papa Gelasius in Concilio septuaginta Episcoporum a catholicis legi commemorat, et

la lecture s'était propagée, de temps immémorial, dans les Églises. Or, dans ces *Actes* on lit que Constantin, etc. — Beaucoup plus haut, à l'endroit où il s'agit des livres permis et des livres défendus, il avait dit : « Les *Actes* de S. Sylvestre, Évêque, sont lus à Rome par les catholiques, et beaucoup d'Églises en font autant, en vertu d'un ancien usage, quoique nous ignorions le nom de celui qui les rédigea. » Oh ! la belle autorité, l'admirable témoignage, l'invincible preuve !

Je vous accorde que Gélase ait dit cela en parlant du Concile des soixante-dix Évêques. A-t-il dit que la charte

pro antiquo usu multas hoc dicit Ecclesias imitari; in quibus legitur : Constantinus, etc. — Multo superius, ubi de libris legendis et non legendis agitur, etiam dixerat : « Actus beati Sylvestri præsulis, licet ejus qui scripsit nomen ignoremus, a multis tamen ab urbe Roma catholicis legi cognovimus et pro antiquo usu hoc imitantur Ecclesiæ. » Mira hæc auctoritas, mirum testimonium, inexpugnabilis probatio !

Dono vobis hoc Gelasium dum de Concilio septuaginta Episcoporum loquitur id dixisse,

de donation se trouvait dans les *Actes de S. Sylvestre* ? Il affirme seulement qu'on lit les *Actes* de Sylvestre, et cela à Rome, dont beaucoup d'autres Églises acceptent l'autorité. Je ne le nie pas, je vous le concède, je le veux : moi-même je m'offre en témoignage avec Gélase. Mais à quoi cela peut-il vous servir, à moins que ces témoins invoqués par vous ne soient là pour nous tromper ? On ne sait pas le nom de celui qui a intercalé cette page dans les Décrétales, et il est le seul qui parle du fait. On ne sait pas le nom de celui qui a écrit l'histoire de Sylvestre, il est le seul témoin et c'est un faux témoin.

num idem dixit paginam privilegii in beatissimi Sylvestri Gestis legi ? Is vero tantum ait Gesta Sylvestri legi et hoc Romæ cujus Ecclesiæ auctoritatem multæ aliæ sequuntur; quod ego non nego, concedo, fateor ; me quoque una cum Gelasio testem exhibeo. Verum quid vobis ista res prodest, nisi ut in adducendis testibus mentiri voluisse videamini ? Ignoratur nomen ejus qui hoc in Decretis adscripsit, et solus hoc dicit. Ignoratur nomen ejus qui scripsit historiam, et solus is et falso testis affertur; et vos, boni

Et vous, honnêtes gens, sages gens, vous estimez que c'est suffisant, et au delà, pour prouver une chose si grave? Voyez un peu quelle différence il y a entre votre opinion et la mienne. Quand bien même la charte en question se trouverait dans les *Actes* de S. Sylvestre, je ne croirais pour cela qu'il faille la tenir comme vraie, parce que cette histoire n'est pas une histoire, mais une fiction poétique, un tissu de mensonges, je le démontrerai tout à l'heure, et parce qu'aucun historien de quelque autorité n'a fait mention de cette charte. Jacques de Voragine, qui, en qualité d'Archevêque, est si suspect de tendresse pour le clergé, a cepen-

viri atque prudentes, hoc satis superque esse ad tantæ rei testimonium existimatis ? At videte quantum inter meum intersit vestrumque judicium. Ego ne si hoc quidem apud Gesta Sylvestri privilegium contineretur pro vero habendum putarem, cum historia illa non historia sit, sed poetica et impudentissima fabula, ut potius ostendam, nec quisquam alius alicujus duntaxat auctoritatis de hoc privilegio habeat mentionem ; et Jacobus Voraginensis, propensius in amorem clericorum ut Archiepiscopus, tamen in *Gestis*

dant passé sous silence, dans ses *Vies des Saints*, la Donation de Constantin, comme fabuleuse et indigne de figurer dans les *Actes* de Sylvestre ; il a ainsi en quelque sorte condamné ceux qui la rééditeraient.

Mais je veux prendre ce faussaire, cet *homme de paille*, qui n'a pas un grain de froment, et l'amener par les oreilles à la barre. Que dis-tu, faussaire ? Comment se fait-il que nous ne trouvions pas cette charte dans les *Actes* de Sylvestre ? Sans doute, ces *Actes* sont quelque livre rare, difficile à se procurer, qui n'est pas dans les mains de tout le monde, sévèrement gardé comme autrefois les *Fastes* par

Sanctorum de Donatione Constantini ut fabulosa nec digna quæ inter Gesta Sylvestri poneretur silentium egit, lata quodammodo sententia contra eos si qui hæc litteris mandavissent.

Sed ipsum falsarium et vere *Paleam* et non triticum obtorto collo in judicium trahere volo. Quid ais, falsarie? Unde fit quod istud privilegium inter Sylvestri Gesta non legimus? Credo, rarus hic liber est difficilisque inventu, nec vulgo habetur, sed tanquam *Fasti* olim a Pontificibus aut libri Sibyllini

les Pontifes et les livres Sibyllins par les Décemvirs ; il est peut-être écrit en Grec, en Syriaque, en Chaldaïque ? Gélase atteste qu'il est lu par beaucoup de catholiques ; Jacques de Voragine en parle ; nous-même nous en avons vu plus de mille exemplaires anciens ; dans presque toute église Cathédrale on en fait la lecture au jour anniversaire de la naissance de Sylvestre, et cependant personne n'y a jamais lu ce que tu prétends y être, personne n'a entendu, n'a rêvé rien de tel. Est-ce que par hasard il y aurait une autre histoire de Sylvestre ? Quelle pourrait-elle être ? Je n'en connais pas et je ne vois pas que tu en

a Decemviris custoditur : lingua Græca aut Syriaca aut Chaldaica scriptus est ? Testatur Gelasius a multis catholicis legi, Voraginensis de ea meminit, nos quoque mille et antiqua scripta vidimus exemplaria, et in omni fere Cathedrali ecclesia, cum adest Sylvestri natalis dies, lectitantur, et tamen nemo se illic legisse istud ait quod tu affingis, nemo audisse, nemo somniasse. An alia quædam fortassis historia est? et quænam ista erit? Ego aliam nescio nec abs te aliam dici interpretor. Quippe de ea tu loqueris

indiques d'autres, puisque tu parles de celle dont Gélase rappelait la lecture dans les Églises. Or, nous n'y trouvons pas ta charte. Si on ne la lit pas dans la *Vie* de Sylvestre, que viens-tu nous dire qu'on la lisait telle que tu l'as rapportée? Comment oses-tu plaisanter en si grave matière et te faire un jeu de la cupidité des faibles humains?

Mais je suis fou de m'en prendre à l'audace de ce faussaire plutôt qu'à la démence de ceux qui lui ont ajouté foi. Si l'on vous disait que pareille chose est arrivée chez les Grecs, chez les Juifs, chez les Barbares, n'exigeriez-vous pas, avant d'y croire, qu'on vous citât l'auteur,

quam Gelasius apud multas Ecclesias lectitari refert. In hac autem tuum privilegium non invenimus. Quod si istud in Vita Sylvestri non legitur, quid tu ita legi tradidisti? Quid in tanta re jocari es ausus et levium hominum cupiditatem eludere ?

Sed stultus sum qui illius potius insector audaciam quam illorum dementiam qui crediderunt. Si quis apud Græcos, apud Hebræos, apud Barbaros hoc esse memoriæ proditum diceret, nonne juberetis nominari auctorem, proferri codicem et locum ab

qu'on vous montrât le manuscrit, que le passage fût fidèlement traduit par un interprète? Ici, il s'agit de votre propre langue, d'un livre que tout le monde connaît, et vous ne vous informez pas même d'un fait si incroyable, ou n'en trouvant pas même de trace écrite, vous êtes d'une crédulité si extraordinaire, que vous le tenez pour écrit et pour vrai? sur ce seul titre, qui vous suffit, vous remuez ciel et terre, et, comme s'il ne pouvait y avoir l'ombre d'un doute, vous écrasez ceux qui refusent de vous croire par l'épouvante des guerres et par toutes sortes de menaces! Doux Jésus! quelle force, quelle vertu divine a donc la vérité pour se défendre

interprete fideli exponi antequam crederetis? Nunc de lingua vestra, de notissimo codice fit mentio, et vos tam incredibile factum aut non inquiritis, aut cum scriptum non reperiatis, tam prava estis credulitate ut pro scripto habeatis atque pro vero? et hoc titulo contenti terras miscetis et maria, et quasi nullum subsit dubium, eos qui vobis non credunt terrore bellorum aliisque minis prosequimini. Bone Jesu, quanta vis, quanta divinitas est veritatis quæ per

seule, sans grand effort, de toutes les embûches et de toutes les perfidies ! C'est bien avec raison que devant le roi Darius, un jour qu'en disputant on demandait : Qu'est-ce qui est le plus puissant, le plus fort ? et que l'un disait : C'est ceci ; l'autre : C'est cela, enfin on donna la palme à la vérité !

Toutefois, puisque j'ai affaire à des prêtres et non à des séculiers, il me faut citer des exemples sacrés plutôt que des exemples profanes. Lorsque Judas Machabée, ayant envoyé à Rome des ambassadeurs, eut obtenu l'alliance et l'amitié du Sénat, il eut soin de faire graver les termes du traité sur des planches d'airain que l'on pût apporter à

sese, sine magno conatu ab omnibus dolis et fallaciis seipsam defendit, ut non immerito cum dicitur apud Darium regem exorta contentio quid foret maxime validum, et alius aliud diceret, tributa sit palma veritati.

Quia cum sacerdotibus non cum sæcularibus mihi res est, ecclesiastica magisquam sæcularia sunt exempla repetenda. Judas Machabæus, cum missis Romam legatis fœdus amicitiamque a Senatu impetrasset, curavit verba fœderis in æs incidenda Hie-

Jérusalem. Je ne dis rien des Tables de
pierre du Décalogue données par Dieu à
Moïse. Et cette Donation de Constantin,
cette Donation si magnifique et si extraordinaire, ce n'est ni sur l'or, ni sur l'argent, ni sur l'airain, ni sur le marbre
que l'on en montre la preuve écrite, ce
n'est pas même dans un livre, c'est, s'il
faut vous en croire, sur une feuille de
papier ou de parchemin. Jobal, l'inventeur de la musique, comme on le lit dans
Josèphe, croyant d'après une ancienne
tradition que les œuvres des hommes
devaient périr une première fois par l'eau
et une seconde fois par le feu, fit graver
les principes de son art sur deux colonnes,

rosolymamque portanda. Taceo de lapideis
Decalogi tabulis, quas Deus Moysi dedit.
Ipsa vero tam magnifica Constantini et tam
inaudita Donatio nullis neque in auro,
neque in argento, neque in ære, neque in
marmore, neque postremo in libris probari
documentis potest, sed tantum, si isti credimus, in charta sive membrana. Jobal primus
musices auctor, ut est apud Josephum, cum
esset a majoribus per manus tradita opinio
res humanas semel aqua iterum igni
delendas, doctrinam suam duabus columnis

l'une de briques contre le feu, l'autre de pierre contre les eaux, pour que cette bienfaisante invention se perpétuât dans l'humanité ; et la colonne de pierre subsistait encore au temps de Josèphe, ainsi qu'il l'affirme. Chez les Romains, peuple encore rude et inculte, à une époque où l'écriture était restreinte et peu usitée, on grava pourtant sur l'airain les lois des Douze Tables, qui, après la prise et l'incendie de Rome par les Gaulois, furent retrouvées intactes : ainsi par deux fois une sage et circonspecte prévoyance des vicissitudes humaines a triomphé de la durée des siècles et des rigueurs de la fortune. Constantin, lui, s'est contenté

inscripsit, latericia contra ignem, lapidea contra aquas, quæ ad Josephi ævum, ut idem scripsit, permansit, ut suum in homines beneficium semper exstaret. Et apud Romanos rusticanos adhuc et agrestes, cum parvæ et raræ litteræ essent, tamen leges Duodecim Tabularum in æs fuere incisæ, quæ in capta atque incensa a Gallis urbe incolumes postea sunt repertæ : adeo duo maxima in rebus humanis diuturnitatem temporis et fortunæ violentiam vincit circumspecta providentia. Constantinus vero

de signer la donation de l'univers sur du papier, avec de l'encre ; et cependant le machinateur de cette fable, quel qu'il soit, nous montre Constantin préoccupé de ce qu'il pourra se rencontrer des gens capables, par une avidité impie, d'annuler sa Donation. Tu crains cela, Constantin, et tu ne prends pas garde que ceux qui chasseront Sylvestre de Rome lui enlèveront aussi ton morceau de papier ?

Eh quoi! Sylvestre ne demande rien pour sa sûreté ? Il s'en rapporte ainsi entièrement à Constantin ? Il est si tranquille, si indolent ? Dans une si grave conjoncture, il ne s'inquiète ni de ses intérêts, ni de l'Église, ni de la postérité ?

orbis terrarum Donationem papyro tantum et atramento signavit, cum præsertim machinator fabulæ, quisquis ille fuit, faciat Constantinum dicentem se credere non defore qui Donationem hanc impia aviditate rescinderent! Hoc times, Constantine, et non caves ne hi qui Romam Sylvestro eriperent chartulam quoque subriperent?

Quid! Ipse Sylvester pro se nihil ait? Ita omnia Constantino remittit? Ita securus ac segnis est? In tanto negotio, nihil sibi, nihil Ecclesiæ suæ, nihil posteritati prospicit? En,

Voilà l'homme à qui tu confères l'administration du monde Romain! Il s'agit d'une chose qui peut être pour lui une source de tant de prospérités ou de si grands périls, et il dort sur ses deux oreilles! Qu'on lui dérobe la minute du privilège, et dans quelques années il lui sera impossible de prouver la donation.

Le faussaire imbécile appelle cela « la page du privilège »; est-ce que par hasard (je l'apostrophe comme s'il était là) tu appelles « privilège » la donation de l'univers? Et tu veux que cela soit écrit sur une seule page, que Constantin lui-même se soit exprimé ainsi? Mais si le titre est absurde, que sera le reste?

cui Imperium Romanum administrandum committis, qui tam magnæ rei tantoque aut lucro aut periculo indormit! Si quidem sublata chartula privilegii donationem utique ætate procedente probare non poterit.

« Paginam privilegii » appellat homo vesanus; privilegiumne tu, libet velut præsentem insectari, vocas donationem orbis terrarum? et hoc in pagina vis esse scriptum et isto genere orationis ipsum esse Constantinum? Si titulus absurdus est, qualia cætera existimemus?

« *L'Empereur Constantin, le quatrième jour après son baptême, conféra au Pontife de l'Église Romaine ce privilège que, dans toute la ville de Rome, les prêtres le regardassent comme leur chef, de même que les magistrats ont pour chef le Roi.* » Cela se trouve dans l'histoire même de Sylvestre, ce qui fait qu'on ne peut douter du sens qu'a ici le mot *privilège*. Mais, à la façon de ceux qui ourdissent des mensonges, notre homme débute par dire vrai pour donner plus de confiance en ce qui va suivre et qui est faux ; c'est comme dans Virgile :

« Je te raconterai toutes choses, ô Roi, telles qu'elles se sont passées.

« *Constantinus Imperator quarto die sui baptismatis privilegium Romanæ Ecclesiæ Pontifici contulit, ut in tota urbe Romana sacerdotes ita hunc caput habeant sicut judices Regem.* » Hoc in ipsa Sylvestri historia continetur ; ex quo dubitari non potest ubinam scriptum significetur *privilegium*. Sed more eorum qui mendacia machinantur a vero incipit ut sequentibus, quæ falsa sunt, conciliet fidem, ut apud Virgilium :

« Cuncta equidem tibi, rex, fuerint quæcumque fatebor.

» Mais, » ajoute Sinon, « je ne nierai pas que je sois de race Grecque. »

Il commence ainsi, puis continue par des mensonges. Notre Sinon fait de même ici : après avoir débuté par quelque chose d'avéré, il ajoute : « *Dans ce privilège on lit, entre autres, ce qui suit : Nous, avec tous nos Satrapes et le Sénat tout entier, les Optimates même et tout le peuple assujetti au gouvernement de l'Église Romaine, avons jugé utile que, de même que le bienheureux Pierre semble avoir été constitué le vicaire de Dieu sur la terre, de même les Papes, qui tiennent sur la terre la place du Prince des Apôtres,*

» Verum, » inquit, « nec me Argolica de gente negabo. »

Hoc primum, deinde falsa subjecit. Ita hoc loco noster Sinon facit, qui cum a vero incepisset adjecit : « *In eo privilegio, inter cætera, ita legitur : Utile judicavimus una cum omnibus Satrapis nostris et universo Senatu, Optimatibus etiam et cuncto populo imperio Romanæ Ecclesiæ subjacenti, ut sicut beatus Petrus in terris vicarius Dei videtur esse constitutus, et Pontifices, qui ipsius Principis Apostolorum gerunt vices*

obtinssent en concession, de Nous et de notre Empire, une plus grande puissance que n'en paraît avoir la Mansuétude de notre terrestre Impériale Sérénité. » O scélérat ! malfaiteur ! cette même histoire, dont tu allègues le témoignage, rapporte qu'en un long espace de temps, de l'ordre sénatorial personne ne voulut embrasser la religion Chrétienne, et que Constantin poussa les pauvres au baptême, à prix d'argent. Et tu dis, toi, que, dès les premiers jours, à l'instant même, le Sénat, les Grands, les Satrapes, comme s'ils étaient déjà Chrétiens, se mirent à décréter en l'honneur de l'Église ! Et que viens-tu faire intervenir ici des

in terris, principatus potestatem amplius quam terrenæ Imperialis nostræ Serenitatis Mansuetudo habere videtur, concessam a nobis nostro Imperio obtineant. » O scelerate atque malefice ! Eadem quam affers in testimonium refert historia longo tempore neminem Senatorii ordinis voluisse accipere religionem Christianam, et Constantinum pauperes sollicitasse pretio ad baptismum. Et tu ais inter primos statim dies Senatum, Optimates, Satrapas quasi jam Christianos de honestanda Ecclesia Romana

Satrapes? bûche! trognon de chou! Est-ce ainsi que parlent les Césars, est-ce ainsi que sont conçus d'ordinaire les décrets de Rome? Qui a jamais entendu parler de Satrapes dans le Sénat Romain? Je ne me souviens pas d'avoir lu nulle part, non seulement qu'un Romain fût appelé Satrape, mais que n'importe qui eût ce titre, dans les provinces Romaines. Ce bélître les intitule Satrapes de l'Empereur, et il les met avant le Sénat, alors que tous les honneurs, même ceux qui sont déférés au Prince, le sont seulement par le Sénat, en ajoutant : *et le Peuple Romain*. C'est ce que nous voyons sur les pierres anti-

decrevisse. Quid, quod vis interfuisse Satrapas, o cautes, o stipes! Sic loquuntur Cæsares, sic concipi solent decreta Romana? Quis unquam Satrapas in conciliis Romanorum nominari audivit? Non teneo memoria unquam legisse me ullum non modo Romanum sed ne in Romanorum quidem provinciis Satrapam nominatum. At hic Imperatoris Satrapas vocat eosque Senatui præponit, cum honores omnes, etiam qui Principi deferuntur, tantum a Senatu decernuntur, adjuncto *Populoque Romano*. Hinc est quod in lapidibus vetustis aut tabulis

ques, sur les tables de bronze ou sur les médailles, figuré par ces deux lettres: S. C., *Senatus - Consulte*, ou par ces quatre : S. P. Q. R., c'est-à-dire : *le Sénat et le Peuple Romain*. Tertullien le remarque à propos de la lettre de Ponce Pilate sur les prodiges accomplis par le Christ, et adressée non au Sénat, mais à l'Empereur Tibère : comme tout magistrat devait en référer au Sénat pour les affaires importantes, le Sénat prit mal la chose, et lorsque le décret qui décernait à Jésus des honneurs divins lui fut soumis par Tibère, il s'y opposa, rien que par une secrète irritation de l'affront fait à sa dignité. Et pour que tu saches bien de quel

æreis aut numismatis duas litteras videmus conscriptas, scilicet : S. C., *Senatus consulto*, vel quatuor scilicet : S. P. Q. R., hoc est *Senatus Populus Que Romanus*. Et ut Tertulianus meminit, cum Pontius Pilatus de admirandis Christi actionibus ad Tiberium Cæsarem non ad Senatum scripsisset, si quidem ad Senatum scribere de magnis rebus magistratus consueverant, Senatus hanc rem indigne tulit Tiberioque prærogativam ferenti ut Jesus pro deo coleretur repugnavit, ob tacitam tantummodo indignationem

poids était l'autorité du Sénat, il obtint que Jésus ne serait point placé au rang des Dieux (1).

Puis, qui appelles-tu les Optimates ? Sont-ce, comme nous le comprenons, les premiers personnages de la République, et alors pourquoi les nommer, en passant sous silence les autres magistrats ? ou bien, par opposition aux hommes du

offensæ Senatoriæ dignitatis. Et ut scias quantum Senatus valeat auctoritas, ne pro deo coleretur obtinuit.

Quid, quod ais Optimates ? Quos aut primarios in Republica viros intelligimus, qui cur nominantur cum de cæteris magistratibus silentium sit ? aut eos qui populares

---

(1) Valla croit ici, ou feint de croire, à l'authenticité de la fameuse *Lettre de Tibère au Sénat Romain,* dans laquelle, s'appuyant sur le non moins fabuleux *Compte rendu de Pilate,* l'empereur demandait que le Christ fût mis au rang des Dieux, ce qui est refusé dans une *Lettre du Sénat Romain.* Ces documents, composés au Moyen âge, ainsi que la *Lettre Latine de Lentulus,* où se trouve le portrait du Christ, et une *Lettre* de Tibère à sa mère sur le même sujet, ont tous pour origine un ancien recueil apocryphe depuis longtemps perdu, mais que citent S. Justin, Tertullien, Eusèbe et S. Épiphane, sous le titre de *Acta Pilati.*

(*Note du Traducteur.)*

parti populaire, à ceux qui briguent les faveurs du peuple, entends-tu par là les adhérents et les défenseurs des Grands, des Patriciens, ceux dont Cicéron parle dans un de ses discours? César, avant d'avoir renversé la République, était en ce sens, un homme populaire, et Caton était du parti des Grands; Salluste a expliqué ce qui les distinguait. Or, les Optimates, pas plus que ceux du parti populaire et tous les autres honnêtes gens, n'étaient appelés à délibérer.

Mais qu'y a-t-il de surprenant que l'on consulte les Optimates, là où le peuple tout entier (si nous en croyons notre homme) et même le peuple « assujetti à

non sunt, benevolentiam populi aucupantes, sed optimi cujusque et bonarum partium studiosi ac defensores, ut Cicero quadam oratione demonstrat? Ideoque Cæsarem ante oppressam Rempublicam popularem fuisse dicimus, Catonem ex Optimatibus, quorum differentiam Sallustius explicavit. Neque hi Optimates magisquam populares aut cæteri boni viri dicuntur in concilio adhiberi.

Sed quid mirum si adhibentur Optimates ubi cunctus populus (si homini credimus) cum Senatu et Cæsare judicavit, et is quidem

l'Église Romaine », a délibéré avec le Sénat et l'Empereur? Et quel peut bien être ce peuple? Est-ce le peuple Romain? Pourquoi alors ne l'appelle-t-on pas le peuple Romain plutôt que le peuple sujet? Quel est ce nouvel outrage fait à ces Quirites, dont l'excellent poète a fait cet éloge :

Toi, tu soumettras les peuples à ton empire?

Il s'intitule ici de lui-même le peuple assujetti, ce qui est inouï; car en cela, comme en témoigne Grégoire dans nombre de ses lettres, le Pontife Romain diffère du reste des princes, qu'il est l'unique roi d'un peuple libre.

Romanæ Ecclesiæ subjacens. Et quis est iste populus? Romanus ne? At cur non dicitur populus Romanus potiusquam populus subjacens? Quæ nova ista contumelia est in Quirites, de quibus optimi poetæ elogium est :

Tu regere imperio populos!...

Ipse vocatur populus subjacens, quod inauditum est. Nam et in hoc, ut in multis epistolis Gregorius testatur, differt Romanus Pontifex a cæteris quod solus est princeps liberi populi.

Mais qu'il en soit comme tu voudras. Est-ce que les autres peuples étaient également soumis? Parles-tu aussi d'autres peuples? Comment aurait-il pu se faire qu'en l'espace de trois jours, toutes les populations soumises au pouvoir de l'Église Romaine fussent intervenues à ce décret, même en tenant compte de ce que la basse classe n'était pas consultée? Eh quoi! avant d'asservir le peuple au Pontife Romain, Constantin l'aurait appelé le peuple asservi! Quoi! ceux que l'on intitule des asservis auraient concouru à la confection du décret! Quoi! ils sont censés avoir décrété eux-mêmes qu'ils étaient asservis, et que celui dont

Cæterum ita sit ut vis. Nonne et alii populi subjacent? An alios quoque significas? Quomodo istud triduo fieri poterat ut omnes populi subjacentes imperio Romanæ Ecclesiæ illi decreto adessent? Tametsi non omnis fæx populi judicabat! Quid, antequam subjecisset Romano Pontifici populum Constantinus subjectum vocaret? Quid, quod hi qui subjacentes vocantur faciendo dicentur præfuisse decreto? Quid, quod hoc ipsum dicuntur decrevisse ut sint subjacentes et ut ille cui subjacent hos habeat subjacentes?

ils sont serfs devait les tenir dorénavant pour serfs! Comme tu fais bien voir, malheureux! qu'avec la bonne intention de mentir, tu n'en as pas même le talent!

« *Nous avons choisi le Prince des Apôtres lui-même ou ses vicaires comme étant les plus fermes patrons auprès de Dieu, et, à l'égal de Notre terrestre Impériale puissance, Nous avons décrété d'honorer avec vénération cette sacro-sainte Église Romaine, d'exalter glorieusement bien au-dessus de notre Empire et de notre trône terrestre, la très-sainte chaire du bienheureux Pierre, en lui attribuant*

Quid agis aliud, infelix, nisi ut judices te voluntatem fallendi habere, facultatem non habere.

« *Eligentes nobis ipsum Principem Apostolorum vel ejus vicarios firmos apud Deum esse patronos; et sicut nostra est terrena Imperialis potentia, ita ejus sacrosanctam Romanam Ecclesiam decrevimus veneranter honorare et amplius quam nostrum imperium, terrenum thronum, sedem sanctissimam beati Petri gloriose exaltari, tribuentes ei potestatem et gloriam et dignitatem atque*

la puissance et la gloire et la dignité et la force et la splendeur Impériales. » Reviens un peu au monde, Firmin Lactance, et fais-moi taire cet âne qui brait si bêtement à pleine gueule. Il se complaît si bien au fracas des mots ronflants, qu'il reprend et remâche ce qu'il a déjà dit. Est-ce ainsi que de ton temps parlaient les scribes ou plutôt les palefreniers des Empereurs ? Constantin choisit les Papes non comme patrons, mais comme étant des patrons. (Cet imbécile a intercalé *étant* pour donner plus de nombre à la phrase!) Honnête raison! parler en barbare pour que le style soit plus coulant, si toutefois il peut y avoir du coulant

vigorem et honorificentiam Imperialem. » Revivisce paulisper, Firmiane Lactanti, resisteque huic asino tam vaste inaniterque rudenti. Ita verborum turgentium strepitu delectatur ut eadem repetat et inculcet quod modo dixerat. Hunc ne in modum ævo tuo loquebantur Cæsarum scribæ ne dicam agasones? Elegit sibi illos Constantinus non patronos, sed esse patronos (interposuit illud *esse* ut numerum redderet concinniorem). Honesta ratio, barbare loqui ut venustius currat oratio! Si modo quid in tanta scabri-

dans de pareilles inepties. Mais en choisissant pour patrons le Prince des Apôtres *ou* ses vicaires, tu ne choisis pas Pierre et successivement après lui ses vicaires, tu choisis Pierre à l'exclusion des autres, ou ceux-ci à l'exclusion de Pierre. Et il appelle les Pontifes Romains vicaires de Pierre, comme s'il était encore en vie ou comme si ses successeurs lui fussent inférieurs en dignité. Et ceci n'est-il pas barbare : *de Nous et de notre Empire?* comme si l'Empire pouvait avoir l'intention et la volonté de concéder quoi que ce soit. Il ne se contente pas de dire *tinssent*, il ajoute *en concession* : l'un ou l'autre suffisait pourtant.

tia venustum esse potest! Eligentes Principem Apostolorum vel ejus vicarios, non elegis Petrum et ejus deinceps vicarios, sed aut hunc exclusis illis, aut illos hoc excluso; et Pontifices Romanos appellat vicarios Petri, quasi vel vivat Petrus, vel minori dignitate sint cæteri quam Petrus fuit! Nonne et illud barbarum est : *A nobis nostroque Imperio?* quasi Imperium habeat animam concedendi et potestatem. Ne fuit contentus dicere *obtineant* nisi etiam diceret *concessam*, cum satis alterum esset. Et illud *firmos patronos*

Et ce *fermes patrons*, voilà de l'élégance ! Par fermes, il entend sans doute des gens que ni les écus ni la peur ne sauront faire fléchir. Et cette *terrestre Impériale puissance !* deux adjectifs sans copulative ! et *honorer avec vénération !* et la *Mansuétude de Notre Sérénité Impériale !* Cela sent bien le Lactance, lorsqu'il s'agit de la puissance de l'Empire, de dire la Sérénité et la Mansuétude, au lieu de la Grandeur et la Majesté. Et comme cela s'enfle également d'arrogance bouffie, cet *exalter glorieusement par la gloire, la dignité, la force et la splendeur Impériales !* Cela me semble

perquam elegans est; scilicet firmos vult ne pecunia corrumpantur aut metu labantur ! Et illud *terrena Imperialis potentia,* duo adjectiva sine copula ! Et illud *veneranter honorare;* et illud : *Nostræ Serenitatis Imperialis Mansuetudo* Lactantianam eloquentiam redolet, cum de potentia Imperii agatur Serenitatem nominare et Mansuetudinem, non Amplitudinem et Majestatem. Quod etiam tumida superbia inflatum est ut in illo quoque *gloriose exaltari per gloriam et potestatem et dignitatem et vigorem et honorificentiam Imperialem;* quod ex Apoca-

emprunté de l'Apocalypse, où il est dit :
*Il est digne, l'agneau qui a été mis à
mort, de recevoir la prérogative et la
dignité du Seigneur, et la sagesse et
la force et l'honneur et la bénédiction.*
Fréquemment, comme nous le montrerons plus loin, Constantin feint de s'arroger les titres qui appartiennent à Dieu,
et veut imiter le style de l'Écriture
sainte, qu'il n'avait jamais lue.

« *Donc, Nous décrétons et sanctionnons qu'il détienne la primauté, tant
sur les quatre sièges d'Alexandrie,
d'Antioche, de Jérusalem et de Constantinople, que même sur toutes les Églises*

lypsi sumptum videtur ubi dicitur : *Dignus
est agnus qui occisus est accipere virtutem
et dignitatem dominicam et sapientiam et
fortitudinem et honorem et benedictionem.*
Frequenter, ut posterius liquebit, titulos
Dei sibi arrogare fingit Constantinus et imitari velle sermonem sacræ Scripturæ quem
nunquam legerat.

« *Atque decernentes sancimus ut principatum teneat tam super quatuor sedes Alexandrinam, Antiochenam, Hierosolymitanam et*

de Dieu répandues sur tout le globe terrestre, le Pontife qui, dans la suite des temps, sera placé à la tête de cette sacrosainte Église Romaine; qu'il soit le Prince à tous les prêtres du monde entier, et que d'après sa volonté se gouverne tout ce qui regarde le culte de Dieu, ou la foi des Chrétiens, ou le soin de sa stabilité. » Passons par dessus cette tournure barbare de *Prince aux prêtres* au lieu de *Prince des prêtres*, ce *qu'il soit* placé dans la même phrase que *sera;* négligeons qu'après avoir dit : *sur tout le globe terrestre*, il ajoute : *du monde entier*, comme s'il voulait comprendre là-dedans autre chose encore,

Constantinopolitanam, quam etiam super omnes in universo orbe terrarum Dei Ecclesias, etiam Pontifex qui per tempora ipsius Sacrosanctæ Romanæ Ecclesiæ exstiterit, celsior et Princeps cunctis sacerdotibus et totius mundi exsistat, et ejus judicio quæ ad cultum Dei et fidem Christianorum vel stabilitatem procuranda fuerint disponantur. » Omitto hic barbariem sermonis quod *princeps sacerdotibus* pro *sacerdotum* dixit, et quod in eodem loco posuit *exstiterit* et *exsistat,* et cum dixerit *in universo orbe terrarum* iterum

peut-être le ciel, qui est une partie du monde, alors qu'une bonne partie du globe terrestre n'était pas même sous le joug de Rome; ne nous occupons pas non plus de ce qu'il distingue la foi Chrétienne du soin de sa stabilité, comme si les deux choses pouvaient se séparer; de ce qu'il confond décréter avec sanctionner, et comme si plus haut Constantin n'avait pas déjà jugé à propos de décréter avec les autres personnages, voici maintenant qu'il propose de sanctionner, sous clause pénale; de sorte qu'on lui fait sanctionner le décret tout ensemble avec le peuple! Quel Chrétien pourrait supporter de telles énormités et se retenir d'infliger

addit *toties mundi,* quasi quoddam diversum aut cœlum, quod mundi pars est, complecti velit, cum bona pars orbis terrarum sub Roma non esset, et quod fidem Christianorum vel stabilitatem procurandam tanquam non possent simul esse distinxit, et quod decernere et sancire miscuit, et velut prius cum cæteris Constantinus non judicasset decernere enim et tanquam pœnam proponat sancire, et quidem una cum populo sancire facit. Quis hoc Christianus pati queat, et non Papam, qui hoc patitur ac

une censure sévère au Pape qui les souffre, qui les écoute complaisamment?

Ainsi donc, cette primauté que le Siège de Rome a reçue du Christ, comme l'a déclaré le huitième synode, au témoignage de Gratien et de beaucoup de Grecs, il est dit maintenant l'avoir reçue de Constantin, Chrétien à peine, tout autant que du Christ! Ce très-modeste Prince a-t-il pu dire une pareille chose, le très-pieux Pontife a-t-il pu y prêter l'oreille? Éloignons de l'un comme de l'autre cette grave accusation. Puis, ce qui est bien plus absurde, la situation permet-elle que personne ait pu alors parler de Constantinople comme de l'un

libens audit et recitat, censorie severeque castiget?

At cum a Christo primatum acceperit Romana Sedes et id Gratiano testante multisque Græcorum octava synodus declararit, accepisse dicatur a Constantino vixdum Christiano tamquam a Christo. Hoc ille modestissimus princeps dicere, hoc piissimus Pontifex audire voluisset? Absit tam grave ab utroque illorum nefas! Quid, quod multo est absurdius, capitne rerum natura ut quis de Constantinopoli loquatur tanquam de

des sièges patriarchaux? de Constantinople qui n'était ni un siège patriarchal, ni un siège quelconque, pas même une ville Chrétienne, qui n'était ni dénommée, ni bâtie, ni même projetée? Le privilège est, en effet, daté du troisième jour après que Constantin eut été fait Chrétien, alors qu'il existait bien une ville appelée Byzance, mais non Constantinople. Que je mente si ce bélître ne l'avoue pas lui-même; il écrit, vers la fin de l'acte : « *C'est pourquoi il Nous a semblé opportun de transférer notre Empire et la royale puissance aux régions orientales, et en un très-bon endroit de la province de Byzance, d'édifier une cité de notre nom*

una patriarchalium sedium, quæ nondum esset nec patriarchalis nec sedes, nec urbs Christiana, nec sic nominata, nec condita, nec ad condendum destinata ? Quippe privilegium concessum est triduo quod Constantinus esset effectus Christianus, cum Byzantium adhuc erat, non Constantinopolis. Mentior nisi hoc confiteatur hic stolidus; scribit enim prope calcem privilegii : «*Unde congruum perspeximus nostrum Imperium et regiam potestatem orientalibus transferri regionibus et in Byzantii provincia, optimo*

et *d'y transporter notre Empire de Constantin.* » S'il voulait à cette date transférer l'Empire ailleurs, c'est qu'il ne l'avait pas encore transféré; s'il voulait y établir l'Empire, c'est qu'il n'y était pas établi; s'il voulait bâtir une ville, elle n'était donc pas bâtie. Dans ce cas, il ne pouvait en faire mention comme d'une ville patriarchale, comme de l'un des quatre sièges, comme étant Chrétienne, ayant tel nom, achevée de construire ! Sa fondation, je m'en rapporte à l'histoire dont Paléa invoque le témoignage, Constantin n'y songeait guère, et cette grosse bête, que ce soit Paléa ou tout autre copié par lui, ne voit pas qu'il est en désaccord

loco, nomini nostro civitatem ædificari et illic nostrum Constantini Imperium transferri. » Si ille transferre volebat alio Imperium, nondum transtulerat; si illic constituere Imperium, nondum constituerat; sic si volebat ædificare urbem, nondum ædificaverat; non ergo fecisset mentionem de patriarchali, de una quatuor sedium, de Christiana, de sic nominata, de condita. De qua condenda, ut historiæ placet quam Pälea in testimonium affert, ne cogitarat quidem, atque non videt hæc bellua, sive

avec un autre passage où il est dit que ce fut non pas de son propre mouvement, mais à la suite d'un avertissement de Dieu, entendu pendant son sommeil, non pas à Rome, mais à Byzance, non peu de jours, mais quelques années plus tard, que Constantin décréta la fondation de la ville et résolut de lui donner le nom qui lui avait été suggéré en songe. Qui ne s'aperçoit que le rédacteur de ce privilège vivait longtemps après l'époque de Constantin, et qu'en voulant enjoliver son mensonge, il oublia ce qu'il venait de dire, à savoir que tout cela se passait à Rome trois jours après que Constantin eut reçu le bap-

is Palea sit, sive alius, quem Palea sequitur se dissentire, ubi Constantinus non sua sponte sed inter quietem, admonitu Dei, non Romæ sed Byzantii, non intra paucos dies sed post aliquos annos, dicitur decrevisse de urbe condenda nomenque quod in somnis edoctus fuerat indidisse. Quis ergo non videt qui privilegium composuit eum diu post tempora Constantini vixisse, et cum vellet adornare mendacium excidisse sibi quod ante dixisset, hæc gesta esse Romæ tertia die quam ille fuisset baptizatus? Ut in

tème? Et comme s'applique bien à lui ce proverbe usé à force de vieillesse : *Il faut aux menteurs bonne mémoire !*

Que dirai-je de ce qu'il appelle une province Byzance, qui était une ville de ce nom et de bien peu d'étendue pour la fondation d'une si grande cité, car la vieille Byzance est tout entière enclose dans les murs de Constantinople. Il dit que c'est un endroit excellent pour y fonder une ville ! Il veut que la Thrace, où était Byzance, soit en Orient, tandis qu'elle est située au Nord. J'imagine que Constantin ignorait totalement la place qu'il avait choisie pour y bâtir sa

eum decentissime cadat tritum cum vetustate proverbium : *Mendaces esse memores oportere.*

Quid, quod Byzantium provinciam vocat, quod erat oppidum nomine Byzantium, locus haudquaquam capax tantæ urbis condendæ? Nam muris complexa est Constantinopolis vetus Byzantium, et hic in ejus optimo loco ait urbem esse condendam. Quid, quod Thraciam, ubi positum erat Byzantium, vult esse in Oriente, quæ vergit ad Aquilonem ! Opinor, ignorabat Constan-

capitale, sous quel climat elle se trouvait, si c'était une ville ou une province, quelle étendue elle mesurait.

« *Aux églises des bienheureux Apôtres Pierre et Paul, pour l'entretien perpétuel des luminaires, Nous avons concédé des domaines de possessions, nous les avons enrichies d'objets de toutes sortes, et par notre impériale ordonnance sacrée, tant à l'Orient qu'à l'Occident, tant au Septentrion qu'au Midi, c'est-à-dire dans la Judée, la Grèce, l'Asie, la Thrace, l'Afrique et l'Italie ou les diverses îles, Nous les avons, par notre largesse, do-*

tinus locum quem condendæ urbi delegerat, quo sub cœlo esset, urbsque aut provincia, quanta ejus mensura foret.

« ..... *Ecclesiis beatorum Apostolorum Petri et Pauli, pro continuatione luminariorum, possessionum prædia contulimus, et rebus diversis eas ditavimus, et per nostram imperialem jussionem sacram, tam in Oriente quam in Occidente, vel etiam a Septentrione et Meridionali plaga, videlicet in Judæa, Græcia, Asia, Thracia, Africa et Italia, vel diversis insulis, nostra largitate ei conces-*

tées exclusivement pour que, par les mains du très-bienheureux Sylvestre, notre père, Souverain Pontife, et de ses successeurs, tout soit gouverné. »

O brigand ! y avait-il alors, à Rome, des églises, c'est-à-dire des temples, dédiées à Pierre et à Paul ? Qui donc les avait construites ? Qui aurait osé les construire quand les Chrétiens n'avaient alors, l'histoire l'affirme, d'autre refuge à Rome que les caves, les souterrains ? ou, s'il y avait à Rome quelques sanctuaires dédiés à ces Apôtres, ils n'étaient pas dignes assurément de voir brûler une si prodigieuse quantité de luminaire ? C'étaient de petites chapelles,

simus; ea prorsus ratione ut per manus beatissimi patris nostri Sylvestri, Summi Pontificis, successorumque ejus omnia disponantur. »

O furcifer ! Ecclesiæne, id est templa, Romæ erant Petro et Paulo dicatæ ? Quis eas extruxerat ? Quis ædificare ausus fuisset cum nusquam foret in Roma, ut historia ait, Christianis locus nisi secreta et latebræ, aut si qua templa Romæ fuissent illis dicata Apostolis, non erant digna in quibus tanta luminaria accenderentur ? Sacella, non templa, oratoria

et non des églises; des oratoires dans les maisons particulières, non des édifices publics; il s'agissait bien moins de songer aux luminaires des temples qu'aux temples eux-mêmes! Et que dis-tu aussi, toi qui fais traiter Pierre et Paul de simples bienheureux par Constantin, tandis qu'il donne du très-saint à Sylvestre, encore vivant; toi qui lui fais parler de sa volonté sacrée, à lui naguère encore idolâtre? Était-il donc besoin, pour entretenir des cierges, de mettre à contribution tout le globe terrestre? Et puis, qu'est-ce que ces domaines, qui sont spécialement des domaines de possessions? Nous disons ordinairement qu'on donne la posses-

inter privatos parietes, non publica delubra; non ergo ante cura gerenda erat de luminaribus templorum quam de ipsis templis. Quid ais tu, qui facis Constantinum dicentem Petrum et Paulum beatos, et Sylvestrum, cum adhuc vivit, beatissimum, et suam qui paulo ante fuisset Ethnicus jussionem sacram? Tantane conferenda sunt pro luminaribus continuandis ut totus orbis terrarum fatigetur? At quæ ista prædia sunt, præsertim possessionum? Prædiorum pos-

sion de domaines et non pas *des
domaines de possessions.* Tu fais cadeau
de domaines et tu ne dis pas lesquels;
tu enrichis de toutes sortes de choses et
tu ne dis ni où sont ni en quoi consis-
tent ces choses. Tu veux que Sylvestre
gouverne à son gré les quatre points
cardinaux, et tu ne dis pas comment il
devra s'y prendre; tu affirmes avoir an-
térieurement concédé tout cela; pourquoi
confesser alors que, de ce jour seulement, tu as commencé à vouloir honorer
l'Église Romaine, et résolu de lui accorder cette charte? C'est aujourd'hui
que tu concèdes, aujourd'hui que tu enrichis; pourquoi dis-tu : *Nous avons concédé, Nous avons enrichi?* Que dis-tu, à

sessiones dicere solemus, non *possessionum
prædia.* Das prædia, nec quæ prædia explicas;
ditasti diversis rebus, nec quo, nec quibus
rebus ostendis; vis plagas orbis a Sylvestro
disponi, nec pandis quo genere disponendi;
concessisti hæc ante : cur te hodie hoc ince-
pisse significas honorare Ecclesiam Romanam et ei privilegium concedere? Hodie
concedis, hodie ditas; cur dicis *concessimus*
et *ditavimus?* Quid loqueris aut quid sentis,
bestia? Cum fabulæ machinatore mihi ser-

quoi songes-tu, animal? C'est au machinateur de cette fable que je m'adresse, et non au très-excellent Prince Constantin.

Mais que vais-je exiger de toi le moindre esprit, le moindre savoir, toi qui n'as pas ombre de bon sens ni de style, toi qui dis *des luminaires* pour *du luminaire*, et *transférer aux régions orientales* au lieu de *vers les régions orientales*? Et quoi donc? Y a-t-il d'autres points cardinaux que ceux que nous connaissons? Qu'appelles-tu l'Orient? Est-ce la Thrace? mais, comme je l'ai démontré, elle est au nord de l'Italie. Est-ce la Judée? Elle est bien plutôt au midi, étant voisine de l'Égypte.

mo est, non cum optimo Principe Constantino.

Sed quid in te ullam prudentiam, ullam doctrinam requiro, qui nullo ingenio, nulla litteratura sis præditus, qui ais *luminariorum* pro *luminarium* et *orientalibus transferri regionibus* pro eo quod est *ad orientales transferri regiones*? Quid porro? Istæ ne sunt quatuor plagæ? Quam Orientalem numeras? Thraciamne? at, ut dixi, vergit ad Septentrionem. An Judæam? At magis ad Meridiem spectat, utpote vicina Egypto.

Qu'appelles-tu l'Occident? Serait-ce l'Italie? C'est en Italie même que se passent les faits en question, et il ne peut venir à l'idée de personne, étant en Italie, de l'appeler l'Occident; pour nous, l'Espagne est en Occident et l'Italie s'étend plutôt du Midi au Nord qu'à l'Occident. Qu'appelles-tu le Nord? Est-ce la Thrace? Mais tu veux toi-même qu'elle soit en Orient. Est-ce l'Asie? Mais l'Asie tient à elle seule tout l'Orient et partage le Nord avec l'Europe. Qu'appelles-tu le Midi? Sans nul doute l'Afrique. Mais pourquoi ne pas dénommer spécialement quelque province? A moins que les Éthiopiens

Quam item Occidentalem? Italiamne? At hæc in Italia gerebantur quam nemo illic agens Occidentalem vocat, cum Hispanias dicamus esse in Occidente, et Italia hinc ad Meridiem illinc ad Arcton magisquam ad Occidentem vergit. Quam Septentrionalem? An Thraciam? At ipse ad Orientem esse vis. An Asiam? At hæc sola totum possidet Orientem, Septentrionem vero communem cum Europa. Quam Meridionalem? Certe Africam. At cur non aliquam nominatim provinciam proferebas? Nisi forte Æthiopes

fussent alors sous le joug de Rome!
D'ailleurs, il ne peut être question d'Asie
et d'Afrique, lorsque nous divisons la
terre au moyen des quatre points cardinaux, mais seulement quand nous parlons des trois parties du monde, l'Asie,
l'Afrique et l'Europe; à moins que par
l'Asie tu n'entendes la province Asiatique, par l'Afrique la province dite de
Gétulie, et, dans ce cas, je ne vois pas
pourquoi tu les nommes à part. Constantin a-t-il pu s'exprimer de la sorte?
Se guidant d'après les quatre points
cardinaux, pourquoi aurait-il cité ces
régions sans parler des autres? pourquoi
aurait-il commencé son énumération par

Romano Imperio suberant; et nihilominus
non habent locum Asia et Africa, cum orbem
terrarum in quatuor dividimus partes et
nominatim regiones singularum referimus,
sed cum in tres, Asiam, Africam, Europam;
nisi Asiam, pro Asiatica provincia, Africa
pro ea provincia quam proprie Getulia est,
appellas, quæ non video cur præcipue nominentur. Siccine locutus esset Constantinus,
cum quatuor orbis plagas exsequitur, ut has
regiones nominaret et cæteras non nominaret, et a Judæa inciperet, quæ pars Syriæ

la Judée, qui était alors une fraction de
la Syrie; qui n'était même plus la Judée,
depuis la ruine de Jérusalem, depuis que
les Juifs avaient été dispersés, presque
anéantis, au point qu'il n'en restait peut-
être plus un seul dans le pays, et qu'ils
avaient tous passé à l'étranger? Où donc
était alors la Judée? elle ne portait déjà
plus ce nom, qui aujourd'hui a fini par
disparaître totalement. De même qu'après
l'extermination des Chananéens, leur
pays quitta le nom de pays de Chanaan
pour être appelé Judée par ses nouveaux
possesseurs : ainsi, après l'extermination
des Juifs, habité par d'autres peuples, il
cessa de s'appeler Judée.

numeratur, et quæ amplius Judæa non erat,
eversa Hierosolyma, fugatis et prope ex-
stinctis Judæis, ita ut credam vix aliquem in
sua tunc patria remansisse, sed alias habi-
tasse nationes? Ubi tandem erat Judæa, quæ
vel Judæa amplius non vocabatur, ut hodie
videmus illud terræ nomen exstinctum, et
sicut exterminatis Chananæis Chananæa
regio desiit appellari, commutato nomine in
Judæam a novis incolis, ita exterminatis
Judæis et convenis gentibus eam incolen-
tibus desierat Judæa nominari.

Tu cites nominativement la Judée, la Thrace, les Îles; mais tu dédaignes de citer les Espagnes, les Gaules, la Germanie; tu nommes les pays lointains, où l'on parle Hébreu, Grec, ou quelque langue barbare, mais tu ne fais mention d'aucune des provinces où l'on parle Latin. Je vois que tu les as complètement omises pour les faire entrer plus tard dans ta Donation. Eh quoi! N'était-ce pas assez de tant de provinces de l'Occident, pour suffire à l'entretien du luminaire, sans faire contribuer le reste du monde? Je néglige ce que tu dis de Constantin qui aurait concédé tout cela *par largesse;* ce n'était donc pas, comme

Nuncupas Judæam, Thraciam, Insulas; Hispanias vero, Gallias, Germanos non putas nuncupandos, et cum de aliis linguis longinquis loqueris, Hebræa, Græca, barbara, de ulla provinciarum Latino sermone utentium non loqueris. Video has te omnino omisisse ut postea in donatione complectereris. Ecquid? Non tanti erant tot provinciæ Occidentis ut continuandis luminaribus suppeditarent sumptus, nisi reliquus orbis adjuvaret? Transeo quod hæc concedi ais per largitionem; non ergo, ut isti aiunt, ob

d'autres le prétendent, pour avoir été
guéri de la lèpre. Traitons donc d'insolent maintenant quiconque transforme
en paiement un pur don.

« ... *Au bienheureux Sylvestre et à
son vicaire Nous concédons présentement
notre Palais impérial de Latran ; de
plus, le diadème, c'est-à-dire la couronne de notre tête, et aussi le phrygium,
sans excepter le superhuméral, c'est-à-dire la courroie que l'Empereur porte
d'ordinaire autour du cou, et encore le
manteau de pourpre et la robe d'écarlate
et tous les vêtements impériaux, ou bien
même la dignité de Maîtres de la cava-*

lepræ curationem. Alioquin insolens sit
quisquis remunerationem loco munerum
ponit.

« .... *Beato Sylvestro ejusque vicario de
præsenti tradimus palatium Imperii nostri
Lateranense ; deinde diadema, videlicet coronam capitis nostri, simulque phrygium,
nec non et superhumerale videlicet lorum
quod imperiale circumdare solet collum, verum etiam et chlamydem purpuream atque
tunicam coccineam et omnia imperialia in-*

lerie impériale ; Nous donnons aussi
tous les sceptres impériaux, ensemble
tous les insignes, bannières et divers ornements impériaux, tout l'appareil du
faîte impérial et toute la gloire de notre
puissance. Quant aux particuliers de divers ordres, aux révérendissimes clercs,
serviteurs de la sainte Église Romaine,
Nous sanctionnons qu'ils aient ce comble
singulier de puissance et de prééminence
qui semble faire l'ornement et la gloire de
notre amplissime Sénat, c'est-à-dire qu'ils
soient tous patriciens et consuls; Nous
promulguons en outre qu'ils soient revêtus
de toutes les autres dignités impériales.

dumenta, seu etiam dignitatem imperialium
Præsidentium equitum; conferentes ei etiam
imperialia sceptra simulque cuncta signa ac
banna et diversa ornamenta imperialia, et
omnem processionem imperialis culminis et
gloriam potestatis nostræ. Viris etiam diversi ordinis, reverendissimis clericis sanctæ
Romanæ Ecclesiæ servientibus, illud culmen singularis potentiæ et præcellentiæ
habere sancimus cujus amplissimus noster
Senatus videtur gloria adornari, id est patricios et consules effici, nec non in cæteris
dignitatibus imperialibus eos promulgamus

Tout ce qui décore la milice impériale,
Nous décrétons que le clergé de la sainte
Église Romaine en soit décoré, et de
même que la puissance impériale est rehaussée par les divers offices de chambellans, d'huissiers, de concubins, Nous voulons que la sainte Église Romaine en soit
rehaussée également. Et pour que magnifiquement reluise la splendeur pontificale, Nous avons décrété que les clercs
de cette sainte Eglise Romaine chevauchent des chevaux ornés de nappes et de
draps, c'est-à-dire ornés de la plus éclatante blancheur, et, comme notre Sénat,
soient distingués par les udones, c'est-à-
dire par des chaussures d'étoffe blanche :

decorari. Et sicut imperialis exstat decorata
militia, ita clerum sanctæ Romanæ Ecclesiæ
adornari decrevimus. Et quemadmodum imperialis potentia diversis officiis cubiculariorum necnon et ostiariorum atque omnium concubitorum ordinatur, ita et sanctam Romanam
Ecclesiam decorari volumus. Et ut amplissime pontificale decus præfulgeat, decrevimus
ut clerici ejusdem sanctæ Romanæ Ecclesiæ mappulis et linteaminibus, id est candidissimo colore decoratos equos equitent, et
sicut noster Senatus calceamentis utitur cum

tout cela afin que ce qui est du ciel soit paré, pour la gloire de Dieu, à l'égal de ce qui est de la terre. »

O doux Jésus ! tu ne répondras donc pas du sein des nuées à cet imbécile qui déroule ses phrases sans queue ni tête ? Tu ne tonneras donc pas ? Tu ne lanceras donc pas contre de pareils blasphèmes ta foudre vengeresse ? Tu supportes un tel opprobre dans ton troupeau ? Peux-tu entendre cela, voir cela et passer outre depuis tant d'années en détournant tes yeux complices ? Vraiment tu es patient et rempli de miséricorde ! Je crains toutefois que ta patience ne soit plutôt de la colère et

udonibus, id est candido linteamine, illustrentur ; et ita cœlestia sicut terrena ad laudem Dei decorentur. »

O Sancte Jesu, ad hunc sententias volventem sermonibus imperitis non respondebis de turbine ? Non tonabis ? Non in tantam blasphemiam ultricia fulmina jaculabere ? Tantumne probrum in tua familia sustines ? Hoc audire, hoc videre, hoc tamdiu conniventibus oculis præterire potes ? Sed patiens es et multæ misericordiæ. Vereor tamen ne patientia tua sit potius ira et condem-

n'implique condamnation, comme à l'égard de ceux dont tu as dit : *Je les ai envoyés dans le désir de leur cœur ils iront à leurs aventures;* et ailleurs : *Je les ai livrés au délire des sens, afin qu'ils fassent ce qui est défendu, parce qu'ils n'ont pas montré avoir connaissance de moi.* Fais, je t'en prie, Seigneur, que j'élève contre eux la voix, et peut-être se convertiront-ils.

O Pontifes Romains, quel exemple de tous les forfaits vous êtes aux autres pontifes! Détestables scribes et Pharisiens, qui êtes assis sur la chaire de Moïse et qui faites l'œuvre de Dathan et d'Abiron! Vous faut-il un tel luxe de vêtements,

natio, qualis in illos fuit de quibus dixisti : *Et dimisi eos in desiderium cordis eorum, ibunt in adinventionibus suis;* et alibi : *Tradidi eos in reprobum sensum ut faciant quæ non conveniunt, quia non probaverunt se habere notitiam mei.* Jube me, quæso, Domine, ut exclamem adversus eos, et forte convertentur.

O Romani Pontifices, exemplum facinorum omnium cæteris pontificibus! o improbissimi scribæ et Pharisæi qui sedetis super cathedram Moysi et opera Dathan et Abyron

un tel équipage de chevaux? La vie
d'un Empereur convient-elle en tout au
Vicaire du Christ? Quel rapport y a-t-il
entre un prêtre et César? Est-ce que
Sylvestre a revêtu ces riches habits, mar-
ché en cet appareil, vécu chez lui et régné au milieu de cette foule brillante
d'officiers? Misérables hommes, ils ne
comprennent pas que Sylvestre devait
prendre les vêtements d'Aaron, qui avait
été le grand-prêtre de Dieu, de préférence à ceux d'un Prince païen. Mais je
discuterai cela plus à fond tout à l'heure;
pour le moment, parlons des barbarismes de ce sycophante, dont l'impudent

facitis! Itane vestimenta apparatus, pompa
equitatus? Omnis denique vita Cæsaris Vicarium Christi decebit? Quæ communicatio
sacerdotis ad Cæsarem? Istane Sylvester vestimenta sibi induit, eo apparatu incessit, ea
celebritate ministrantium domi vixit atque
regnavit? Sceleratissimi homines, non intel-
ligunt Sylvestro magis vestes Aaron qui
summus Dei sacerdos fuerat, quam gentilis
Principis fuisse sumendas. Sed hæc quoque alias erunt exagitandæ vehementius.
Inpræsentiarum autem de barbarismo cum
hoc sycophanta loquamur cujus ex stulti-

mensonge se décèle comme à plaisir dans ce bavardage inepte.

« *Nous concédons* », dit-il « *le Palais de Latran de notre Empire.* » Comme le don d'un palais était fort mal placé dans une énumération d'ornements, il y revient une seconde fois, plus loin, à l'occasion de diverses autres largesses. « *De plus, le diadème...* » et, comme si ceux qui étaient là ne l'avaient pas sous les yeux, il explique qu'il entend par là sa couronne. A la vérité, il n'ajoute pas ici *en or*, mais plus loin, se répétant, il dit : « *en or très-pur et en pierreries précieuses.* » Il ne savait

loquio impudentissimum ejus patefecit sua sponte mendacium.

« *Tradimus,* » inquit, « *palatium Imperii nostri Lateranense...* » quasi male hoc loco inter ornamenta donum palatii posuisset, iterum postea ubi de donis agitur replicavit. « *Deinde diadema...* » et quasi illi non videant qui adsunt, interpretatur videlicet coronam. Verum hic non addidit *ex auro*, sed posterius easdem res inculcans inquit : « *ex auro purissimo et gemmis pretiosis.* »

pas, cet ignorant, que le diadème était en étoffe, peut-être en soie, d'où ce mot si vanté attribué à certain Roi à qui l'on offrait le diadème : avant de le poser sur sa tête, il le tint entre ses mains et le considéra longtemps, puis s'écria : « O » guenille, qui donnes plus d'éclat que de » bonheur! Si l'on savait au juste ce que » tu vaux, quelles inquiétudes, quels pé- » rils et quelles misères tu recèles, on ne » se baisserait seulement pas pour te ra- » masser par terre. » Notre homme n'a pu se l'imaginer autrement qu'en or, à l'instar de ce cercle d'or et de pierreries dont on couronne aujourd'hui les Rois. Mais Constantin n'était pas roi ; il n'aurait osé

Ignoravit homo imperitus diadema e panno esse aut fortassis ex serico; unde sapiens illud Regis dictum celebrari solet, quem ferunt traditum sibi diadema priusquam capiti imponeret retentum diu considerasse ac dixisse : « O nobilem magisquam felicem pan- » num! Quem si quis penitus cognosceret, » quam multis sollicitudinibus periculisque » et miseriis sis refertus, ne humi quidem » jacentem vellet tollere. » Iste non putavit illud nisi ex auro esse, cui circulus aureus nunc cum gemmis apponi a Regibus solet.

ni se faire appeller roi ni prendre un
ornement royal. Il était Empereur Romain; roi, non pas : où il y a un roi,
il n'y a plus de République et, au contraire, sous la République il y eut un
grand nombre d'*imperatores*, parfois plusieurs en même temps. Cicéron écrit
fréquemment : « M. Cicéron, *imperator*,
» à tel ou tel, *imperator*, salut. » Plus
tard, dans une acception particulière, le
chef de l'État, à Rome, reçut le nom
d'Empereur, en signe de souveraineté.

« *Et aussi le phrygium sans excepter
le superhuméral, c'est-à-dire la courroie
que l'Empereur porte d'ordinaire autour*

Verum non erat rex Constantinus, neque regem appellare, nec regio se ritu ornare
fuisset ausus. Imperator Romanus erat, non
rex : ubi rex est ibi Respublica non est,
at in Republica multi fuerunt etiam uno
tempore *imperatores*. Nam Cicero frequenter ita scribit : « M. Cicero, *imperator*, illi vel
» illi *imperatori*, salutem. » Licet postea peculiari nomine Romanus princeps, ut summus omnium Imperator appellaretur.

« *Simulque phrygium nec non et superhumerale, videlicet lorum quod Imperiale circumdare solet collum...* » Quis unquam

du cou... » Qui a jamais entendu dire *phrygium* en Latin ? Quand tu parles d'une façon barbare, prétends-tu nous donner le style de Constantin ou de Lactance ? Plaute, dans ses *Ménechmes*, s'est servi du mot *phrygion* pour désigner un tailleur d'habits ; mais *phrygium* (1), qu'est-ce que cela signifie ? Tu n'éclaircis pas ce qui est obscur et tu commentes ce qui est très-clair. Tu dis que le superhuméral est une courroie, mais tu ne dis pas ce que c'est que cette

phrygium Latine dici audivit ? Tu mihi dum barbare loqueris videri vis Constantini aut Lactantii esse sermonem ? Plautus, in *Menechmis*, *phrygionem* pro concinnatore vestium posuit ; *phrygium* vero quod significet ? Hoc non exponis quod obscurum, exponis quod est clarius. Superhumerale ais esse lorum, nec quid sit lorum tenes ; non enim cingulum ex corio factum, quod di-

―――――――

(1) Suger, *Vie de Louis VI, roi de France*, définit ainsi cet ornement impérial et pontifical : *Phrygium, ornamentum imperiale instar galeæ, circulo aureo concinnatum ;* « Phrygium, ornement impérial dans le genre du heaume, entouré d'un cercle d'or. »
(*Note du Traducteur.*)

courroie, car tu n'entends pas sans doute donner comme un ornement de col à César une sangle de cuir, ce qui est le sens propre du mot *lorum*, qui s'applique également aux rênes et aux lanières des fouets ; si quelquefois on dit *lora aurea*, cela ne peut s'entendre que de ces colliers ornés d'or dont ont entoure le cou des chevaux ou d'autres bêtes. Voilà ce qui t'a trompé, à mon sens, et lorsque tu veux entourer d'une courroie le col de César, et par suite de Sylvestre, d'un homme, d'un Empereur, d'un Pape, tu fais un cheval, un âne ou un chien.

« *Et encore le manteau de pourpre et*

citur lorum, sentis circumdari pro ornamento Cæsaris collum; hinc est quod habenas et verbera vocamus lora. Ac si quando dicantur lora aurea, non nisi de habenis quæ auratæ collum equi aut alterius pecudis circumdari assolent intelligi potest. Quæ te res, ut mea fert opinio, fefellit et cum loro circumdari collum Cæsaris itaque Sylvestri vis, de homine, de Imperatore, de Summo Pontifice equum, aut asinum, aut canem facis.

« *Verum et chlamydem purpuream atque*

la robe d'écarlate... » C'est parce que Matthieu a dit un manteau d'écarlate et Jean un vêtement de pourpre que notre homme a voulu les réunir ici tous les deux. Si l'écarlate et la pourpre sont une seule et même couleur, comme les Évangélistes l'indiquent, pourquoi ne t'es-tu pas contenté comme eux de nommer l'une ou l'autre, à moins que tu n'entendes par pourpre, comme le font aujourd'hui les ignorants, une espèce d'étoffe de soie de couleur blanche ? Le pourpre est un mollusque dont le sang sert à teindre la laine, et de la matière colorante le nom a passé à l'étoffe teinte, dont la nuance peut passer pour rouge quoiqu'elle soit

tunicam coccineam...; » quia Matthæus ait chlamydem coccineam, et Joannes vestem purpuream, utramque voluit hic eodem loco conjungere. Quod si idem color est, ut Evangelistæ significant, quid tu non fuisti contentus alterum nominasse, ut illi contenti fuerint, nisi accipis purpuram ut nunc imperiti loquuntur genus panni serici colore albo? Est autem purpura piscis cujus sanguine lana tingitur, ideoque a tinctura datum est nomen panno, cujus color pro rubeo accipi potest, licet sit magis nigricans

très-foncée, proche de la couleur du sang caillé et tirant sur le violet. Ainsi Homère et Virgile donnent l'épithète de couleur de pourpre au sang et même au marbre de porphyre, dont la teinte est très-semblable à celle de l'améthyste; les Grecs, en effet, n'ont qu'un mot pour dire pourpre et porphyre. Tu n'ignores peut-être pas qu'écarlate et rouge sont synonymes. Mais pourquoi dit-on *coccineum*, de *coccum*, et quelle sorte de vêtement est la chlamyde, je jurerais bien que tu n'en sais rien du tout. Aussi notre fourbe, de peur de se perdre en poursuivant plus au long l'énumération, l'achève d'un seul mot en disant : « *et tous les vêtements im-*

et proximus colori sanguinis concreti et quasi violaceus. Inde ab Homero atque Virgilio purpureus dicitur, sanguis et marmor porphyreticum cujus color est simillimus amethysto; Græci enim purpuram porphyram vocant. Coccineum pro rubro accipi forte non ignoras. Sed cur faciat coccineum, cum nos dicamus coccum, et chlamys quod genus sit vestimenti, jurarem te plane nescire. Atque ut ne se longius prosequendo singulas vestes mendacem perderet, uno

périaux. » Quoi ! Constantin donne même ceux dont il a coutume de s'habiller à la guerre, à la chasse, dans les festins, aux jeux ? Qu'y a-t-il de plus stupide que de présenter les accoutrements de l'Empereur comme convenables au Pape ?

Puis, comme il ajoute avec grace : « *Ou bien même la dignité de Maîtres de la cavalerie impériale !* » Ou bien même ! Il s'est mis en tête de donner à choisir entre deux choses qui n'ont pas le moindre rapport, et il passe de la garde-robe de l'Empereur à une dignité militaire, sans rime ni raison. Il veut nous dire des choses extraordinaires,

simul verbo complexus est dicens : *omnia imperialia indumenta.* Quid, etiamne illa quibus in bello, quibus in venatione, quibus in conviviis, quibus in ludis amiciri solet ? Quid stultius quam Cæsaris indumenta dicere convenire Pontifici !

Sed quam lepide addit : « *Seu etiam dignitatem imperialium Præsidentium equitum !* » *Seu,* inquit. Distinguere hæc duo invicem voluit, quasi multum habeant inter se similitudinis, et de imperatorio habitu ad equestrem dignitatem dilabitur, nescio quid

mais il a peur d'être pris en flagrante imposture et, gonflant ses joues, renflant sa gorge, il lâche des mots dépourvus de sens. « *Nous leur donnons aussi les sceptres impériaux...* » Quelle tournure de phrase! quelle clarté! quel ordre! Et qu'est-ce que ces sceptres impériaux? Il y a un sceptre, il n'y en a pas plusieurs, si toutefois l'Empereur portait un sceptre. Est-ce un motif pour que le Pape en porte un? Pourquoi pas aussi l'épée, le casque et le javelot? « *Ensemble tous les insignes et bannières...* » Qu'est-ce que tu entends par insignes? *Signa* veut dire ou effigies (nous lisons ensemble, souvent,

loquens. Mira quidem effari vult, sed deprehendi in mendacio timet, eoque inflatis buccis et turgido gutture dat sine mente sonum. « *Conferentes ei etiam imperialia sceptra...* » Quæ structura orationis! Qui nitor! Quis ordo! Quænam sunt sceptra illa imperialia? Unum est sceptrum, non plura, si modo sceptrum gerebat Imperator. Num et Pontifex sceptrum manu gestabit? Cur non ei dabimus et ensem et galeam et jaculum? « *Simulque cuncta signa atque banna...* » Quid tu signa accipis? *Signa* sunt aut statuæ (una frequenter legimus *signa et*

signa et tabulas pour sculptures et peintures; les anciens, en effet, ne peignaient pas sur les murailles, mais sur des tables de bois), ou bien étendards, comme dans cet hémistiche :

Signa, pares aquilas...

Par dérivation du premier sens, on donne le nom de sceaux à de petites figures, à des empreintes en relief. Sont-ce des effigies ou ses propres aigles que Constantin donnait à Sylvestre ? Quoi de plus absurde ! Mais les bannières, ce qu'il entend par là, je n'en sais rien. Dieu te confonde, scélérat, qui prêtes un style

---

tabulas pro sculpturis aut picturis; prisci enim non parietibus pingebant, sed in tabulis) aut vexilla, unde illud

Signa, pares aquilas...

A priori significato, sigilla dicuntur parvæ statuæ atque sculpturæ. Num ergo statuas aut aquilas suas Sylvestro dabat Constantinus ? Quid hoc absurdius ? At banna quid sibi velit, non invenio. Deus te perdat, improbissime mortalium qui sermonem barbarum attribuis sæculo erudito ! « *Et*

barbare à un siècle savant. « *Et les divers ornements impériaux.* » Puisqu'il avait dit « *les bannières* », je pensais qu'il s'était exprimé assez clairement, et voici qu'il englobe tout le reste dans une proposition générale. Il nous rabâche perpétuellement le mot « impérial », comme si l'Empereur avait des ornements particuliers, autres que ceux du consul, du dictateur ou du César. « *Et tout l'appareil du faîte impérial et toute la gloire de notre puissance.* »

Il lâche des ampoules et des mots longs de six pieds :
Darius, le Roi des Rois et l'allié des Dieux...

diversa ornamenta imperialia... » Quia dixit « *banna* » satis putabam significatum esse, et ideo cætera sub verbo universali concludit. Et quam frequenter inculcat « impe- » rialia » quasi propria quædam sint ornamenta Imperatoris magisquam consulis, quam dictatoris, quam Cæsaris ! « *Et omnem* » *processionem imperialis culminis, et glo-* » *riam potestatis nostræ...* »

Projicit ampullas et sesquipedalia verba :
Rex Regum Darius consanguineusque Deorum.

Tu ne parles jamais qu'au pluriel. Qu'est-ce que cet appareil impérial ? Celui du concombre qui s'allonge dans l'herbe et prend du ventre. Tu crois sans doute que l'Empereur marchait triomphalement toutes les fois qu'il sortait de chez lui, comme le Pape fait maintenant, précédé de chevaux blancs, harnachés et caparaçonnés, que tiennent en main des laquais : ce qui, pour taire bien d'autres sottises, est d'ailleurs la chose la plus vaine et la moins convenable au Pontife Romain.

De plus, qu'est-ce que cette gloire dont tu parles ? Un Latin aurait-il appelé gloire la splendeur en question,

Nunquam nisi numero plurali loqueris. Quæ est ista processio imperialis ? Cucumeris per herbam torti et crescentis in ventrem. Triumphasse existimas Cæsarem quoties domo prodibat, ut nunc solet Papa, præcedentibus albis equis quos stratos ornatosque famuli dextrant, quo, ut taceam alias ineptias, nihil est vanius nihilque a Pontifice Romano alienus.

Quæ etiam ista gloria est ? Gloriamne, ut Hebrææ linguæ mos est, pompas et apparatus, illum splendorem homo Latinus

comme il est d'usage dans la langue Hébraïque, pour dire la pompe, la magnificence ? Il en est de même du mot milice pour désigner les soldats, mot emprunté par nous aux Juifs, dans les livres desquels ni Constantin ni ses scribes n'avaient jamais mis le nez. Et quelle est ta prodigalité, Empereur ! Tu ne te contentes pas d'habiller superbement le Pape, tu veux habiller de même tout le clergé, et, pour comble singulier de puissance et de prééminence, faire de tous ses membres autant de patriciens et de consuls ! Qui a jamais entendu dire que l'on créât patriciens des sénateurs ou tous autres particuliers ? On crée des consuls, non des patriciens ; les séna-

appellasset? Ut illud quoque militiam pro milites quod ab Hebræis sumus mutuati, quorum libros Constantinus aut sui scribæ nunquam aspexerant. Verum, quanta est magnificentia tua, Imperator, qui non satis habes ornasse Pontificem nisi ornes et omnem clerum? Culmen singularis potentiæ et præcellentiæ, ais effici patricios et consules ! Quis audivit senatores aliosve homines effici patricios? Consules efficiuntur non patricii; ex domo vel patricia, quæ

teurs, les Pères conscrits, peuvent sortir soit d'une famille patricienne, ou sénatoriale, ce qui est la même chose, soit de l'ordre équestre, soit d'une famille plébéienne, et un sénateur est plus qu'un patricien. Le sénateur est un des conseillers choisis pour administrer la République, et le patricien est tout simplement un homme issu d'une famille sénatoriale. Ainsi donc, celui qui est sénateur ou l'un des Pères conscrits, n'est pas du même coup patricien ; les Romains d'aujourd'hui nomment tout aussi ridiculement sénateur leur gouverneur (1) : un homme

eadem senatoria dicitur, siquidem senatores, Patres Conscripti sunt, vel ex equestri, vel ex plebeia, plusque est senatorem quam patricium esse. Nam senator est unus e delectis consiliariis Reipublicæ, patricius vero qui e domo senatoria ortum ducit. Ita qui senator, aut ex Patribus Conscriptis, non protinus et patricius est, ridiculeque Romani mei hoc faciunt qui prætorem suum senatorem vocant, cum neque Senatus ex uno

---

(1). En 1114, Rome s'étant de nouveau érigée en république, fit revivre son ancien Sénat. Lucius II voulut le détruire ; il monta bravement à

ne fait pas à lui seul un Sénat, et tout sénateur a nécessairement des collègues ; or, celui qu'on appelle ainsi remplit les fonctions de gouverneur.

— Mais, diras-tu, il est question dans beaucoup de livres de la dignité de patrice. — Oui, dans les livres qui parlent de temps postérieurs à Constantin ; donc

homine constare possit, necesseque sit senatorem habere collegas, et is, qui senator nunc dicitur, fungatur officio prætoris.

— At dignitas patriciatus in multis libris invenitur, inquies. — Audio ; sed in his qui de temporibus post Constantinum loquuntur,

l'assaut du Capitole où les sénateurs s'étaient retranchés, et mourut d'une pierre lancée, qui lui tomba sur la tête. Arnaud de Brescia, durant son règne éphémère, donna quelque force à ce Sénat, qui était alors composé de cinquante-six membres. Ce corps fut remplacé, sous Célestin III, par un magistrat unique, qui garda le nom de sénateur. On conférait ce titre, tout honorifique, à un simple particulier, à un prince, quelquefois au Pape. Pour plus de sûreté, Innocent III prit le parti de le nommer lui-même (1193). C'était un magistrat annuel ; en dernier lieu, il était chargé de la sûreté personnelle du Pape et des Cardinaux. Cette institution bizarre subsista longtemps encore après Laurent Valla.

(Note du Traducteur.)

le privilège en question a été confectionné après Constantin. De plus, jamais prêtres ne peuvent être patrices ou consuls. Les prêtres Latins se sont interdit le mariage et ils deviendraient consuls? après avoir levé des troupes, ils se rendraient à la tête des légions et des auxiliaires dans les provinces que le sort leur aurait désignées? Est-ce un cortège de subordonnés et de valets qui distingue les consuls, ou sont-ce les insignes militaires? Il n'y aurait plus seulement deux consuls, comme d'ordinaire, puisqu'on les compte par centaines et par milliers ceux qui servent l'Église, et qu'ils seraient tous revêtus de la dignité impériale. Bonne bête que j'étais, j'admirais qu'un

---

ergo post Constantinum privilegium confectum est. Sed nunquam clerici fieri patricii aut consules possunt. Conjugio sibi interdixere Latini clerici, et consules fient, habitoque delectu militum cum legionibus et auxiliis in provincias quas sortiti fuerint se conferent? Ministrine et servi consules faciunt aut militaria ornamenta? Nec bini, ut solebat, sed centeni et milleni ministri, qui Romanæ Ecclesiæ servient, dignitate afficientur imperatoria. Et ego stolidus mirabar

Pape fût censé empereur : tous les prêtres seront autant d'empereurs, et les clercs autant de soldats ! Vraiment les clercs seront-ils tous soldats ? porteront-ils l'habit militaire ? à moins que vous n'aimiez mieux partager entre eux tous les insignes impériaux. Je ne sais, en effet, ce que tu veux dire ; qui ne s'aperçoit que cette fable a été inventée par des gens dont l'ambition était de porter à eux seuls toutes sortes de costumes ? A mon avis, si les démons qui peuplent l'air s'amusent à quelque jeu, ils doivent se plaire à singer les manières, le faste, le luxe du clergé, et bien rire de cette espèce de mascarade !

quod Papa effici diceretur : ministri imperatores erunt, clerici vero milites ; militesne clerici fient aut militaria ornamenta gestabunt ? nisi imperialia ornamenta universis clericis nostris impertis. Nam nescio quid dicas, et quis non videt hanc fabulam ab his excogitatam esse qui sibi omnem vestiendi licentiam esse voluerunt ? Ut existimem, si qua inter dæmones qui aerem incolunt ludorumque genera exercentur, eos exprimendo clericorum cultu, fastu, luxu exerceri, et hoc scenici lusus genere maxime delectari.

Poursuivrai-je plus au long l'examen
de l'ineptie des idées ou de celle des
mots? L'ineptie des idées, vous venez de
la voir; celle des mots, jugez-en. Il parle
de ce qui *semble faire* l'ornement du
Sénat, comme si le prestige du Sénat
n'était pas réel, il veut même l'orner de
gloire; ce qui s'accomplit actuellement,
il le donne comme déjà accompli; il dit
Nous avons promulgué pour *Nous promulguons*. La phrase lui semble mieux sonner
de cette manière, et il met la même chose
au présent et au passé, comme ces *Nous
avons décrété* et *Nous décrétons;* il farcit
chaque ligne de ces termes : *Nous avons
décrété, Nous décrétons, impérial,* puis-

Utrum magis insequar, sententiarum an
verborum stoliditatem? Sententiarum audistis; verborum hæc est, ut dicat Senatum
videri adornari, quasi non utique adornetur,
et quidem adornari gloria; et quod fit
factum esse velit, ut *promulgavimus* pro *promulgamus :* illo enim modo sonat jocundius
oratio; et eamdem rem per præsens et per
præteritum enunciet, velut *decrevimus et decernimus;* et omnia sint referta his vocibus:
decrevimus, decernimus, imperialis, imperatoria potentia, gloria; et *exstat* pro *est*

sance impériale, gloire; il emploie *exstat* au lieu de *est*, quoique *exstare* signifie dépasser, dominer, et *nempe* au lieu de *scilicet*, et *concubins* au lieu de *camériers* (1). Des concubins sont des gens qui couchent et font l'amour ensemble ; c'est sans doute de mignons qu'il s'agit ici. Il ajoute : *avec qui il dorme*, crainte sans doute des fantômes nocturnes ; il ajoute des chambellans, des huissiers, et ce n'est pas de peu d'importance, car il en fait soigneusement l'énumération. Constantin s'adresse probable-

posuerit, cum *exstare* sit supereminere vel superesse, et *nempe* pro *scilicet*, et *concubitores* pro *contubernales*. Concubitores sunt qui concumbunt et coeunt, nimirum scorta intelligenda sunt. Addit *cum quibus dormiat*, ne timeat, opinor, nocturna fantasmata ; addit cubicularios, addit ostiarios ; non otiosum est, quare hæc ab eo minuta referuntur. Pupillum instituit aut adolescentem

(1) Il est probable que le mot *concubitores* a été mis par le faussaire à la place de *excubitores*, gardes ; il est ainsi corrigé dans quelques éditions du Décret de Gratien et dans le texte que donne la Collection des Conciles, de Labbe.
(*Note du Traducteur.*)

ment non à un vieillard, mais à un pupille, à quelque fils encore adolescent; comme le plus aimant des pères, il prévoit tout ce dont cet âge si tendre a besoin : ainsi fit David pour Salomon. Et pour que l'imposture soit complète, de point en point, on donne des chevaux aux prêtres, de peur sans doute qu'ils montent des ânesses, à l'humble mode du Christ. On les leur donne, ces chevaux, non pas enveloppés ou caparaçonnés de couvertures blanches, mais ornés de blancheur! Et de quelles espèces de couvertures s'agit-il? Sont-ce des housses, des tapis, ou tous autres harnachements du même genre? Non; ce sont des nappes et des draps! Les nappes se mettent sur

filium, non senem, cui omnia quibus necesse habet tenera ætas ipse velut amantissimus pater præparat, ut David Salomoni fecit. Atque ut per omnes numeros fabula impleatur, dantur clericis equi, ne asinario illo Christi more super asellas sedeant. Et dantur non operti sive instrati operimentis coloris albi, sed decorati colore albo. At quibus operimentis? Non stragulis, non Babylonicis aut quo alio genere, sed mappulis et linteaminibus! Mappæ ad mensam perti-

la table, les draps au lit. Encore a-t-il peur qu'on se méprenne, et il en spécifie la couleur : « *d'une éclatante blancheur,* » dit-il. Quel style digne de Constantin, quelle élégance Lactantienne ! Et le : *qu'ils chevauchent des chevaux,* cela vaut le reste. N'ayant pas dit un mot des vêtements sénatoriaux, rien du laticlave, rien de la pourpre ni de tout le reste, voici qu'il juge à propos de parler des chaussures : et ces chaussures il les appelle, non des souliers au croissant d'or (1), des *lunules,* mais des *udones,* terme qu'à

nent, linteamina ad lectulos; et quasi dubium sit cujus sint hæc coloris, interpretatur : id est *candidissimo colore.* Dignus Constantino sermo, digna Lactantio facundia ! Cum in cæteris, tum vero in illo *equos equitent;* et cum de vestitu senatorum nihil dixerit, non de laticlavo, non de purpura, non de cæteris, de calceamentis sibi loquendum putavit,

(1) Ce croissant d'or, *lunula,* était une boucle en forme de C, destinée à marquer, dit-on, que les premiers sénateurs étaient au nombre de cent. La chaussure des sénateurs était noire.

(*Note du Traducteur.*)

son ordinaire il explique en ajoutant :
« *c'est-à-dire des chaussures d'étoffe
blanche,* » comme si les *udones* étaient en
étoffe. Il ne me vient pas à l'esprit, pour
le moment, d'autre passage où il soit
question d'*udones* que celui de Martial,
dans ce distique intitulé *Udones de Cilicie* :

Ne les a pas fournis la laine, mais le poil du bouc
   odorant :
  Ton pied pourra être à l'aise dans ce golfe Lybique.

Donc les *udones* n'étaient ni en étoffe,
ni blancs, et cet âne à deux pieds ne se
contente pas d'en chausser les Sénateurs,

nec lunulas appellavit sed udones, *sive cum
udonibus,* quos, ut solet, homo ineptus exponit: *id est candido linteamine,* quasi udones
linteamen sint. Non occurrit inpræsentiarum ubi reperirem *udones,* nisi apud
Martialem Valerium cujus distichon quod
inscribitur *Udones Cilicii* hoc est :

  Non hos lana dedit, sed olentis barba mariti :
    Cinyphio poterit planta latere sinu.

Ergo non linei utique nec candidi sunt
udones, quibus hic bipes asellus non cal-

il veut les en décorer! Puis, lorsque tu ajoutes : « *Afin que ce qui est du ciel soit paré, pour la gloire de Dieu, à l'égal de ce qui est de la terre...* » qu'entends-tu par ce qui est du ciel et ce qui est de la terre? Comment ce qui est du ciel peut-il être paré? En quoi vois-tu là-dedans la gloire de Dieu? Pour moi, ou je me trompe fort ou il n'y a rien de plus abominable, à Dieu comme aux hommes, qu'une telle ingérence du clergé dans les choses du siècle.

Mais pourquoi m'emporter à propos de détails? Une journée ou plutôt ma vie entière ne suffirait point, je ne dis

ceari pedes Senatorum ait, sed Senatores illustrari. Atque per hoc : *Et ita cœlestia sicut terrena ad laudem Dei decorentur...*, quæ tu cœlestia vocas, quæ terrena? Quomodo cœlestia decorantur? Quæ autem Deo laus ista tu videris? Ego vero, si qua mihi fides est, nihil puto nec Deo nec cæteris hominibus magis esse invisum quam tantum clericorum in rebus sæcularibus licentiam.

Verum, quid ego in singula impetum facio? Dies me deficiet, alias deficient, si

pas à détailler, mais à exposer le tout. « ... *En outre, à l'exclusion de tous autres, Nous avons accordé au bienheureux Sylvestre et à ses successeurs la permission, par notre indict, de clergifier et dénombrer dans le religieux nombre des clercs quiconque, de ferme dessein, il lui plaira vouloir, sans que nul soit assez osé pour l'accuser d'agir présomptueusement...* » Qui donc est ce Melchisédech qui s'arroge le droit de bénir le patriarche Abraham ? Constantin, à peine fait Chrétien, accorde la permission de créer des prêtres à celui dont il vient de recevoir le baptême et qu'il traite de bienheureux ? Sylvestre, apparemment,

universa non dico amplificare sed attingere velim. « *Præ omnibus autem licentiam tribuimus beato Sylvestro et successoribus ejus ex nostro indicto, ut quem placatus consilio proprio clericare voluerit, et in religioso numero clericorum connumerare, nullus ex omnibus præsumat superbe agere...* » Quis est hic Melchisedech qui patriarcham Abraham benedicit ? Constantinusne, vix Christianus, facultatem ei a quo baptizatus est et quem beatum appellat tribuit clericandi ? Quasi prius nec fecisset

n'en avait jamais encore créé, ne possédait pas le droit d'en créer! Et par quelles peines comminatoires défend-il que l'on y mette obstacle? « *Que nul ne l'accuse d'agir présomptueusement,* » dit-il. Et quelle élégance! *dénombrer dans le religieux nombre des clercs, clergifier des clercs, indict, plaira vouloir!*

Maintenant, le voici qui revient au diadème : « *... Nous avons de plus décrété ceci, que lui-même et ses successeurs dussent, en l'honneur du bienheureux Pierre, jouir du diadème, c'est-à-dire de la couronne que nous ôtons de notre tête pour la lui concéder, d'or très-pur et de pierreries précieuses...* » Il lui faut en-

hoc Sylvester nec facere potuisset. Et qua comminatione vetuit ne quis impedimento esset? *Nullus ex omnibus præsumat superbe agere!* Qua etiam elegantia : *connumerare in numero religioso religiosorum, clericare clericorum* et *indicto* et *placatus!*

Atque iterum ad diadema revertitur: « *..... Decrevimus itaque et hoc, ut ipse et successores ejus diademate videlicet corona, quam ex capite nostro illi concessimus, ex auro purissimo et gemmis pretiosis, uti debeant,*

core expliquer ce que c'est qu'un diadème ; il parlait sans doute à des Barbares, à des gens bien oublieux. Il ajoute : « *d'or très-pur,* » comme s'il avait peur qu'on ne le crût en cuivre ou plein d'alliage, et, après avoir dit de *pierreries,* il ajoute *précieuses,* dans le même but, crainte qu'on ne les soupçonne d'être de viles pierreries. Alors, pourquoi ne dit-il pas *très-précieuses* de même qu'il a cru devoir dire *d'or très-pur ?* C'est bien plus important, car s'il y a pierreries et pierreries, l'or est toujours de l'or ; il aurait aussi dû dire *ornée de pierreries,* et il dit *une couronne de pierreries !* Qui ne voit que la phrase est imitée de ce passage

---

pro honore beati Petri. » Iterum interpretatur diadema ; cum Barbaris enim et obliviosis loquebatur. Et adjicit *de auro purissimo,* ne forte aliquid æris aut scoriæ crederes admixtum ; et *gemmis* cum dixit addidit *pretiosis,* eodem timore, ne viles forsitan suspicareris. Cur tamen non *pretiosissimas,* quemadmodum *aurum purissimum?* Plus namque interest inter gemmam et gemmam quam inter aurum et aurum. Et cum dicere debuisset *distinctum gemmis,* dixit etiam *gemmis.* Quis non vidit ex eo loco sump-

que l'Empereur païen n'avait jamais lu : *Tu as posé sur sa tête la couronne de pierres précieuses ?* L'Empereur aurait pu parler de la sorte pour relever le prix de sa couronne, si toutefois les Empereurs Romains étaient couronnés ; mais c'eût été se faire outrage à lui-même, et avouer qu'on ne croirait pas qu'il portât une couronne de l'or le plus pur et enchâssée de pierreries s'il ne l'affirmait. Et voyez le motif qui le fait ainsi parler : *c'est en l'honneur du bienheureux Pierre!* Comme si le Christ n'était pas la suprême pierre angulaire sur laquelle est bâtie l'Église, et que ce fût Pierre, qui ne l'a été qu'en second. Mais si Con-

tum, quem Princeps gentilis non legerat : *Posuisti in capite ejus coronam de lapide pretioso ?* Sic locutus esset Cæsar vanitate quadam coronæ suæ jactandæ, si modo Cæsares coronabantur, in se ipsum contumeliosus, qui vereretur ne homines opinarentur eum non gestare coronam ex auro purissimo cum gemmis pretiosis, nisi indicasset. Accipe causam cur sic loquitur : *Pro honore beati Petri!* Quasi Christus non sit summus angularis lapis in quo templum Ecclesiæ constructum est, sed Petrus, quod iterum

stantin voulait tant honorer Pierre, pourquoi n'est-ce pas à lui plutôt qu'à Jean-Baptiste qu'il a dédié une église à Rome ?

Et que de barbarismes ! N'attestent-ils pas que cette rapsodie a été confectionnée, non au temps de Constantin, mais bien après lui ? *Nous avons décrété qu'ils dussent jouir* au lieu de *Nous avons décrété qu'ils jouissent;* de même aujourd'hui les illettrés disent ou écrivent à tort, communément : *J'ai mandé que vous dussiez venir*, au lieu de : *Je vous ai mandé de venir*. Et toujours : *Nous avons décrété, Nous avons concédé !* comme si cela ne se passait pas à l'instant et datait déjà d'une époque antérieure !

---

postea facit. Quem si tantopere venerari volebat, cur non templum illi potiusquam Joanni-Baptistæ Romæ dicavit ?

Quid, illa loquendi barbaries, nonne testatur non sæculo Constantini sed posteriori cantilenam hanc esse confectam ? *Decrevimus quam uti debeant* pro eo quod est *decrevimus ut utantur*; sic nunc barbari homines vulgo loquuntur et scribunt : *Jussi quod deberes venire* pro eo quod est : *Jussi ut venires*. Et *decrevimus* et *concessimus*, quasi non tunc fiant, sed alio quodam tempore facta sint.

« ... *Mais le bienheureux Pape, par-dessus la couronne de prêtrise qu'il porte, à la gloire du très-bienheureux Pierre, n'a pas voulu poser cette couronne d'or...* » Bizarre folie que la tienne, Constantin ! Tu prétendais tout à l'heure lui mettre la couronne sur la tête, en l'honneur du bienheureux Pierre ; tu dis maintenant que tu ne la lui mets point, parce que Sylvestre la refuse ; et tout en excusant son refus, tu lui ordonnes pourtant de la prendre, cette couronne d'or ; ce qu'il a cru devoir repousser, tu prétends que ses successeurs l'acceptent. Je ne veux pas remarquer que tu appelles la tonsure une couronne, et que tu donnes

« ... *Ipse vero beatus Papa super coronam clericatus, quam gerit ad gloriam beatissimi Petri, ipsa ex auro non est passus uti corona.* » O tuam singularem stultitiam, Constantine ! Modo dicebas coronam super caput Papæ ad honorem facere beati Petri, nunc ais non facere, quia Sylvester illam recusat ; et cum factum recusantis probes, jubes tamen eum aurea uti corona ; et quod hic non debere se agere existimavit, id tu ipsius successores dicis agere debere ! Transeo quod rasuram coronam vocas et Papam Pon-

au Pontife Romain le titre de Pape, titre qui ne lui était pas encore spécialement donné à cette époque.

« ... *Mais Nous avons de nos mains placé sur son très-saint chef le phrygium resplendissant de la plus éclatante blancheur et retraçant la résurrection du Seigneur; puis, tenant la bride de son cheval, par révérence pour le bienheureux Pierre, Nous avons publiquement rempli pour lui l'office d'écuyer, ordonnant que tous ses successeurs usassent particulièrement de ce phrygium dans les processions, à l'instar de notre Empire...* » N'est-il pas évident que l'auteur de cette imposture

tificem Romanum, qui nondum peculiariter sic appellari erat cœptus.

« ... *Phrygium vero candidissimo nitore splendidum, resurrectionem Dominicam designans, ejus sacratissimo vertice manibus nostris imposuimus, et tenentes frœnum equi pro reverentia beati Petri stratoris officium illi exhibuimus, statuentes eodem phrygio omnes ejus successores singulariter in processionibus uti ad Imperii nostri imitationem...* » Nonne videtur hic auctor fabu-

ment non par maladresse, mais de propos
délibéré, à plaisir, pour donner prise de
tous côtés à la critique ? Dans la même
phrase, il dit que sur ce phrygium est
représentée la résurrection du Seigneur
et qu'il faut le porter à l'instar de l'Empire, deux choses des plus contradictoires ! J'en prends Dieu à témoin, je
ne trouve pas de termes, d'injures assez
atroces pour accabler cet exécrable
fourbe. Il ne vomit que des phrases
pleines de sottises. Il ne se contente pas
de donner à Constantin le rôle de Moïse,
qui sur l'ordre de Dieu, honora de la
sorte le grand-prêtre, il lui fait expliquer

læ non per imprudentiam sed consulto et
dedita opera prævicari et undique ansas ad
se reprehendendum præbere ? In eodem loco
ait phrygio et Dominicam resurrectionem
repræsentari et Imperii Cæsarii esse imitationem, quæ dua inter se maxime discrepant.
Deum testor, non invenio quibus verbis,
qua verborum atrocitate confodiam hunc
perditissimum nebulonem. Ita omnia verba
plena insaniæ evomit. Constantinum non
tantum officio similem Moysi, qui summum
sacerdotem jussu Dei ornavit, sed secreta
ministeria facit exponentem, quod difficili-

les fonctions du saint ministère, ce qui est très-difficile même à ceux qui ont pâli sur les Écritures. Que n'as-tu fait Constantin Souverain Pontife, comme l'ont été nombre d'Empereurs, pour qu'il lui fût plus facile de transmettre ses ornements à l'autre Souverain Pontife ? Mais tu ignorais l'histoire. Vraiment je remercie Dieu de n'avoir pas permis que cette criminelle supercherie vînt à l'esprit de tout autre que du plus stupide des hommes, comme le reste le prouve. Oui, sans doute, il voulut que Moïse tînt par la bride, remplissant le rôle d'écuyer, le cheval d'Aaron, mais c'était en face des

mum est his qui diu in sacris libris sunt versati. Cur non fecisti etiam Constantinum Pontificem Maximum, ut multi Imperatores fuerunt, ut commodius sua ornamenta in alterum Summum Pontificem transferrentur? Sed nescisti historias. Ago itaque Deo etiam hoc nomine gratias, qui istam nefandissimam mentem non nisi in stultissimum hominem cadere permisit, quod etiam posteriora declarant. Namque Aaron sedenti in equo inducit Moysen dextratoris exhibuisse officium, et hoc non per medium Israël, sed per Chananæos atque Ægyptios, id est per

Chananéens et des Égyptiens, au milieu d'une cité païenne ; il s'agissait moins alors de l'empire du monde que de celui des démons et de peuples adorant les démons.

« ... *C'est pourquoi, afin que le faîte pontifical ne soit point avili, mais bien honoré au-dessus de la dignité, de la gloire et de la puissance de l'Empire terrestre, voici que Nous livrons et délaissons tant notre palais que la ville de Rome et toutes les provinces, localités et cités de l'Italie ou des régions occidentales au bienheureux Sylvestre, Pontife et Pape universel, pour que par lui et ses succes-*

infidelem civitatem ubi non tam imperium erat orbis terrarum quam dæmonum et dæmones colentium populorum.

« ... *Unde ut pontificalis apex non vilescat sed magisquam Imperii terreni dignitas, gloria et potentia decoretur, ecce tam palatium nostrum, quam Romanam urbem et omnes Italiæ sive Occidentalium regionum provincias, loca, civitates beatissimo Pontifici et universali Papæ Sylvestro tradimus atque relinquimus, ut ab eo et a successoribus ejus per*

seurs, *ainsi que Nous l'avons décrété par constitution pragmatique, il en soit disposé, et qu'elles restent sous l'autorité de la sainte Église Romaine...* » J'ai déjà longuement disserté là-dessus dans les discours que j'ai prêtés aux Romains et à Sylvestre. Je me contenterai de dire ici que personne ne serait assez fou pour englober tant de peuples, ou pour mieux dire tous les peuples, dans une seule phrase d'une donation ; qu'il est bizarre qu'un homme, après avoir plus haut détaillé si minutieusement la courroie, les chaussures, les housses des chevaux, n'énumère pas nominativement des provinces, ne dise pas un à un quels Rois ou quels Princes égaux des Rois les déte-

pragmaticum constitutum decrevimus disponenda atque juri Sanctæ Ecclesiæ Romanæ permanenda... » De hoc in oratione Romanorum atque Sylvestri multa disseruimus. Hujus loci est ut dicamus neminem fuisse facturum ut tot nationes uno cunctas Donationis verbo involveret, et qui minutissima quæque superius est exsequutus, lorum, calceos, linteamina equorum, non referret nominatim provincias quarum singule nunc singulos Reges aut Principes Regibus pares ha-

naient alors. Mais ce faussaire ignorait sans doute quelles provinces étaient ou n'étaient pas au pouvoir de Constantin. A la mort d'Alexandre, nous voyons les provinces énumérées une à une, dans le partage que firent ses généraux ; Xénophon cite nominativement les pays et les Princes qui de gré ou de force se soumirent à Cyrus ; Homère ne se contente pas de nommer les rois Grecs et Barbares, il fait connaître leur filiation, leur patrie, leurs mœurs, leur vigueur, leur beauté corporelle, le nombre de leurs navires et opère presque le dénombrement de leurs soldats. Son exemple a été suivi tant par beaucoup de Grecs que

bent; sed ignoravit videlicet hic falsator quæ provinciæ sub Constantino erant, quæ non erant. Alexandro exstincto videmus singulas regiones in ducum partitione numeratas; a Xenophonte terras Principesque nominatos, qui vel ultro vel armis sub imperio Cyri fuerunt; ab Homero Græcorum Barbarorumque regum nomen, genus, patriam, mores, vires, pulchritudinem, numerum navium et prope numerum militum catalogo comprehensum. Cujus exemplum cum multi Græci, tum vero nostri Latini

par nos anciens auteurs Latins, Ennius, Virgile, Lucain, Stace et bien d'autres. Josué et Moïse, dans le partage de la Terre promise, ont décrit les moindres bourgades. Toi, tu ne prends pas la peine d'énumérer des provinces; tu dis tout simplement : les provinces occidentales! Où sont les frontières de l'Occident? où commencent-elles? où finissent-elles? Les limites de l'Occident et de l'Orient, du Midi et du Septentrion sont-elles aussi certaines, aussi fixes que celles de l'Asie, de l'Afrique, de l'Europe? Tu négliges les définitions indispensables et tu en fais d'inutiles. Tu dis : *les provinces, localités et cités;* est-ce

Ennius, Virgilius, Lucanus, Statius aliique nonnulli imitati sunt. A Josue et Moyse in divisione Terræ promissionis viculos quoque universos fuisse descriptos. Et tu gravaris etiam provincias recensere, occidentales tantum provincias nominas; quæ sunt fines Occidentis, ubi incipiunt, ubi desinunt? Num ita certi constitutique sunt termini Occidentis et Orientis Meridieique et Septentrionis ut Asiæ, Africæ, Europæ? Necessaria verba subtrahis, ingeris supervacua. Dicis : *provincias, loca, civitates;* nonne et

que les provinces et les cités ne sont pas des localités? Après avoir dit *les provinces* tu ajoutes *les cités,* comme si les unes n'étaient pas comprises dans les autres. Pourtant, il ne faut pas trop s'ébahir de ce qu'un homme qui aliénait une si considérable partie du monde ait omis les noms des villes, des provinces, et, comme frappé de stupeur, en ait oublié jusqu'à sa langue. Tu lui fais dire : *de l'Italie ou des régions occidentales,* comme s'il donnait soit les unes, soit les autres, lui qui entend donner les unes et les autres, et tu dis *les provinces des régions* au lieu de : *les régions des provinces* et *permanenda* pour *permansura.*

provinciæ et urbes loca sunt? Et cum dixeris provincias subjungis civitates, quasi hæ sub illis non intelligantur. Sed non est mirum qui tantam orbis terrarum partem a se alienare, eumdem urbium, provinciarum nomina præterire et quasi lethargo oppressum quid loquatur ignorare : *Italiæ sive occidentalium regionum,* tanquam aut hoc aut illud, cum tamen utrumque intelligat, appellans *provincias regionum* cum sint potius *regiones provinciarum* et *permanenda* dicens pro *permansura.*

« ... C'est pourquoi nous avons jugé convenable de transférer notre Empire et la royale puissance aux régions orientales, et en un très-bon endroit de la province de Byzance d'édifier une cité de notre nom et d'y établir notre Empire ; car il n'est pas juste que là où le Prince des prêtres et le chef de la religion Chrétienne est établi par l'Empereur céleste, un Empereur terrestre garde le pouvoir... » Passons sur ce qu'il dit *édifier une cité ;* on édifie des villes, non pas des cités ou des provinces. Si tu es véritablement Constantin, dis-nous donc le motif pour lequel tu as choisi cet endroit plutôt qu'un autre pour y bâtir une ville.

« ... *Unde congruum perspeximus nostrum Imperium et regiam potestatem orientalibus transferri regionibus, et in Byzantiæ provinciæ optimo loco nomini nostro civitatem ædificari, et illic nostrum constitui Imperium ; quoniam ubi sacerdotum principatus et Christianæ religionis caput ab Imperatore cœlesti est constitutum, non est justum ut illic potestatem habeat terrenus Imperator...* » Taceo quod dixit *civitatem ædificari,* cum urbes ædificentur non civitates et provincias. Si tu es Constantinus, redde causam cur

Te transporter ailleurs, après la cession de Rome, c'est non pas seulement convenable, mais absolument nécessaire; ne te donne plus le nom d'Empereur, après avoir quitté Rome; celui de Romain, que tu foules aux pieds, tu n'es plus digne de le porter, et ne prends pas non plus celui de Roi, que personne avant toi n'osa prendre, à moins que tu ne veuilles t'appeler ainsi pour avoir cessé d'être Romain.

Mais tu nous allègues une raison honnête : c'est que, là où le Prince des prêtres et le chef de la religion Chrétienne a été installé par l'Empereur céleste, il n'est plus possible que l'Empereur ter-

illum potissimum locum condendæ urbis delegeris. Ut enim alio te transferas, post Romam traditam, non tam congruum quam necessarium; nec te appelles Imperatorem, qui Romam amisisti, et de nomine Romano quod discerpis, pessime meritus es, nec Regem quod nemo ante te fecit, nisi ideo te regem appelles quia Romanus esse desiisti.

Sed affers causam sane honestam quoniam ubi Princeps sacerdotum et Christianæ religionis caput constitutum est ab Imperatore

restre conserve le pouvoir. O sottise de
David, sottise de Salomon, sottise d'Ézéchias, de Josias! oui, sots et de peu de
religion; tous ces Rois et les autres qui
continuèrent d'habiter Jérusalem avec
les grands-prêtres et ne leur cédèrent pas
toute la ville! Constantin acquiert, en
trois jours, plus de sagesse qu'ils n'en
eurent dans toute leur vie! Si c'est à
l'Empereur que tu donnes l'épithète de
céleste, parce qu'il détient un pouvoir
terrestre, tu n'es qu'un fourbe; mais
peut-être, car tes paroles sont ambiguës,
veux-tu dire que c'est Dieu qui a établi
le pouvoir des prêtres sur la ville de

cœlesti, justum non est ut illic Imperator
terrenus habeat potestatem. O stultum
David, stultum Salomonem, stultum Ezechiam, Josiam et cæteros Reges stultos ac
parum religiosos qui in urbe Jerusalem
cum summis sacerdotibus habitare sustinuerunt, nec totam illis urbem cesserunt!
Plus sapit Constantinus triduo quam illi
tota vita sapere potuerunt! Et Imperatorem cœlestem appellans, quia terrenum
accepit imperium, nisi Deum intelligis,
nam ambigue loqueris, a quo terrenum
principatum sacerdotum super urbe Roma

Rome et autres lieux; et tu mens encore.

« ... *Enfin, tout ce que par cette charte impériale et sacrée ainsi que par d'autres décrets divins, Nous avons ordonné, Nous le confirmons, et décrétons que cela reste intact et inébranlable jusqu'à la fin du monde...* » Tu t'appelais tout à l'heure roi terrestre, Constantin : maintenant tu te traites de divin et de sacré; tu retombes dans le paganisme, plus que dans le paganisme même, car tu te fais Dieu. Tu déclares que tes paroles sont sacrées et tes décrets immortels; tu ordonnes à l'univers de conserver in-

cæterisque locis constitutum esse, mentiris.

« ... *Hæc vero omnia quæ per hanc imperialem sacram scripturam et per alia divalia decreta statuimus et confirmamus, usque in finem mundi illibata et inconcussa permanere decernimus...* » Modo te terrenum vocaveras, Constantine, nunc divum sacrumque vocas; ad gentilitatem recidis, et plusquam gentilitatem, Deum te facis et verba tua sacra et decreta immortalia. Nam mundo imperas ut tua

tacte et inébranlable la loi que tu imposes. Oublies-tu donc qui tu es? A peine viens-tu d'être lavé et purifié de l'immonde souillure de l'impiété. Que n'ajoutais-tu : « Le ciel et la terre périront avant qu'un iota, une virgule de cette charte ne s'effacent? » Saül avait été choisi par Dieu lui-même, et son trône ne passa pas à ses enfants ; le royaume de David se divisa sous le règne de son neveu, puis disparut. Toi, de ta propre autorité, tu décrètes que le royaume donné par toi au Souverain Pontife devra durer jusqu'à la fin du monde? Et qui t'a si vite appris que le monde devait périr? Je ne pense pas qu'à cette époque tu

jussa conservet illibata et inconcussa. Non cogitas quis tu es ? Modo e sordidissimo impietatis cœno lotus et vix perlotus. Cur non addebas : « Iota unum aut unus apex de privilegio hoc non peribit, ut non magis pereat cœlum et terra? » Regnum Saul a Deo electi ad filios non pervenit ; regnum David in nepote discerptum est et postea exstinctum. Et tu ad finem usque mundi regnum quod tu Summo Pontifici tradis permansurum tua auctoritate decernis? Quis etiam tam cito te docuit mundum esse pe-

eusses grande confiance dans les poètes, qui eux aussi ont prédit la fin du monde ; donc tu n'as pu parler ainsi, c'est un autre qui te l'a fait dire.

Pourtant, celui qui tout à l'heure s'exprimait avec tant d'orgueil et de superbe commence à craindre, à douter de lui : il entame le chapitre des objurgations : « ... *C'est pourquoi, en face du Dieu vivant, qui nous a enseigné à régner, en face de son jugement terrible, Nous enjoignons à tous nos successeurs les Empereurs, ainsi qu'à tous les Grands, aux Satrapes même, à l'amplissime Sénat et à tout le peuple répandu sur le globe ter-*

riturum? Nam poetis, qui hoc etiam testantur, non puto te hoc tempore fidem habere ; ergo tu hoc non dixisses, sed alius tibi affinxit.

Cæterum, qui tam magnifice superbeque locutus est timere incipit sibique diffidere, eoque obtestationibus agit : « ... *Unde coram Deo vivo qui, nos regnare præcepit, et coram terribili ejus judicio obtestamur omnes nostros successores Imperatores et cunctos Optimates, Satrapas etiam, amplissimum Sena-*

restre de l'univers, à tous présents et à venir, que nul n'ose de quelque façon que ce soit enfreindre ou déchirer ce privilège!... » O l'équitable et religieuse objurgation! C'est comme si un loup adjurait les autres loups et les bergers, au nom de l'innocence et de la bonne foi, de ne pas enlever ou reprendre à ses petits ou à ses compères entre lesquels il les aurait partagés, les moutons volés par lui. Que redoutes-tu donc si fort, Constantin? Si ton œuvre ne vient pas de Dieu, elle périra; si elle vient de lui, il ne souffrira pas qu'elle périsse. Mais je crois bien que tu auras voulu imiter l'Apocalyse, où il est

tum et universum populum in universo orbe terrarum, nunc et in posterum, nulli eorum quoquomodo licere hæc aut confringere vel in quoquomodo convelli... » Quam æqua, quam religiosa adjuratio! Non secus ac si lupus per innocentiam et fidem obtestetur cæteros lupos atque pastores, ne oves quas sustulit interque filios et amicos partitus est, aut illi adimere, aut hi repetere tentent. Quid tantopere extimescis, Constantine? Si opus tuum ex Deo non est, dissolvetur; sin ex Deo est, solvi non poterit. Sed, video, voluisti imitari Apocalypsim ubi dicitur: *Con-*

dit : *Je confie à qui m'écoute les paroles de la prophétie de ce livre; si quelqu'un leur ajoute, Dieu lui ajoutera aussi et Dieu placera sur lui les plaies décrites dans ce livre. Et si quelqu'un retranche quelque chose des paroles du livre de cette prophétie, Dieu lui retranchera sa part du livre de vie et de la cité sainte.* Mais tu n'avais jamais lu l'Apocalypse; donc ces paroles ne sont pas de toi.

« ... *Si cependant, ce que nous ne croyons pas, quelqu'un est assez osé de le faire, qu'il soit condamné à la damnation éternelle, qu'il sente qu'il a pour ennemis, dès*

testor autem audienti omnia verba prophetiæ libri hujus; si quis apposuerit ad hæc, apponet Deus super illum et ponet Deus super ipsum plagas scriptas in isto libro. Et si quis diminuerit de verbis libri prophetiæ hujus, auferet Deus partem ejus de libro vitæ et de civitate sancta. At tu nunquam legeras Apocalypsim, ergo non sunt hæc verba tua.

« ... *Si quis autem, quod non credimus, in hoc temerator aut contemptor exstiterit, æternis condemnationibus subjaceat condemnatus,*

à présent et pour la vie future, les saints
Apôtres de Dieu, Pierre et Paul, et qu'il
soit précipité au fin fond de l'enfer pour y
être brûlé avec le Diable et tous les impies... » Cette épouvantable menace n'est
pas d'un Empereur, d'un Prince séculier;
elle appartient au vocabulaire des prêtres
antiques, des flamines et actuellement
des ecclésiastiques. Ce morceau n'est
donc pas de Constantin, mais de quelque
moine stupide, ne sachant que dire ni
quels mots employer; bouffi de graisse
et de sottise, puant la débauche et le vin,
il expectore ces anathèmes, ces vaines
paroles qui n'atteignent personne et re-

*et sanctos Dei Apostolos, Petrum et Paulum
sibi in præsenti et in futura vita sentiat esse
contrarios, atque in inferno inferiori concrematus cum Diabolo et cum omnibus deficiat
impiis... » Hic terror atque comminatio non
Cæsaris aut sæcularis Principis solet esse,
sed priscorum sacerdotum ac flaminum et
nunc ecclesiasticorum. Itaque non est Constantini oratio hæc, sed alicujus clericuli stolidi, nec quid dicat aut quomodo dicat scien-
tis, saginati et crassi, ac inter crapulam
interque vaporem vini has sententias, hæc
verba ructantis, quæ non in alium transeunt,*

tombent sur lui-même. Il s'écrie tout d'abord : *qu'il soit condamné à la damnation éternelle*, puis pour surenchérir encore, il veut ajouter quelque chose et à l'éternité des peines il ajoute des peines en cette vie ; après nous avoir épouvantés de la damnation, il nous menace de l'inimitié de Saint Pierre, comme si c'était bien plus terrible. Pourquoi à Saint Pierre adjoint-il Saint Paul, pourquoi Pierre n'est-il pas tout seul ? Je n'en sais rien. Puis, il oublie, comme d'habitude, ce qu'il vient de dire et réitère sa damnation éternelle, comme s'il n'en avait pas déjà parlé.

Si ces menaces et ces exécrations étaient bien de Constantin, à mon tour

sed in ipsum convertuntur auctorem. Primum ait : *æternis condemnationibus subjaceat*, deinde quasi plus addi queat, alia addere vult et post æternitatem pœnarum adjungit pœnas vitæ præsentis ; et cum de condemnatione nos terreat, adhuc quasi majus quiddam sit, terret nos odio Petri. Cui Paulum cur adjungat, aut cur solum, nescio. Iterumque solito lethargo ad pœnas æternas redit, veluti non hoc ante dixisset.

Ac si minæ hæ execrationesque Constantini forent, invicem execrarer ut tyrannum

j'anathématiserais en lui un tyran, un destructeur de la République, et, en qualité de Romain, je le menacerais de me faire le vengeur de Rome. Mais qui peut effrayer la malédiction du plus cupide des hommes, proférant des phrases comme un acteur qui joue son rôle et nous épouvantant derrière le masque de Constantin ? C'est bien là faire l'hypocrite, au sens Grec du mot, c'est-à-dire cacher ta personnalité sous une autre.

« ... *Et corroborant de nos propres mains la page de cet impérial décret, Nous l'avons déposée sur le corps véné-*

et profligatorem Reipublicæ et illi me Romano ingenio minarer ultorem. Nunc quis extimescat execrationem avarissimi hominis et ritu histriona verba simulantis, ac sub persona Constantini alios deterrentis ? Hoc est proprie hypocritam esse, si Græcam vocem exquirimus, sub aliena abscondere tuam.

« ... *Hujus vero imperialis decreti paginam propriis manibus roborantes, super venerandum corpus beati Petri posuimus...* » Chartane an membrana fuit pagina in quam

rable du bienheureux Pierre... » Était-ce un papier ou bien un parchemin, la page où sont écrites toutes ces belles choses ? Nous appelons page, d'ordinaire, l'un ou l'autre côté d'un feuillet, comme lorsque l'on dit communément : il y a dix feuillets, vingt pages. O chose inouie et incroyable ! Je me souviens d'avoir, étant tout jeune, demandé à quelqu'un : « Quel
» est l'auteur du Livre de Job ? — C'est Job
» lui-même, » me répondit-on — « Alors, » répliquai-je, « comment a-t-il pu faire
» mention de sa propre mort ? » On pourrait faire la même objection à bien des livres, mais ce n'est pas le lieu d'en parler ici. Comment Constantin peut-il ra-

scripta sunt hæc ? Tametsi paginam vocamus alteram faciem, ut dicunt, folii, veluti communiter numero habent folia dena, paginas vicenas. O rem inauditam et incredibilem ! Cum essem adolescentulus, interrogasse me quemdam memini, quis librum Job scripsisset; cumque ille respondisset ipsum Job, tunc me subjunxisse : — « Quo pacto ergo
» de sua ipsius morte faceret mentionem ? »
Quod de multis aliis libris dici potest, quorum ratio huic loco non convenit. Nam quomodo vere narrari potest id quod non-

conter ce qu'il n'a pas encore exécuté et
inscrire dans sa charte ce qu'il ne fera
qu'après l'avoir, pour ainsi dire, mise au
tombeau ? Autant vaut dire que cette
charte était morte et enterrée avant que
de naître, et cependant personne ne l'a
fait revenir de la mort et retirée du sépulcre ; que l'Empereur la corroborait
avant de l'écrire et non pas seulement
d'une main, mais des deux. Et que signifie ce corroboré? L'a-t-elle été de la
main de l'Empereur? Y a-t-il seulement
apposé son cachet? La belle confirmation, meilleure que s'il eût fait graver cette
charte sur des tables d'airain ! — Il n'est

dum esset administrativus, et in tabulis
contineri id quod post tabularum, ut sic dicam, sepulturam factum esse ipse fatetur ?
Hoc nihil aliud est quam paginam privilegii
ante fuisse mortuam sepultamque quam
natam, nec tamen unquam a morte atque
sepultura esse reversam, præsertim antequam conscripta esset roboratam, nec id
una tantum sed utraque Cæsaris manu. Et
quid istud est roborare illam? Chirographone
Cæsaris aut annulo signatorio? Magnum
robur, majusque multo quam si tabulis
æreis mandavisset! — Sed non est opus

pas besoin, diras-tu, de tables d'airain, puisque la charte est déposée sur le corps de S. Pierre.— Pourquoi ici ne parles-tu plus de S. Paul, qui repose dans le même tombeau que S. Pierre? Deux cadavres la garderaient cependant bien mieux qu'un seul.

Voyez les ruses et les fourberies mises en œuvre par cet exécrable Sinon. Parce qu'il lui est impossible de produire la Donation de Constantin, ce n'est pas sur des tables d'airain, c'est sur une feuille de papier que le privilège est écrit, et il nous dit que cette feuille est enfouie avec le corps du très-saint Apôtre, pour que nous n'osions pas aller la chercher au fond

scriptura ærea, cum super corpus beati Petri charta reponatur. — Cur hic Paulum retices, qui simul jacet cum Petro, et magis custodire possent ambo quam si afforet tamtummodo corpus unius?

Videtis artes malitiasque nequissimi Sinonis. Quia Donatio Constantini doceri non potest, ideo non in tabulis æreis sed charteis privilegium esse, ideoque latere illud cum corpore sanctissimi Apostoli dixit, ne aut auderemus e venerabili sepulchro inquirere aut, si inquireremus, carie absumptum pu-

d'un vénérable sépulcre, ou, si nous l'osons, que nous la présumions détruite. Mais, où donc était alors le corps du bienheureux Pierre ? Il n'était certes pas encore dans l'église où il est actuellement, ni même en lieu sûr et suffisamment à l'abri; donc Constantin n'a point placé là son papier. Que ne le confiait-il au bienheureux Sylvestre ? Le regardait-il comme trop peu saint, trop peu prudent, trop peu soigneux ? O Pierre, ô Sylvestre et vous, Pontifes de la sainte Église Romaine, à qui sont commises les brebis du Seigneur, pourquoi refusait-il de vous confier ce papier ? Pourquoi ne l'avez-vous pas conservé ? Pour-

taremus. Sed ubi tunc erat corpus beati Petri? Certe nondum in templo ubi nunc est, non in loco sane munito ac tuto; ergo non illac Cæsar paginam collocasset. An beatissimo Sylvestro paginam non credebat ut parum sancto, parum cauto, parum diligenti? O Petre, o Sylvester, o sanctæ Romanæ Ecclesiæ Pontifices, quibus oves Domini commissæ sunt, cur vobis commissam paginam non credebat? Cur non custoditis? Cur a tineis illam rodi, aut cur situ tabescere passi estis? Opinor quia cor-

quoi l'avez-vous laissé manger des teignes, tomber en pourriture ? Probablement parce que vos corps aussi sont tombés en pourriture. Constantin a donc agi bien follement, puisque la charte de Donation étant réduite en poussière, votre droit, lui aussi, s'est en allé en poussière.

Cependant, comme nous le voyons, on montre un exemplaire de la charte. Qui donc fut assez téméraire pour l'arracher du corps des très-saints Apôtres? Personne, je pense, n'a eu cette audace. D'où vient cet exemplaire? Il faudrait l'appuyer du témoignage de quelque ancien auteur, non postérieur à l'époque de Constantin ; mais ce témoignage fait dé-

pora vestra quoque contabuerunt. Stulte igitur fecit Constantinus; en redacta in pulverem pagina, jus simul privilegii in pulverem abiit.

Atqui, ut videmus, paginæ exemplar ostenditur. Quis ergo illam de sinu sanctissimi Apostoli temerarius accepit ? Nemo, ut reor, hoc fecit. Unde porro exemplar ? Nimirum aliquis antiquorum scriptorum debet afferri, nec posterior Constantini temporibus. At is nullus affertur, sed fortasse aliquis recens : unde hic habuit ? Quisquis enim de supe-

faut; l'auteur qu'on cite est récent. Comment s'est-il procuré cette charte? Quiconque rédige l'histoire des temps passés écrit sous la dictée du Saint-Esprit ou suit l'autorité des anciens, de ceux qui ont relaté l'histoire de leur époque. Par conséquent, quiconque ne suit pas l'autorité des anciens doit être mis au nombre de ceux qui profitent, pour mentir, de l'éloignement des temps. Ils ont beau placer leurs inventions à la date voulue, elles ne s'accordent pas plus avec les anciens témoignages que cette sotte fable du glossateur Accurse, touchant les ambassadeurs Romains envoyés en Grèce pour recueillir les lois de ce pays, fable

riori ætate historiam texit, aut Spiritu Sancto dictante loquitur, aut veterum scriptorum et eorum quidem qui de sua ætate scripserunt sequitur auctoritatem. Quo circa quicumque veteres non sequitur, is de illorum numero erit quibus ipsa vetustas præbet audaciam mentiendi; quod si quo in loco ista res legitur, non aliter cum antiquitate consentit quam illa glossatoris Accursii de legatis Romanis ad leges accipiendas dimissis in Græciam plusquam stulta narratio, cum Tito Livio

qui est en opposition avec Tite-Live et les autres éminents historiens.

« ... *Donné à Rome, le troisième des Calendes d'Avril, Constantin Auguste consul pour la quatrième fois et Gallicanus pour la quatrième fois consul.* » Le faussaire a choisi la date de l'avant-dernier jour de Mars pour que nous comprenions que tout cela s'est passé durant la semaine sainte, qui tombe d'ordinaire à cette époque. Mais Constantin consul pour la quatrième fois et Gallicanus pour la quatrième fois consul ! Il est bien étonnant que l'un et l'autre eussent été déjà trois fois consuls et qu'ils se trouvassent

aliisque præstantissimis scriptoribus non convenit.

« ... *Datum Romæ, tertio Kalendarum Aprilis, Constantino Augusto quarto consule et Gallicano quarto consule.* » Diem posuit penultimam Martii ut sentiremus hoc factum esse sub tempore sanctorum dierum qui illo plerumque tempore solent esse. Et Constantino quarto consule et Gallicano quarto consule ! Mirum si uterque ter fuerat consul et in quarto consulatu forent col-

ensemble collègues pour leur quatrième consulat (1); plus étonnant encore que Constantin, lépreux, attaqué d'éléphantiasis, maladie qui est aux infirmités ordinaires ce que l'éléphant est aux autres animaux, briguât encore le consulat : le roi Azarias, dès qu'il se sentit atteint de la lèpre, se renferma chez lui après avoir

legæ; sed mirandum magis Augustum leprosum, elephantia, qui morbus inter cæteros ut elephas inter belluas eminet, velle etiam accipere consulatum, cum rex Azarias simul ac lepra tactus est in privato se continuerit, procuratione regni ad Joathan fi-

(1) Laurent Valla ne possédait pas les *Fastes consulaires* de Borghesi et n'a pu relever toute la méprise du faussaire. En 324, date assignée à la Donation, les consuls étaient Flavius Claudius Constantinus Junior; fils de Constantin, et Flavius Julius Crispus. On ne rencontre Gallicanus consul qu'en 329, avec le même Fl. Cl. Constantin, et encore l'est-il pour la première fois. L'Empereur Constantin était consul pour la quatrième fois en 315, avec Licinius. Les mauvais plaisants qui fabriquaient des chartes, pour la plus grande gloire de Dieu et de son Église, ne se doutaient pas que plus tard on rétablirait toute la série des consuls, qu'ils ignoraient, et que leurs mensonges seraient rendus si palpables.
(*Note du Traducteur.*)

abandonné à son fils Joathan l'administration du royaume, et c'est ainsi que firent tous les lépreux. Cette considération suffit à elle seule pour réfuter toute la charte, la mettre en lambeaux, l'anéantir.

Pour que personne ne doute que Constantin n'ait dû avoir la lèpre avant d'être consul, il faut qu'on sache que, d'après les médecins, cette maladie se développe lentement, et qu'au témoignage des anciens, le consulat commençait avec le mois de janvier; qu'en outre cette magistrature était annuelle. Or la Donation est supposée faite un peu avant Mars. Je ne laisserai pas non plus passer qu'on se

lium relegata, ut fere omnes leprosi fecerunt. Quo uno argumento totum prorsus privilegium confutatur, profligatur, evertitur.

Ac ne quis ambigat ante leprosum esse debuisse quam consulem, sciat et ex medicina paulatim hunc morbum succrescere, et ex notitia antiquitatis consulatum iniri Januario mense magistratumque esse annuum. Et hæc Martio proximo gesta referuntur. Ubi neque silebo in epistolis scribi solere *datum,* non autem in cæteris, nisi apud

sert du terme *donné* pour une lettre, mais non dans les autres écritures, à moins d'être un ignorant. On dit qu'une lettre est donnée à telle ou telle personne, à celui qui l'attend, par exemple au secrétaire pour qu'il la porte et la remette en main au destinataire; mais ce privilège, comme ils l'appellent, de Constantin, ne devait être remis à personne : on ne peut donc dire qu'il a été donné. Ainsi apparaît clairement que celui qui s'est servi de cette expression était un fourbe et qu'il ne savait même pas inventer ce que, selon la vraisemblance, Constantin aurait dû dire ou faire. Or, ceux-là se font les auxiliaires et les complices de sa bêtise et de sa scé-

indoctos. Dicuntur enim epistolæ dari vel illi vel ad illum, illi quidem qui profert, utputa tabellario, ut reddat et in manum porrigat homini cui mittuntur. Privilegium autem, ut aiunt, Constantini, quod reddi alicui non debebat, nec dari debuit dici. Ut appareat eum qui sic locutus est mentitum esse, nec scisse fingere quod Constantinum dixisse ac fecisse verisimile esset. Cujus stultitiæ ac vesaniæ affines se ac socios faciunt quicumque hunc vera dixisse existimant atque de-

lératesse qui affirment et défendent sa véracité, quoiqu'il leur soit impossible non seulement de soutenir leur opinion, mais d'en donner une excuse honnête.

Peut-on, en effet, s'excuser honnêtement d'une erreur lorsque la vérité est évidente, et ne pas vouloir s'y rendre sous le prétexte que de hauts personnages ont pensé autrement? Hauts personnages, oui, par le rang, mais non par la science ou la vertu. Et d'où sais-tu que ceux dont tu suis l'opinion, y persisteraient ou la répudieraient aujourd'hui, s'ils entendaient ce que tu entends? Il est d'ailleurs honteux de vouloir accorder plus à un homme qu'à la vérité, c'est-à-dire à Dieu

fendunt, licet jam nihil habeant quo opinionem suam, non defendere dico, sed honeste excusare possent.

An honesta excusatio erroris est, cum patefactam videas veritatem, nolle illi acquiescere quia nonnulli magni homines aliter senserunt? magni, inquam, dignitate, non sapientia nec virtute. Unde tamen scis an illi quos insequeris, si eadem audissent quæ tu, mansuri in sententia fuerint, an a sententia recessuri? Et nihilominus indignissimum est plus homini velle tribuere quam veri-

même. Mis en déroute par mes arguments, certaines gens ne manquent pas de me répondre : — Pourquoi tant de Papes ont-ils cru cette Donation véritable ? — Soyez-en juges ; vous m'appelez sur un terrain où je ne voulais pas aller ; vous me forcez malgré moi de médire des Souverains Pontifes dont je voudrais cacher les faiblesses. Parlons en toute franchise, et la cause que je soutiens l'exige d'ailleurs : j'irai jusqu'à dire qu'ils ont cru vraie la Donation, qu'ils ne l'ont pas fabriquée. Est-il si surprenant qu'ils aient accepté cette fiction, source pour eux de si grands bénéfices, lorsqu'ils croient, par insigne bêtise, à un tas de choses qui ne peuvent

tati, id est Deo. Ita enim quidam omnibus defecti rationibus solent mihi respondere : — Cur tot Pontifices Donationem hanc veram crediderunt ? — Testificor vos, me vocatis quo nolo et invitum me maledicere cogitis Summis Pontificibus, quos magis in delictis suis operire vellem. Sed pergamus ingenue loqui, quandoquidem aliter agi nequit hæc causa, ut fatear eos ita credidisse et non malitia fecisse. Quid mirum si ista crediderunt, ubi tantum lucri blanditur, cum plurima, ubi nullum lucrum ostendi-

leur rien rapporter? Dans l'église d'Ara-Cœli (1), dans ce temple magnifique et à l'endroit le plus saint, ne voyons-nous pas un tableau représentant la fable de la Sibylle et d'Auguste, à ce qu'ils disent d'après l'autorité d'Innocent III, qui de plus nous a laissé un écrit pour prouver que le temple de la Paix s'effondra le jour même de la naissance du Sauveur, c'est-à-dire lors de l'enfantement de la Vierge? Ce sont choses plus propres à

tur, per insignem imperitiam credant? Nonne apud Aram Cœli, in tam eximio templo et in loco maxime augusto cernimus pictam fabulam Sibyllæ et Octaviani, ut ferunt, ex auctoritate Innocentii tertii hæc scribentis, qui etiam de ruina templi Pacis sub natale Salvatoris, hoc est in partu Virginis scriptum reliquit : quæ ad evertendam magis fi-

(1) A Santa-Maria in Ara-Cœli, bâtie sur l'emplacement du temple de Jupiter Capitolin, on montre encore un autel de porphyre consacré par Auguste en l'honneur du mystère de l'Incarnation prédit par la Sybille. — Le temple de la Paix, enrichi par Titus et Vespasien des dépouilles du temple de Jérusalem, fut détruit sous Commode par un incendie.
(*Note du Traducteur.*)

détruire la foi, parce qu'elles sont fausses, qu'à la consolider par ce qu'elles ont de merveilleux. Ose-t-il donc mentir sous le couvert de la vérité, de la piété, lui, le Vicaire de la vérité, et sciemment se rendre coupable de ce forfait? Ne ment-il pas? ne voit-il pas qu'en disant cela il se met en contradiction avec les plus saints docteurs? Pour n'en citer qu'un, Saint Jérôme, s'appuyant de l'autorité de Varron, dit que les Sibylles étaient au nombre de dix; l'ouvrage de Varron était achevé avant le règne d'Auguste. Le même, à propos du temple de la Paix, relate ceci : « Vespasien et Titus, ayant élevé à Rome le temple de la Paix,

dem quia falsa, quam ad stabiliendam, quia miranda sunt, pertinent. Mentirine ob speciem veritatis, pietatis, audet Vicarius veritatis, et se scientem hoc piaculo obstringere? Annon mentitur? immo etiam a sanctis viris se cum hoc facit dissentire non videt? Tacebo alios : Hieronymus Varronis testimonio utitur decem Sibyllas fuisse; quod opus Varro ante Augustum condidit. Idem de templo Pacis ita scribit : « Vespasianus et Titus, Romæ Templo Pacis ædificato, vasa Templi et universa donaria in de-

déposèrent dans son sanctuaire les vases du Temple et tous les objets consacrés; l'histoire Grecque et Romaine en témoignent. » Et cet ignorant veut-il qu'on ajoute plutôt foi à son livre écrit d'un style barbare, qu'aux véridiques récits des anciens et très-judicieux historiens ? Puisque j'ai parlé de Saint Jérôme, je ne passerai pas sous silence l'affront qu'on lui fait : à Rome, avec la permission du Pape, on montre à la lueur des cierges toujours allumés, comme si c'étaient les reliques des Saints, un manuscrit de la Bible que l'on dit être tout entier de la main de Saint Jérôme. Vous demandez sur quoi repose cette croyance? Sur ce que l'enveloppe, comme dit Virgile, est

lubro illius consecrarunt, quæ Græca et Romana narrat historia. » Et hic unus indoctus plus vult in libello suo etiam barbare scripto credi quam fidelissimis veterum, prudentissimorum hominum historiis? Quia Hieronymum attigi, non patiar hanc contumeliam suam tacito præteriri : Romæ, ex auctoritate Papæ, ostenditur codex Bibliæ tanquam reliquiæ Sanctorum luminibus semper accensis, quod dicunt scriptum chirographo Hieronymi. Quæris argumentum :

enrichie de broderies et d'or, chose qui prouverait, au contraire, que Saint Jérôme n'y a pas mis la main. Il m'a suffi d'y jeter négligemment un coup d'œil pour voir que cet exemplaire avait été fabriqué sur l'ordre de quelque souverain, que je crois être Robert de Naples, par un copiste tout à fait ignare.

Par une autre supercherie, entre dix mille du même genre qui florissent à Rome, on exhibe, au milieu d'objets sacrés, les portraits peints sur bois de S. Pierre et de S. Paul, ceux-là mêmes que Sylvestre fit voir à Constantin, en confirmation de l'apparition qu'il avait eue, lorsque ces Apôtres l'avertirent en

quia multum, ut inquit Virgilius, est pictilis vestis et auri, res quæ magis Hieronymi manu indicat scriptum non esse. Illum non diligentius inspectum comperi scriptum esse jussu regis, ut opinor, Ruberti, chirographo hominis imperiti.

Huic simile est, quanquam decem millia hujusmodi Romæ fuit, quod inter religiosa demonstratur in tabella effigies Petri et Pauli, quam Sylvester Constantino ab eisdem Apostolis in somnis admonito in confirmationem visionis exhibuit. Non hoc dico

songe. Je ne dis pas cela pour nier que ces effigies soient bien celles des Apôtres; plût au Ciel que la lettre de Lentulus touchant le portrait du Christ ne fût pas plus fausse, elle qui l'est tout aussi effrontément que la Donation plus haut réfutée par nous; je le dis parce que ce tableau ne fut pas montré par Sylvestre à Constantin, fourberie qui me fait bondir d'indignation.

Parlons un peu maintenant de la fable de Sylvestre, puisqu'en somme toute la question est là et que du moment qu'il s'agit des Pontifes Romains, c'est le lieu de traiter à fond l'histoire

quia negem effigies illas esse Apostolorum: utinam tam vera esset epistola Lentuli missa de effigie Christi, quæ non minus ementita est quam privilegium quod confutavimus, sed quia tabella illa non fuit a Sylvestro exhibita Constantino, in quo non sustineo admirationem animi mei continere.

Disputabo enim aliquid de fabula Sylvestri, quia et omnis in hoc quæstio versatur, et mihi cum sermo sit de Pontificibus

de celui-là; par la sienne, on pourra conjecturer facilement ce que vaut celle des autres. Dans la foule de sottises qu'on débite sur son compte, je choisirai la légende du Dragon, pour prouver que Constantin n'eut jamais la lèpre.

Les *Actes* de Sylvestre ont été compilés par un certain Eusèbe, Grec de nation, ainsi que son traducteur l'affirme; or les Grecs ont toujours été d'insignes menteurs, comme le dit Juvénal dans une mordante satire :

> Tout ce qu'en histoire ose la Grèce menteuse...

Romanis, de Pontifice Romano potissimum loqui decebit, ut ex uno exemplo facile aliorum conjectura capiatur. Et ex multis ineptiis quæ ibi narrantur unam tantum de Dracone attingam, ut doceam Constantinum non fuisse leprosum.

Et enim Gesta Sylvestri ab Eusebio quodam Græco homine, ut interpres testatur, composita sunt, quæ natio vana ad mendacia semper promptissima est, ut Juvenalis satirica censura ait :

> Quicquid in historia audet Græcia mendax...

D'où donc ce Dragon était-il venu ? Les dragons ne naissent pas à Rome. En effet, d'où tirent-ils leur venin ? On croit qu'il n'y a de dragons venimeux qu'en Afrique, à cause de l'ardeur du climat. De plus, comment un dragon aurait-il à lui tout seul assez de poison pour empester une ville entière, surtout s'il était plongé au fond d'une caverne si creuse, qu'il fallait y descendre par un escalier de cent cinquante marches? Les serpents, à l'exception peut-être du basilic, inoculent leur virus et vous tuent par leur morsure, non par leur souffle, et Caton, lorsqu'il fuyait César avec une si grande masse d'hom-

Unde Draco ille venerat ? Romæ dracones non gignuntur. Unde etiam illi venenum ? In Africa tantum pestiferi dracones ob ardorem regionis dicuntur esse. Unde præterea tantum veneni ut tam spaciosam civitatem peste corrumperet, præsertim cum in tam alto specu demersus esset, ad quem centum quinquaginta gradibus descenderetur ? Serpentes, excepto basilisco forsitan, non afflatu sed morsu virus inspirant atque interimunt; nec Cato Cæsarem fugiens, cum tanta hominum manu, per medias Africæ

mes, à travers les sables de l'Afrique,
ne vit jamais aucun de ses soldats ou
de ses compagnons d'armes, en marche
ou au campement, périr foudroyé par
l'haleine d'un serpent ; les peuples de
ces pays ne se sont jamais aperçus que
leur atmosphère en fût empoisonnée.
Si nous voulons même nous reporter à
la fable, la Chimère, l'Hydre, Cerbère ont
pu être vus et touchés sans le moindre risque. Mais les Romains, que ne le tuaient-
ils, ce dragon ? — Impossible, diras-tu.
— Régulus en a cependant tué un bien
plus énorme en Afrique, sur les bords du
Bagradas. En tous cas, il était facile de
s'en défaire en bouchant l'entrée de la
caverne. Mais peut-être ne voulaient-ils

arenas dum iter faceret ac dormiret, ullum
sociorum ac comitum serpentis afflatu vidit
exstinctum, neque illi populi ob id aerem
sentiunt pestilentem. Et si quid fabulis credimus, et Chimæra et Hydra et Cerberus
sine noxa vulgo conspecti sunt ac tacti. Adhuc
quin eum Romani potius occidissent ? — Non
poterant, inquies. — At multo grandiorem
serpentem in Africa, ad ripam Bagradæ
Regulus occidit ; hunc vero vel obstructo
ore specus facile erat interimere. An nole-

pas le tuer ; peut-être le prenaient-ils pour un Dieu, comme celui qu'adoraient les Babyloniens. Pourquoi donc Sylvestre, à l'imitation de Daniel, ne l'a-t-il pas occis? Bien mieux, que ne le liait-il avec une corde de chanvre et n'anéantissait-il à tout jamais sa postérité?

Sans doute le compilateur de cette fable n'a pas voulu faire tuer le Dragon, de peur de paraître trop copier l'histoire de Daniel. Si donc S. Jérôme, ce savant et si fidèle interprète de la Bible, si Apollinaire, Origène, Eusèbe et bien d'autres encore affirment que l'épisode de Daniel et du Dragon est un conte; si les Juifs ne l'admettent pas dans leur Canon de

bant? Ita, opinor, pro Deo colebant, ut Babylonii fecerunt. Cur ergo, ut olim Daniel dicitur occidisse, non et Sylvester hunc potius occidisset? Quin, canapaceo filo alligasset et domum illam in æternum perdidisset?

Ideo commentator fabulæ noluit Draconem interimi, ne plane Danielis narratio referri videretur. Ac si Hieronymus, vir doctissimus ac fidelissimus interpres, Apollinarisque et Origenes et Eusebius et nonnulli alii narrationem Beli fictam esse affir-

l'Ancien Testament ; en d'autres termes si les plus savants parmi les Latins, la plupart des Grecs et tous les Juifs regardent ce récit comme une fiction, peut-il m'être défendu de condamner une fable qui n'en est que la copie, qui ne s'appuie sur aucune autorité et qui n'est supérieure qu'en absurdité à son original ? Qui donc avait construit à la bête sa demeure souterraine ? Les dragons sont faits pour voler ; notre homme, qui ne connaissait pas cette espèce fabuleuse, a bien mal imaginé sa bête. Qui avait prescrit que des femmes, prises exclusivement parmi les Vierges et les Religieuses, descendissent dans la caverne, et ce, nul

mant, si eam Judæi in Veteris Testamenti archetypo non agnoscunt ; id est si doctissimi quique Latinorum, plerique Græcorum, singuli Hebræorum illam ut fabulam damnant, ego non hanc adumbratam ex illa damnabo, quæ nullius scriptoris auctoritate fulcitur, et quæ magistram multo superat stultitia ? Nam quis belluæ subterraneam domum ædificaverat ? Volant enim dracones ; imperite eum cujus genus illud sit excogitaverat. Quis feminas easque Virgines ac Sanctimoniales descendere præceperat, nec

autre jour que celui des Calendes ? Le Dragon connaissait donc le jour des Calendes ? Il se contentait d'une si maigre et si rare pitance ? Les Vierges n'avaient aucune frayeur de cette profonde caverne, de cette bête horrible et affamée ? Sans doute le Dragon les cajolait, comme des femmes, des filles qui lui auraient apporté son dîner; il leur tenait conversation. Mettons, sauf votre respect, qu'il leur faisait l'amour : Alexandre et Scipion sont bien nés des rapports de leur mère avec un dragon ou serpent. Mais quoi! si on avait refusé de lui fournir à manger, ne serait-il pas sorti de sa caverne et n'aurait-on pas pu le tuer ?

nisi Kalendis ? An tenebat Draco quis esset dies Kalendarum ? Et tam parco raroque cibo erat contentus ? Nec virgines tam altum specum, tam immanem et esurientem belluam exhorrebant ? Credo, blandiebatur eis Draco, ut feminis et virginibus cibaria afferentibus ; credo, cum illis fabulabatur. Quid, in honore dicto, etiam coibat; nam et Alexander et Scipio ex draconis serpentisve cum matre concubitu geniti dicuntur. Quid, denegato postea victu, non potius aut prodiisset, aut fuisset exstinctus?

O surprenante folie des hommes qui croient à ces contes de bonnes femmes! Quand donc tout cela s'est-il passé? Quand cela commença-t-il? Est-ce avant ou après la venue du Sauveur? On n'en sait rien. J'ai honte, oui, j'ai honte de ces contes de nourrice, de ces farces de bateleur; un Chrétien, un homme qui se dit fils de la vérité et de la lumière, doit rougir de faire accroire des choses qui ne sont ni vraies ni vraisemblables.

— Mais, répondent-ils, les démons pouvaient créer de tels monstres chez les nations païennes, pour se moquer d'elles, parce qu'elles adoraient de faux

O miram hominum dementiam, qui his anilibus deliramentis fidem habent! Jam vero, quandiu hoc factitatum est? Quando fieri cœptum? Ante adventum Salvatoris an postea? Nihil horum scitur. Pudeat nos, pudeat harum næniarum et levitatis plusquam mimicæ : erubescat Christianus homo, qui veritatis se ac lucis filium nominat, proloqui quæ non modo vera non sunt, sed nec verisimilia.

— At enim, inquiunt, hanc dæmones potestatem in gentibus obtinebant ut eas Diis servientes illuderent. — Silete, imperitissimi

Dieux. — Taisez-vous, ô les plus impudents, pour ne pas dire les plus scélérats des hommes ; c'est là le voile sous lequel vous cachez toutes vos fourberies. La sincérité Chrétienne n'a pas besoin du patronage de l'imposture ; elle se défend assez par la lumière et la vérité qu'elle répand, sans ces artifices de fables et de prodiges qui sont un outrage à Dieu, au Christ, au Saint-Esprit. Dieu avait-il donc livré le genre humain à la merci des démons, pour qu'il fût abusé par des miracles aussi manifestes qu'impies ? Ce serait le cas de l'accuser d'injustice, lui qui aurait confié aux loups la garde des brebis, et les hommes au-

homines, ne dicam sceleratissimos, qui fabulis vestris tale semper velamentum obtenditis. Non desiderat sinceritas Christiana patrocinium falsitatis ; satis per se, superque sua ipsius luce ac veritate defenditur, sine istis commentitiis ac præstiogisis fabellis, in Deum, in Christum, in Spiritum Sanctum contumeliosis. Siccine Deus arbitrio dæmonum tradiderat genus humanum ut tam manifestis, tam impiosis miraculis seduceretur, ut propemodum posset injustitiæ accusari, qui oves lupis commisisset

raient de leurs erreurs une excuse excellente.

Que si les démons avaient alors une pareille puissance, ils en jouiraient encore à présent, et même d'une plus grande, à l'égard des infidèles. C'est ce que nous ne voyons pas du tout, et l'on ne raconte nulle part des fables de ce genre. Je ne parlerai pas des autres peuples; je ne m'occuperai que des Romains : chez eux, on ne rapporte que peu de faits miraculeux, encore sont-ils anciens et peu prouvés. Valère Maxime conte qu'un gouffre s'entr'ouvrit, au milieu du forum, puis se referma, et que le sol reprit son aspect ordinaire lorsque Curtius s'y fut

et homines magnam errorum suorum haberent excusationem?

Quod si tantum olim licebat dæmonibus, et nunc apud infideles vel magis liceret; quod minime videmus, nec ullæ ab eis hujusmodi fabulæ proferuntur. Tacebo de aliis populis; dicam de Romanis, apud quos paucissima miracula feruntur eaque vetusta atque incerta. Valerius Maximus ait hiatum illum terræ, in medio foro, cum se in eum Curtius armatus, adacto equo immisisset, iterum coiisse inque pristinam formam con-

précipité, tout armé, avec son cheval. On lit aussi chez lui qu'une statue de Junon à qui un soldat Romain, lors de la prise de Veïes, demandait si elle voulait venir à Rome, répondit que oui. Tite-Live, historien plus ancien et de plus de poids, est en désaccord avec lui sur ces deux faits. Il veut que le gouffre soit resté béant, après que Curtius s'y fut jeté, que de plus ce gouffre ne s'entr'ouvrit pas tout d'un coup, mais qu'il fût ancien, qu'il existât avant la fondation de Rome, et qu'on l'appela le lac Curtius après que Metius Curtius, Sabin, y fut tombé en fuyant l'irruption des Romains. Quant à la statue de Junon, il dit qu'elle fit un signe affirmatif et non pas qu'elle répon-

tinuo revertisse. Item Junonis monetam, cum a quodam milite Romano, captis Veiis, per jocum interrogata esset an Romam migrare vellet, respondisse velle. Quorum neutrum Titus Livius sentit, et prior auctor et gravior. Nam et hiatum permansisse vult, nec tam fuisse subitum quam vetustum, etiam ante conditam urbem, appellatumque Curtium lacum quod in eo delituisset Curtius Metius, Sabinus, Romanorum fugiens impressionem ; et Junonem annuisse non

dit oui; que plus tard on compléta la
fable en disant que la déesse avait parlé.
Pour le signe lui-même, l'imposture est
manifeste; les soldats auront fait faire un
mouvement à la statue, qu'ils enlevaient,
et le lui ont ensuite attribué, comme si
elle l'avait fait d'elle-même; ou bien,
puisqu'ils interrogeaient, par raillerie, ce
marbre d'une déesse ennemie et vaincue,
par plaisanterie encore, ils simulèrent sa
réponse; aussi Tite-Live ne dit-il pas positivement : « elle fit signe que oui », mais :
« les soldats s'écrièrent qu'elle avait fait
ce signe. » Les bons écrivains ne défendent
pas de pareilles fictions, ils les excusent
toutefois; car, ainsi que dit Tite-Live,
« il faut pardonner à l'antiquité d'avoir

respondisse, adjectumque fabulæ postea vocem reddidisse; atque de nutu quoque palam
est illos esse mentitos, vel quod motum simulacri, avellebant autem illud, interpretati
sunt sua sponte esse factam, vel qua lascivia
hostilem et victam et lapideam Deam interrogabant, eadem lascivia annuisse finxerunt; tametsi Livius inquit non annuisse,
milites sed quod annuisset exclamasse. Quæ
tamen boni scriptores non defendunt ficta,
sed dicta excusant. Nam prout idem Livius

23.

mêlé aux actions humaines des actions divines, et rendu ainsi plus augustes les origines des villes. » Et ailleurs : « Quand il y a si longtemps, pour peu que les faits aient de vraisemblance, on les tient comme avérés. »

En voilà assez sur ce sujet, plus propre à amuser ceux qui sont curieux de miracles qu'à y faire croire, et ce n'est pas la peine de soutenir ou de réfuter de telles histoires. Je ne dissimulerai pourtant pas que Valère Maxime n'est pas tout à fait répréhensible de parler de la sorte, d'autant qu'il ajoute, en homme grave et sérieux : « Je n'ignore pas qu'en

ait, « datur hæc venia antiquitati ut miscendo humana divinis primordia urbium augustiora faciat. » Et alibi : « Sed in rebus tam antiquis si qua similia veri sunt, pro veris accipiantur. »

Satis habeam hæc ad ostentationem scenæ gaudentis miraculis aptiora quam ad fidem, neque affirmare neque refellere operæ pretium est. Neque vero dissimulaverim Valerium non plane posse reprehendi quod ita loquatur, cum paulo post graviter et severe

ce qui touche les gestes et les paroles des Dieux immortels perçus par les yeux et les oreilles des hommes, les opinions sont partagées ; mais tant qu'on n'invente pas des choses nouvelles et qu'on reproduit seulement de vieilles traditions, la bonne foi de l'écrivain est à couvert. » Ce qu'il dit des paroles des Dieux se rapporte à la statue de Junon et à celle de la Fortune, qui aurait prononcé ces mots : « Vous m'avez bien vue, matrones ; vous m'avez consacrée comme il convient. »

Mais nos conteurs de bourdes nous montrent sans façon les idoles douées de la parole, ce que les païens et les ido-

---

subjiciat : « Nec me præterit de motu et voce Deorum Immortalium humanis oculis auribusque percepto, quam in ancipiti opinione æstimatio versetur ; sed quia non nova dicuntur sed tradita repetuntur, fidem auctores vendicent. » De voce Deorum dixit propter Junonem monetam et propter simulacrum Fortunæ quod locutum fingitur his verbis : « Rite me, matronæ, vidistis ; rite dedicastis. »

At vero nostri fabulatores passim inducunt idola loquentia, quod ipsi gentiles et

lâtres se gardaient bien d'affirmer, ce qu'ils niaient même avec plus de sincérité que les Chrétiens ne l'affirment. Chez les païens, peu de miracles, et encore les présente-t-on comme de vénérables et religieuses traditions, appuyées sur leur antiquité, non sur le témoignage des auteurs; chez les Chrétiens, ce sont des croyances de fraîche date : les contemporains du fait n'en ont pas eu connaissance. Non que je veuille porter atteinte au culte des Saints ni rabaisser leurs divins mérites; je sais qu'il en est de la foi comme du grain de moutarde, et qu'elle transporte les montagnes. Je veux au contraire la défendre et la pro-

idolorum cultores non dicunt et sincerius negant quam Christiani affirmant. Apud illos paucissima miracula, non fide auctorum, sed veluti sacra quadam ac religiosa vetustatis commendatione nituntur; apud istos, recentiora quædam narrantur, quæ illorum homines temporum nescirent. Neque ego admirationi Sanctorum derogo, nec ipsorum divina opera inficior, cum sciam tantum fidei quantum est granum sinapis, montes etiam posse transferre, imo defendo illa ac tueor, sed misceri cum fabulis non sino;

téger en empêchant qu'on la mêle à des fables, et je ne puis m'ôter de l'idée que les inventeurs de toutes ces belles choses étaient ou des infidèles, qui manœuvraient en vue de discréditer les Chrétiens, si ces fictions, arrivant aux oreilles d'hommes inintelligents par les artifices de quelques malintentionnés, venaient à passer pour vraies; ou bien des croyants doués de plus de zèle que de savoir, qui ne craignirent pas de rédiger non seulement des Actes des Saints, mais de pseudo-évangiles de la Mère de Dieu et du Christ lui-même. Et le Souverain Pontife se borne à appeler ces livres *apocryphes,* comme s'ils n'avaient d'autre défaut que

nec persuaderi possum horum scriptores alios fuisse quam aut infideles qui hoc agerent in derisum Christianorum, si hæc figmenta per dolosos homines in manus imperitorum delata acciperentur pro veris, aut fideles habentes quidem æmulationem si non scientiam, qui non modo de gestis Sanctorum verum etiam Dei genitricis atque adeo Christi pseudo-evangelia scribere non formidarunt. Et Summus Pontifex hos libros appellat apocryphos quasi nihil vitii sit, nisi quod eorum ignoratur auctor, quasi

d'être d'un auteur inconnu ; comme si ce qu'ils racontent était croyable ; comme s'ils étaient sacrés, aptes à confirmer la foi ; comme si celui qui approuve l'erreur n'était pas moins répréhensible que celui dont l'erreur émane. Nous avons grand soin de distinguer des pièces de bon aloi les pièces fausses, de les écarter, de les rejeter ; les mauvaises doctrines, loin de les écarter, nous faut-il les admettre, les faire passer avec les bonnes, les défendre comme bonnes ?

Pour moi, si je puis dire franchement mon avis, je nie que les *Actes* de Sylvestre soient apocryphes, puisqu'on donne un certain Eusèbe, comme je l'ai

credibilia sint quæ narrantur, quasi sancta ad confirmationem religionis pertinentia : ut jam non minus culpæ sit penes hunc qui mala probat quam penes illum qui mala excogitavit. Nummos reprobos discernimus, separamus, abjicimus ; doctrinam reprobam non discernemus, sed retinebimus, sed cum bono miscebimus, sed pro bonis defendemus ?

Ego vero, ut ingenuam feram sententiam, *Gesta* Sylvestri nego esse apocrypha, quia, ut dixi, Eusebius quidam fertur auctor,

dit, pour leur auteur ; je pense qu'ils sont faux et indignes d'être lus, d'un bout à l'autre, aussi bien que dans ce qu'ils racontent du Dragon, du taureau et de la lèpre, insinuation que je veux réfuter et qui m'a fait remonter si haut. Parce que Naaman fut lépreux, ce n'est pas une raison pour que Constantin le fût aussi. Beaucoup d'auteurs l'affirment, en ce qui regarde le premier : mais à l'égard du second, ce maître du monde, personne, pas même dans son entourage, n'a parlé de lèpre, à l'exception de je ne sais quel étranger, en qui on ne doit pas plus croire qu'en cet autre d'après lequel des guêpes auraient fait leur nid dans les narines de Vespasien,

sed falsa atque indigna quæ legantur existimo cum in aliis tum in eo quod narratur de Dracone, de tauro, de lepra, propter quam refutandam tanta repetii. Neque enim si Naaman leprosus fuit, continuo etiam Constantinum leprosum fuisse dicemus. De illo multi auctores meminerunt, de hoc Principe orbis terrarum nemo ne suorum quidem unus scripsit, nisi nescio quis alienigena cui non aliter habenda est fides quam alteri cuidam de vespis intra nares Vespa-

et Néron serait accouché d'une grenouille : c'est de là que le palais de Latran tirerait son nom (*lata rana*), parce que la grenouille serait cachée au fond de son tombeau; si les guêpes et les grenouilles pouvaient parler, elles ne diraient pas de si grosses bêtises. Je passe sur ce que ces *Actes* disent des bains de sang d'enfants, pour guérir de la lèpre, traitement que la science médicale ne confirme pas; aussi le rapportent-ils à un oracle des Dieux Capitolins, comme si ces Dieux parlaient et pouvaient ordonner de telles abominations.

Mais que vais-je m'étonner de ce que les Papes ne comprennent pas cela, lors-

---

siani nidificantibus, et de rana partu a Nerone emissa, unde Lateranensem vocitatum esse locum dicunt, quod ibi rana lateat in sepulchro : quod neque vespæ ipsæ neque ranæ ipsæ, si loqui possent, dixissent. Transeo quod cruorem puerorum ad curationem lepræ facere dicunt, quod medicina non confitetur; nisi ad Deos Capitolinos hæc referunt quasi illi loqui consuessent et hoc fieri jussissent.

Sed quid miror hoc non intelligere Pontifices, cum nomen ignorent suum! Cephas

qu'ils ignorent le sens de leur propre titre ? Ils disent en effet que Pierre fut appelé Céphas, tête, de κεφαλὴ, c'est-à-dire la tête, le chef des Apôtres, comme si ce mot était Grec et non Hébreu ou plutôt Syriaque; les Grecs l'écrivent Κεφάς, qui chez eux veut dire Pierre et non chef. *Petrus*, *petra* est un mot Grec, et il est stupide de donner à *petra* l'étymologie Latine de *pede trita*, foulée aux pieds. Ils distinguent le métropolitain de l'Archevêque et veulent que ce titre lui vienne de l'étendue de la ville ; or les Grecs ne disent pas μετρόπολις (la ville mesurée), mais bien μητρόπολις, c'est-à-dire la ville mère ou la cité mère ;

enim dicunt vocari Petrum, qui caput Apostolorum sit, tanquam hoc vocabulum sit Græcum ἀπὸ τῆς κεφαλῆς et non Hebraicum, sed potius Syriacum, quod Græci Κεφάς scribunt, quod apud eos interpretatur Petrus, non caput. Est enim *petrus*, *petra* Græcum vocabulum, stulteque per etymologiam Latinam exponitur *petra* quasi pede trita. Et metropolitanum ab archiepiscopo distinguunt voluntque illum a mensura civitatis dictum, cum Græce non dicatur μετρόπολις sed μητρόπολις, id est

ils interprètent Patriarche, père des pères Pape comme si ce mot vènait de l'appellation enfantine *papa;* orthodoxie comme synonyme de *recta gloria;* ils donnent à *Simonem* la médiane brève, tandis qu'il faut la faire longue, comme dans *Platonem* et *Catonem;* j'en passe bien d'autres, pour ne pas sembler reprocher à tous les Souverains Pontifes ce qui est seulement la faute de quelques-uns.

Cela soit dit pour que nul ne s'étonne que tant de Papes n'aient pu soupçonner la fausseté de la Donation de Constantin, bien que je soupçonne fort que la supercherie vienne de l'un d'eux. — Mais,

mater civitatis sive urbis; patriarcham quasi patrem patrum, et Papam ab interjectione Pape dictum, et fidem orthodoxam quasi rectæ gloriæ, et Simonem media correpta cum legendum sit media longa, ut Platonem et Catonem, et multa similia quæ transeo, ne culpa aliquorum omnes Summos Pontifices videar insectari.

Hæc dicta sint ut nemo miretur si Donationem Constantini commentitiam fuisse Papæ multi non potuerunt deprehendere, tametsi

direz-vous, pourquoi les Empereurs, au détriment de qui on la faisait valoir, bien loin de nier cette Donation, l'ont-ils reconnue, confirmée, observée ? — Bel argument ! Admirable preuve ! Et de quel Empereur parlez-vous ? De l'Empereur Grec, le véritable Empereur ? je nie qu'il l'ait jamais reconnue. De l'Empereur d'Occident ? Je suis parfaitement de votre avis. Qui ne sait que l'Empereur d'Occident fut créé gratis par le Souverain Pontife, Étienne, je pense, qui après avoir déclaré déchu l'Empereur d'Orient, coupable de ne point porter secours à l'Italie, fabriqua un Empereur d'Occident, de

ab aliquo eorum ortam esse hanc fallaciam reor. — At, dicitis, cur Imperatores, quorum detrimento res ista cedebat, Donationem Constantini non negant, sed fatentur, affirmant, conservant ? — Ingens argumentum ! Mirifica defensio ! Nam de quo tu loqueris, Imperatore ? Si de Græco, qui verus fuit Imperator, negabo confessionem. Sin de Latino, libenter confitebor. Et enim quis nescit Imperatorem Latinum gratis factum esse a Summo Pontifice, ut opinor, Stephano, qui Græcum Imperatorem quod auxilium non ferret Italiæ privavit Lati-

sorte que cet Empereur reçut beaucoup plus du Pape que le Pape de l'Empereur ? Achille aussi et Patrocle se partagèrent entre eux seuls, moyennant certains arrangements, les dépouilles de Troie. C'est ce qui me semble résulter des paroles mêmes de Louis (1), lorsqu'il dit : « Moi, Louis, Empereur Romain,
» Auguste, j'accorde et concède, par ce
» pacte de confirmation, à toi, bien-
» heureux Pierre, Prince des Apôtres, et
» en ton lieu à ton vicaire, dom Pascal,
» Souverain Pontife, et à ses successeurs,

numque fecit ; ita ut plura imperator a Papa quam Papa ab imperatore accipet ? Sane Trojanas opes quibusdam pactionibus soli Achilles et Patroclus inter se partiti sunt. Quod etiam mihi videntur judicare verba Ludovici, cum ait : « Ego Ludo-
» vicus, Imperator Romanus, Augustus,
» statuo et concedo per hoc pactum con-
» firmationis nostræ tibi beato Petro, Prin-
» cipi Apostolorum et pro te vicario tuo
» domino Paschali, Summo Pontifici et suc-
» cessoribus ejus in perpetuum, sicut a

(1) Louis le Débonnaire.
(*Note du Traducteur.*)

» à perpétuité, comme il a été fait par
» nos prédécesseurs, de qui vous les avez
» tenues jusqu'à maintenant en votre
» pouvoir et possession, la ville de Rome
» avec son duché et tous ses faubourgs
» et hameaux, ses territoires de mon-
» tagnes et rivages de mer, ses ports et
» l'universalité des cités, châteaux, places
» fortes et villas des territoires de la
» Toscane. »

Est-ce bien toi, Louis, qui traites ainsi avec Pascal ? Si ces provinces que tu donnes t'appartiennent, c'est-à-dire appartiennent à l'Empire, qu'as-tu à faire de les donner ? Si elles sont au Pape, s'il les possède, qu'as-tu besoin de confir-

» prædecessoribus nostris usque nunc in
» vestra potestate et ditione tenuistis, Roma-
» nam civitatem cum ducatu suo et subur-
» banis atque viculis omnibus et territoriis
» ejus montanis atque maritimis littoribus
» et portubus, seu cunctis civitatibus, cas-
» tellis, oppidis ac villis in Tusciæ parti-
» bus. »

Tune, Ludovice, cum Paschale pacisceris ? Si tua, id est, Imperii Romani sunt ista, cur alteri concedis ? Si ipsius et ab eo possidentur, quid attinet illa confirmare ? Quantulum

mer cette possession ? Tu ne conserveras pas grand'chose de l'Empire Romain si tu en livres la capitale : c'est de Rome que l'Empereur tire son nom de Romain. Mais quoi, tes autres domaines, sont-ils à toi, ou bien à Pascal ? J'entends ; tu dis qu'ils sont à toi. La Donation de Constantin ne vaut donc rien, si c'est toi qui possèdes des territoires qu'elle a concédés. Si elle vaut quelque chose, pourquoi Pascal te les laisse-t-il, retenant seulement ce qu'il a sous la main ? Que signifie, de toi à lui ou de lui à toi, une telle prodigalité de l'Empire Romain ? Tu as bien raison d'appeler cela un pacte ; c'est un pacte de voleurs. — « Que puis-

etiam ex Imperio Romano tuum erit, si caput Imperii amisisti : a Roma dicitur Romanus Imperator. Quid, cætera quæ possides, tuane an Paschalis sunt ? Credo, tua dices. Nihil ergo valet Donatio Constantini, si ab eo Pontifici donata tu possides. Si valet, quo jure Paschalis tibi cætera remittit, retentis tantum sibi quæ possidet ? Quid sibi vult tanta, aut tua in illum, aut illius in te de Imperio Romano largitio ? Merito igitur pactum appellas, quasi quamdam collusionem. « Sed quid faciam ? » inquies ;

» je faire? » diras-tu. «.Reprendrai-je de
». force ce que le Pape détient? Il s'est
». déjà rendu plus fort que moi. Le récla-
» merai-je au nom du droit? Mon droit
» n'est que ce qu'il voudra qu'il soit; je
» ne possède pas l'Empire par droit héré-
» ditaire, mais par convention; si je veux
» être Empereur, il me faut bien en re-
» tour faire maintes promesses au Pape.
» Lui dirai-je que Constantin n'a rien
» donné de l'Empire? Mais de cette façon
» je jouerais le jeu de l'Empereur Grec
» et je me frustrerais moi-même de la
» dignité impériale. Le Pape ne me fait
» Empereur que pour que je sois à son
» égard une espèce de vicaire; si je ne

« repetam armis quæ Papa occupat? At ipse
» jam factus est me potentior. Repetam
» jure? At jus meum tantum est quantum
» ille esse voluerit; non enim hereditario
» nomine ad Imperium veni, sed pacto, ut si
» Imperator esse volo, hic et hic invicem
» promittam Papæ. Dicam nihil donasse ex
» Imperio Constantinum? At isto modo cau-
» sam agerem Græci Imperatoris et me om-
» nino fraudarem imperii dignitate. Hac
» enim ratione Papa se dicit facere Impera-
» torem me, quasi quemdam vicarium suum,

» promets rien, il ne fera rien et si je
» manque à ma promesse, il me dépo-
» sera : du moment qu'il me gratifie,
» j'abonde dans son sens, je fais pacte
» avec lui. Mais crois-moi, si je possédais
» Rome ou la Toscane, il s'en faut que
» je fisse ce que je fais : Pascal aurait
» beau me chanter son histoire de Do-
» nation ; je sais bien qu'elle est fausse. A
» l'heure qu'il est, je cède ce que je n'ai
» pas et ce que je ne puis espérer jamais
» avoir. Je n'ai donc pas à m'inquiéter
» des droits du Pape, c'est l'Empereur
» de Constantinople que cela regarde. »

Tu es tout excusé auprès de moi, Louis, et j'excuse de même tout Prince

» et nisi promittam, non facturum, et nisi
» pareat, me abdicaturum : dummodo mihi
» det, omnia fatebor, omnia paciscar. Mihi
» tamen crede, si Romam ego aut Tusciam
» possiderem, tantum abest ut facerem quæ
» facio ; ut etiam frustra mihi Paschalis Dona-
» tionis, sicut reor falsæ, caneret cantilenam.
» Nunc concedo quæ nec teneo nec habitu-
» rum esse me spero ; de jure Papæ ad me
» inquirere non pertinet, sed ad Constanti-
» nopolitanum Augustum. »

Jam apud me excusatus es, Ludovice, et

dans la même position que Louis. Que
devons-nous soupçonner des pactes des
autres Empereurs avec les Souverains
Pontifes quand nous savons ce que fit
Sigismond, Prince d'ailleurs excellent et
le plus puissant de tous, mais alors déjà
vieux et par cela même moins hardi? Après
avoir traversé l'Italie à la tête d'un petit
nombre de soldats, nous l'avons vu
vivre de jour en jour resserré dans Rome
et tout près de mourir de faim, si Eugène ne l'eût hébergé, mais non gratis,
car il lui extorqua la Donation. Venu à
Rome pour se faire couronner Empereur
des Romains, il ne put l'obtenir du Pape
avant de ratifier la Donation de Con-

quisquis alius Princeps et Ludovici similis.
Quid de aliorum Imperatorum cum Summis Pontificibus pactione suspicandum
est, cum sciamus quid Sigismundus fecerit,
Princeps alioqui optimus et fortissimus,
sed jam confecta ætate minus fortis, quem
per Italiam paucis stipatoribus septum in
diem vivere vidimus Romæ et fame peritu-
rum, nisi eum, sed non gratis, extorsit enim
Donationem, Eugenius pavisset. Is cum Romam venisset, ut pro Imperatore Romanorum coronaretur, non aliter coronari a Papa

stantin et de la renouveler en entier pour son propre compte. Quoi de plus contradictoire que d'être couronné comme Empereur Romain moyennant que l'on renonce à Rome, d'être couronné par celui-là même que l'on avoue faire, autant qu'il est en soi, possesseur de l'Empire Romain, et en faveur duquel on ratifie cette Donation de Constantin qui, si elle était véritable, ne laisserait rien de l'Empire à l'Empereur? Un enfant, je pense, ne le ferait pas. Après cela, il est bien moins étonnant que le Pape s'arroge le droit de couronner l'Empereur, droit qui devrait appartenir au peuple Romain.

potuit quam ut Constantini Donationem ratam haberet eademque omnia de integro donaret. Quid magis contrarium quam pro Imperatore Romano coronari qui Romæ ipsi renunciasset, et coronari ab illo quem et confiteatur, et quantum in se est dominum Romani Imperii faciat, ac ratam habere Donationem, quam, vera si sit, nihil Imperatori de Imperio reliquo fiat? Quod, ut arbitror, nec pueri fecissent. Quo minus mirum si Papa arrogat sibi Cæsaris coronationem, quæ populi Romani esse deberet.

Si tu as le pouvoir, ô Pape, d'enlever à l'Empereur Grec l'Italie et les provinces d'Occident, puis de faire un Empereur Latin, qu'as-tu besoin de pacte? Pourquoi partages-tu avec un autre les possessions du César? Pourquoi ne te donnes-tu pas l'Empire à toi-même? Celui qui se dit Empereur des Romains doit pourtant savoir, quel qu'il soit, qu'il n'est, je pense, ni Auguste, ni César, ni Empereur, s'il ne possède Rome, et que s'il ne s'efforce de recouvrer Rome, c'est un parjure. Les anciens Césars, et Constantin tout le premier, n'étaient pas forcés de prêter le serment auquel sont astreints aujourd'hui les Césars ; ils

Si tu, Papa, et potes Græcum privare Imperatorem Italia provinciisque Occidentis et Latinum Imperatorem facis, cur pactionibus uteris? Cur bona Cæsaris partiris? Cur Imperium in te non transfers? Quare sciat quisquis est qui dicitur Imperator Romanorum, me judice se non esse nec Augustum, nec Cæsarem, nec Imperatorem, nisi Romæ imperium teneat, et nisi operam det ut Romam urbem recuperet, plane esset perjurum. Nam Cæsares illi priores, quorum fuit primus Constantinus, non

juraient au contraire de ne souffrir, autant qu'il est au pouvoir de l'homme, aucun amoindrissement de la grandeur de l'Empire, de l'augmenter plutôt. Ils ne sont pas pourtant appelés Augustes parce qu'ils devaient augmenter l'Empire, comme le croient des gens peu forts en Latin; Auguste veut dire sacré et vient de *avium gustus*, à cause des oiseaux dont on tirait des auspices; la preuve en est dans la langue grecque où Auguste se traduit par Σεβαστός, ce qui a fait donner son nom à la ville de Sebastia. Pour le Pape, c'est bien d'*augeo*, j'augmente; qu'on devrait l'appeler Auguste, si à

adigebantur jusjurandum interponere quo nunc Cæsares obstringuntur; sed quantum humana ope præstari potest nihil imminuturos esse de amplitudine Imperii Romani, eamque sedulo adaucturos. Non ea re tamen vocantur Augusti quod Imperium augere deberent, ut aliqui sentiunt, Latinæ linguæ imperiti; est enim Augustus quasi sacer, ab *avium gustu* dictus, quæ in auspiciis adhiberi solebant, Græcorum quoque testante lingua, apud quos Augustus Σεβαστός dicitur, unde Sebastia vocata. Melius Summus Pontifex ab *augendo* Augustus dicere-

mesure qu'il étend le pouvoir temporel il ne diminuait le pouvoir spirituel.

Tu vois donc que plus un Pape est détestable, plus il lui incombe de défendre cette Donation. Vois, par exemple, Boniface VIII, qui trompa Célestin à l'aide de tuyaux cachés dans la cloison; il écrivit en faveur de la Donation de Constantin et déshérita le roi de France de son royaume, qu'il revendiqua en vertu de cette Donation, comme possession de l'Église Romaine; prétention que ses successeurs, Benoît et Clément, abdiquèrent comme malhonnête et injuste.

tur, nisi quod dum temporalia *auget*, spiritualia minuit.

Itaque videas ut quisque pessimus est Summorum Pontificum, ita maxime defendendæ huic Donationi incumbere ; qualis Bonifacius octavus qui Celestinum tubis parieti insertis decepit : hic et de Donatione Constantini scribit et regem Franciæ regno privavit regnumque ipsum, quasi Donationem Constantini exsequi vellet, Ecclesiæ Romanæ fuisse et esse subjectum judicavit; quod statim successores ejus Benedictus et Clemens, ut improbum injustumque revocarunt.

Mais, ô Pontifes Romains, que signifie cette inquiétude qui vous pousse à exiger de chaque Empereur la confirmation de la Donation de Constantin, sinon que vous manquez de confiance en votre droit? Vous lavez une tuile, comme on dit; car cette Donation n'a jamais existé, et ce qui n'existe pas ne peut recevoir de confirmation; tout ce que donnent les Empereurs, ils le font trompés par l'exemple de Constantin, et ils ne peuvent donner l'Empire.

Soit, pourtant; admettons que Constantin ait fait une donation, que Sylvestre ait été mis autrefois en possession,

Verum quid sibi vult ista vestra, Pontifices Romani, sollicitudo quod a singulis Imperatoribus Donationem Constantini exigitis confirmari, nisi quod juri diffiditis vestro? Sed laterem lavatis, ut dicitur; nam neque illa unquam fuit, et quod non est confirmari non potest, et quicquid donant Caesares decepti exemplo Constantini faciunt, et donare Imperium nequeunt.

Age vero, demus Constantinum donasse Sylvestrumque aliquando possedisse, sed

et que plus tard, lui ou quelqu'un de
ses successeurs se soit trouvé dépossédé.
Je parle maintenant de ce qu'il ne possède pas, me réservant de dire plus tard
un mot de ce qu'il possède; que puis-je
faire plus pour vous que d'admettre la
réalité de ce qui n'est pas, de ce qui n'a
jamais pu exister? Eh bien, je vous dis
que vous ne pouvez, ni de droit humain
ni de droit divin, prétendre rien recouvrer. Dans l'ancienne loi, il était défendu
qu'un Hébreu fût esclave d'un autre
Hébreu plus de six ans, et tous les cinquante ans les domaines engagés faisaient retour à leur ancien possesseur :
sous le règne de la grace, un Chrétien

postea vel ipsum, vel aliquem ipsius successorum a possessione dejectum. Loquor nunc
de his quæ Papa non possidet; postea loquar
de his quæ possidet. Quid possum vobis
magis dare quam ut ea quæ nec fuerunt
nec esse poterunt fuisse concedam? Tamen
dico vos nec jure divino nec humano ad
recuperationem agere posse. In lege veteri
Hebræus supra sextum annum Hebræo servire vetabatur, et quinquagesimo quoque
anno omnia redibant ad pristinum dominum : tempore gratiæ, Christianus a Vicario

sera-t-il condamné par le Vicaire du Christ, qui nous a rachetés de la servitude, à un esclavage éternel? Que dis-je? sera-t-il remis en servitude après avoir été fait libre, après avoir longtemps joui de la liberté? Je veux taire ce qu'a le plus souvent de cruel, de violent et de barbare la domination des prêtres; si on l'ignorait autrefois, on le sait aujourd'hui par ce monstre, cette bête féroce de Giovanni Vitelleschi, Cardinal et Patriarche, qui a gorgé de sang chrétien ce glaive dont Pierre avait coupé l'oreille de Malchus; aussi a-t-il péri par le glaive (1).

Christi, redemptoris nostræ servitutis, premetur servitio æterno ? Quid dicam, revocabitur ad servitutem, postquam liber factus est diuque potitus libertate ? Sileo quam sævus, quam vehemens, quam barbarus dominatus frequenter est sacerdotum; quod si antea ignorabatur, nuper est cognitum ex monstro illo atque portento Johanne Vitellesco, Cardinale et Patriarcha, qui gladium Petri quo auriculam Malcho abscidit, in Chri-

(1) Voir, au sujet de ce Cardinal, les *Facéties* de Pogge, CLXVIII, et à l'Index des Noms propres, au mot *Vitelleschi* (Paris, Liseux, 1878, 2 vol. in-18).

Le peuple d'Israël a pu se soustraire aux rois de la maison de David et de Salomon, qu'avaient sacrés des prophètes envoyés par Dieu, quand leur joug fut insupportable; Dieu approuva leur conduite, et nous ne pourrions nous soustraire à l'abominable tyrannie de gens qui ne sont aucunement Rois, qui ne peuvent même l'être, et qui de pasteurs de brebis, c'est-à-dire d'âmes, se sont faits des voleurs et des brigands?

Pour en venir au droit humain, qui ignore que la guerre ne crée pas de droit, ou que, si elle en crée, ce droit ne vaut que tant que tu possèdes ce que la guerre

---

stianorum sanguine lassavit : quo gladio et ipse periit. An vero populus Israel a domo David et Salomonis, quos prophetæ a Deo missi inunxerant, tamen propter graviora onera desciscere liquit, factumque eorum Deus probavit; nobis ob tantam tyrannidem desciscere non licebit, ab his præsertim qui nec sunc Reges nec esse possunt, et qui de pastoribus ovium, id est animarum, facti sunt fures ac latrones?

Et ut ad jus humanum veniam, quis ignorat nullum jus esse bellorum, aut si quod est, tamdiu valere quamdiu possideas

t'a donné? En perdant la possession, tu as perdu ton droit; les prisonniers, s'ils prennent la fuite, personne n'a l'idée d'aller les réclamer en justice; il en est de même du butin, si les premiers propriétaires parviennent à le recouvrer. Je ne puis même pas réclamer des abeilles ou certaines espèces d'oiseaux, si elles s'envolent trop loin de chez moi et vont s'établir chez un autre. Toi, tu prétends réclamer l'homme, qui est non seulement un être libre, mais le roi des êtres, après qu'il s'est remis en liberté de force et les armes à la main; et tu veux le reprendre non de force et les armes à la main, mais en vertu du droit, comme si

quæ bello parasti? Nam cum possessionem perdis et jus perdidisti; ideoque captivos, si fugerint, nemo ad judicem repetere solet, etiam nec prædas, si eas priores domini receperint. Apes et quædam alia volucrum genera, si e privato meo longius evolaverint et in alieno desederint, repeti non queunt. Tu homines, non modo liberum animal, sed dominum cæterorum, si se in libertatem manu et armis asseruerint, non manu et armis repetis, sed jure, quasi tu homo sis, illi pecudes? Neque est quod dicas: Romani

toi seul étais un homme et que les autres hommes fussent du bétail? Ne viens pas me dire que les Romains ont, pour de justes causes, fait la guerre aux nations et qu'ils les ont tout aussi justement réduites en servitude; ne m'amène pas sur ce sujet, de peur que je ne sois forcé d'incriminer nos vieux ancêtres, car nul méfait n'a pu être assez grave pour mériter à des peuples une servitude éternelle : avec cela que souvent c'est par la faute du Prince ou, dans les Républiques, par la faute de quelque citoyen, que les peuples ont été entraînés à la guerre, et, vaincus, ont subi la peine d'une servitude imméritée; toute l'histoire est pleine de ces exem-

juste bella nationibus intulerunt, justeque libertate illas exuerunt; noli me vocare ad istam quæstionem, ne quid in Romanos meos cogar dicere, quanquam nullum crimen tam grave esse potuit ut æternam mererentur populi servitutem; cum eo quod sæpe culpa Principis, magni vel alicujus in republica civis, bella gesserunt et victi immerita servitutis pœna affecti sunt; quorum exemplis plena sunt omnia. Neque vero lege naturæ comparatum est, ut populus sibi populum subigat; præcipere

ples. Ce n'est pas en vertu d'une loi de
nature qu'une nation subjugue une autre
nation; nous pouvons les enseigner, les
exhorter : mais les contraindre et leur
faire violence, nous ne le pouvons pas,
à moins que dépouillant tout sentiment
humain, nous ne veuillons imiter les
bêtes féroces qui exercent sur les plus
faibles une suprématie sanguinaire,
comme le lion sur les quadrupèdes,
l'aigle sur les oiseaux, le dauphin sur les
poissons. Encore ces bêtes féroces ne
réclament-elles aucun droit sur les animaux de leur espèce, mais sur ceux d'un
ordre inférieur, ce que nous devrions
bien imiter en ayant, hommes, le respect
de l'homme, puisque, suivant le mot de

aliis eosque exhortari possumus, imperare
illis ac vim afferre non possumus, nisi relicta humanitate, velimus ferociores belluas imitari quæ sanguinarium in infirmiores imperium exercent, ut leo in
quadrupedes, aquila in volucres, delphinus
in pisces. Verumtamen hæ belluæ non in
suum genus sibi jus vendicant, sed in inferius; quod quantomagis nobis faciendum
est, et homo homini religioni habendus
cum, ut M. Fabius inquit, nulla super ter-

M. Fabius, il n'est pas sur terre d'animal si farouche à qui son image ne soit sacrée.

Il y a quatre causes pour lesquelles on fait la guerre : on la fait, soit pour venger une injure ou défendre ses alliés ; soit par crainte de quelque funeste aventure si on laisse s'accroître la puissance des autres ; soit par l'appât du butin ; soit par amour de la gloire. De ces quatre motifs, le premier est très-honorable, le second l'est peu, les deux autres ne le sont point du tout. Sans doute, les Romains eurent à subir des guerres fréquentes, mais après s'être défendus : et alors ils ont attaqué tantôt les uns, tantôt

ras adeo rabiosa bellua cui non imago sua sancta sit.

Itaque fere quatuor causæ sunt ob quas bella inferuntur : aut ob ulciscendam injuriam defendendosque amicos, aut timore accipiendæ postea calamitatis, si vires aliorum augeri sinantur, aut spe prædæ, aut gloriæ cupiditate ; quarum prima nonnihil honesta, secunda parum, duæ posteriores nequaquam honestæ sunt. Et Romanis quidem illata fuere frequenter bella, sed postquam se defenderant, et illis et aliis ipsi

les autres ; pas une nation ne s'est soumise à eux avant qu'ils ne l'eussent vaincue et domptée. Avaient-ils pour eux le bon droit et la justice? C'est leur affaire ; je ne voudrais ni les accuser, s'ils ont fait des guerres injustes, ni les absoudre, quand même ils n'auraient combattu que pour la justice ; je dirai seulement que les Romains firent la guerre aux nations par les mêmes raisons qui y poussèrent les autres peuples et Rois, et que les nations vaincues, écrasées, avaient le droit de se soustraire au joug des Romains, de même qu'elles avaient été arrachées par eux à leurs anciens maîtres. A moins qu'on ne pré-

intulerunt, nec ulla gens est quæ ditioni eorum cesserit, nisi bello victa et domita : quam recte aut qua causa, ipsi viderint ; ego nolim nec damnare tanquam injuste pugnaverint, nec absolvere tanquam juste ; tantum dicam eadem ratione Romanos cæteris bella intulisse, qua reliqui populi Regesque, atque ipsis qui bello lacessiti victique sunt, licuisse deficere a Romanis, ut ab aliis dominis defecerunt : ne forte, quod nemo diceret, imperia omnia ad vetutissimos illos, qui primi domini fuere, id est,

tende, contre toute vraisemblance, que
le pouvoir dût partout faire retour à ces
anciens souverains, c'est-à-dire à ceux
qui les premiers s'étaient emparés du bien
des autres. Or, le peuple Romain possède
sur les nations vaincues un droit bien
supérieur à celui des Césars, oppresseurs
de la République. Si donc il était permis
aux nations de faire défection à Constantin, et, ce qui est bien plus, au
peuple Romain lui-même, à plus forte
raison peuvent-elles abandonner celui à
qui Constantin a cédé son pouvoir. Pour
aller plus loin encore, si les Romains
avaient le droit ou de renverser Constantin, comme Tarquin, ou de le tuer,
comme Jules César, à plus forte raison

qui primi surripuere aliena, referantur.
Et tamen melius in victis bello nationibus populo Romano quam Cæsaribus
Rempublicam opprimentibus jus est. Quocirca si fas erat gentibus a Constantino, et
quod multo plus est a populo Romano deficere, profecto et ab eo fas erit
cuiquam cesserit ille jus suum. Atque, ut
audacius agam, si Romanis licebat Constantinum aut ejicere ut Tarquinium, aut
occidere ut Julium Cæsarem, multomagis

est-il permis aux habitants de Rome ou des provinces de tuer celui qui a succédé à Constantin, à quelque titre que ce soit. Cela est évident, mais cette question sort de ma thèse. J'entends donc m'arrêter là, et de tout ce que je viens de dire ne retenir qu'une chose, à savoir qu'il est ridicule d'invoquer un droit écrit à propos de conquêtes faites les armes à la main : ce que l'on a acquis par la force, la force peut vous le reprendre.

D'autant mieux qu'à l'égard des peuples étrangers et nouveaux, les Goths, par exemple, qui jamais n'appartinrent à l'Empire Romain, qui, après en avoir chassé les habitants, s'emparèrent de

eum vel Romanis vel provinciis licebit occidere, qui in locum Constantini utcumque successit. Hoc etsi verum, tamen ultra causam meam est. Et idcirco me reprimere volo nec aliud ex his colligere quæ dixi, nisi ineptum esse, ubi armorum vis est, ibi jus quemque afferre verborum : quia quod armis acquiritur, id rursus armis amittitur.

Eo quidem magis quod aliæ novæ gentes, ut de Gothis accepimus, quæ nunquam sub Romano Imperio fuerunt, fugatis veteribus

l'Italie et d'une multitude de provinces ; serait-il juste de prétendre les remettre en servitude, eux qui n'y ont jamais été, eux les vainqueurs, et de les soumettre à qui peut-être ? à leurs vaincus ! Dans ces mêmes temps, si certaines villes, certaines nations, abandonnées, comme nous le savons, par l'Empereur, à l'approche des Barbares, se virent forcées d'élire un Roi qui les aidât à vaincre l'ennemi, faudra-t-il maintenant qu'elles le déposent, lui ou ses fils, tout recommandables qu'ils soient ou par le souvenir de leur père ou par leur propre mérite, qu'elles les rabaissent au rang de simples citoyens, pour retourner sous la domination du

incolis Italiam et multas provincias occuparunt, quas in servitutem revocari in qua nunquam fuerunt, quæ tandem æquitas est, præsertim victrices et fortasse a victis ? Quo tempore, si quæ urbes ac nationes, ut factum fuisse scimus, ab Imperatore desertæ ad Barbarorum adventum, necesse habuerunt deligere sibi Regem, sub cujus auspiciis victoriam reportarent, numquid hunc postea a principatu deponerent, aut ejus filios, tum commendatione patris, cum propria virtute favorabiles

Prince Romain, juste au moment où elles auraient le plus besoin de leur aide et qu'elles ne peuvent espérer d'autre secours ? Cette question, si l'Empereur lui-même, si Constantin, revenant à la vie, ou le Sénat et le peuple Romain la posaient devant quelque assemblée générale, telle qu'était en Grèce le conseil des Amphyctions, assurément leur requête serait repoussée de prime abord, parce que ces peuples sont depuis longtemps sous l'égide de leur Prince, parce qu'ils n'ont jamais subi le joug d'un roi étranger, parce qu'enfin ils se composent d'individus nés libres et qu'on réclamerait, pour

jubent esse privatos, ut iterum sub Romano Principe essent, maxime cum eorum opera assidue indigerent, et nullum aliunde auxilium sperarent? Hoc si Cæsar ipse, aut Constantinus ad vitam reversus, aut etiam Senatus populusque Romanus ad commune judicium, quale in Græcia Amphyxionum fuit, vocaret, prima statim actione repelleretur quod, a se olim custode desertos, quod tamdiu sub alio Principe degentes, quod numquam alienigenæ regi subditos, quod denique homines in libertate natos, et in libertatem robore animi

les placer dans l'esclavage et la sujétion, des hommes qui se sont affranchis par leur courage et leur vigueur. Il est donc clair que si l'Empereur, si le peuple Romain ne peuvent exercer à leur égard aucune répétition, à plus forte raison le Pape. Et s'il est permis aux autres peuples, qui dépendirent autrefois de Rome, de se donner un Roi ou de se mettre en République, encore mieux cela sera-t-il permis au peuple Romain lui-même, surtout en face d'un nouveau genre de despotisme, celui du Pape.

Dans l'impossibilité de défendre la Donation, qui n'a jamais existé et qui,

corporisque assertos, ad famulatum servitiumque reposceret. Ut appareat, si Cæsar, si populus Romanus a repetendo exclusus est, multo vehementius Papam esse exclusum. Et si licet aliis nationibus quæ sub Roma fuerunt, aut Regem sibi creare, aut Rempublicam tenere, multo magis id licere populo Romano, principue adversus novam Papæ tyrannidem.

Exclusi a defendenda Donatione adversarii, quod nec unquam fuit et si qua fuisset

eût-elle existé, serait périmée depuis longtemps, mes adversaires se réfugient derrière un autre retranchement, et comme abandonnant une ville prise se renferment dans la citadelle, où le manque de vivres les forcera bientôt de capituler. — Il y a, disent-ils, prescription en faveur de l'Église Romaine, pour ce qu'elle possède actuellement. — Pourquoi donc alors réclame-t-elle la plus grande partie de son domaine ? Elle ne peut, pour ces provinces qu'elle réclame, invoquer la prescription, et ce sont d'autres, au contraire, qui ont prescrit. A moins qu'on ne puisse faire contre 'Église ce qu'il lui est licite de faire

jam temporis conditione intercidisset, confugiunt ad alterum genus defensionis, et velut relicta urbe in arcem se recipiunt, quam statim deficientibus cibariis dedere cogentur. — Præscripsit, inquiunt, Romana Ecclesia in his quæ possidet. — Cur ergo, quæ majors pars est, ea reposcit in quibus non præscripsit, et in quibus alii præscripserunt? Nisi id non licet aliis in hanc, quod huic licet in alios. Præscripsit Romana Ecclesia; cur ergo ab Imperatoribus toties curat sibi jus confirman-

contre les autres. L'Église Romaine a
pour elle la prescription ! Pourquoi donc
alors prend-elle tant le soin de se faire
confirmer son droit par les Empereurs?
Pourquoi exhibe-t-elle ces donations et
ces confirmations des Césars? Si la prescription suffit, vous faites injure aux Empereurs; si vous vous prévalez d'un droit,
pourquoi encore vous prévaloir d'un autre? Sans doute parce que le premier est
insuffisant. L'Église Romaine a pour elle
la prescription! Et comment a-t-elle pu
prescrire, puisqu'il est clair qu'elle n'a
aucun titre et seulement une possession
de mauvaise foi, ou, si vous niez la possession de mauvaise foi, du moins ne nie-
rez-vous que cette possession ne fût erron-

dum ? Cur donationem confirmationem-
que Cæsarum jactat? Si hoc unum satis est,
injuriam eis facis; si de altero quoque jure
non sileas, cur igitur de altero non siles?
Nempe quia hoc non sibi sufficit. Præscripsit Romana Ecclesia; et quomodo potest præ-
scripsisse ubi de nullo titulo sed de malæ
fidei possessione constat, aut si malæ fidei
possessionem neges, profecto stultæ fidei
negare non possis? An in tanta re tamque
aperta excusata debet esse facti et juris igno-

née? En une affaire de telle importance et si évidente, peut-on excuser l'erreur de fait et de droit? de fait, puisque Constantin n'a donné ni Rome ni les provinces, chose qu'à la rigueur le premier venu peut ignorer, mais non le Souverain Pontife; de droit, puisque ni Constantin ne pouvait les donner, ni le Pape les accepter, ce qu'il est presque indigne d'un Chrétien de ne pas savoir. Votre folle crédulité vous acquiert-elle donc des droits à une possession que, si vous aviez été plus prudents, vous n'auriez jamais eue? Et maintenant, après que je vous ai démontré que votre ignorance et votre sottise sont les seules bases de votre possession, ne perdrez-vous pas ces

rantia? facti quidem quod Romam provinciasque non dedit Constantinus, quod ignorare utpote hominis est non Summi Pontificis; juris autem quod illa aut nec donari potuere nec accipi, quod nescire vix Christiani est. Itane stulta credulitas dabit tibi jus in his quæ, si prudentior fores, tua nunquam fuissent? Quid, nonne nunc saltem, postquam te per ignorantiam atque stultitiam possedisse docui, jus illud, si quod erat, amittes, et quod inscitia male contu-

droits, si vous les aviez? Ce que vous détenez à tort, la révélation de votre incapacité ne vous l'enlève-t-elle pas à bon droit, et votre domaine ne doit-il point passer de l'illégitime au légitime possesseur, peut-être même avec les intérêts? Que si dorénavant vous prétendez détenir à juste titre, votre ignorance devient de la perversité, de la fourberie, et vous êtes virtuellement des possesseurs de mauvaise foi.

L'Église Romaine a pour elle la prescription! O imbéciles! O ignorants du droit divin! Il n'est si longue suite d'années qui puisse abolir un titre légitime. Est-ce que, si j'étais pris par les Barbares et cru mort, revenu chez moi après

lerat tibi, nonne id rursum cognitio tibi bene adimet, mancipiumque ab injusto ad justum dominum revertetur, fortassis etiam cum usufructu? Quod si adhuc justitia possidere pergis, jam inscitia in malitiam fraudemque conversa est, planeque effectus es malæ fidei possessor.

Præscripsit Ecclesia Romana! O imperiti, ô divini juris ignari! Nullus quantumvis annorum numerus verum abolere titulum potest. An vero captus ego a Barbaris, credi-

cent ans de captivité, j'aurais perdu le droit de réclamer l'hérédité paternelle ? Quoi de plus inhumain ? Pour prendre un autre exemple, quand les Ammonites redemandèrent le territoire qui s'étendait des confins d'Arnon jusqu'à Labat et au Jourdain, Jephté, chef d'Israël, leur répondit-il qu'Israël invoquait une prescription de trois cents ans, ou bien qu'ils n'avaient jamais possédé ce territoire qu'ils réclamaient, appartenant aux Amorrhéens, et que la meilleure preuve c'est que durant un si long espace de temps les Ammonites ne l'avaient pas réclamé ? L'Église Romaine a pour elle la

tusque periisse, post centum annos quibus captivus fui, post liminio reversus paternæ hæreditatis repetitor excludar? Quid hac re humanius? Atque, ut aliquod afferam exemplum, num Jephte, dux Israël, reposcentibus filiis Ammon terram a finibus Arnon usque in Labat atque in Jordanem, respondit : « Præscripsit Israël jam per trecentos annos? » An quod nunquam illorum, sed Amorrheorum fuisset terra quam reposcerent, ostendit, et hoc argumentum esse, ad Ammonitas illam non pertinere, quod nunquam intra tot annorum curriculum repos-

prescription ! Tais-toi, langue abominable. La prescription qui s'acquiert sur les choses inanimées ou les êtres privés de raison, tu prétends l'acquérir sur l'homme, dont la possession est d'autant plus criminelle qu'elle a eu une plus longue durée. Les oiseaux, les animaux sauvages ne se laissent pas prescrire ; si longtemps qu'on les ait retenus, ils s'échappent dès qu'ils peuvent et qu'ils en trouvent l'occasion ; et l'homme asservi par l'homme ne pourrait pas s'affranchir ?

Mais vois maintenant combien la perfidie et la fraude eurent plus de part que l'ignorance dans la détermination des

cissent? Præscripsit Ecclesia Romana! Tace, nefaria lingua. Præscriptionem, quæ fit de rebus mutis et irrationalibus, ad homines transfers, cujus quo diuturnior in servitute possessio eo est detestabilior. Aves ac feræ in se præscribi nolunt, sed quantolibet tempore possessæ, cum libuerit et oblata fuerit occasio, abeunt ; hominem ab homine possesso abire non licebit ?

Accipe unde magis fraus dolusque quam ignorantia Romanorum Pontificum appareat,

Souverains Pontifes, et qu'ils s'appuyèrent plutôt sur la guerre que sur le droit, tout comme firent, je le crois bien, les premiers Papes pour s'emparer de Rome. Un peu avant ma naissance (j'en appelle au souvenir de ceux qui vivaient alors), ce fut par un genre de fraude jusque-là inconnu que Rome, longtemps libre, subit la domination ou pour mieux dire la tyrannie papale. L'auteur de ce forfait fut Boniface IX, semblable à Boniface VIII par le nom et la perfidie, si toutefois on devrait appeler Bonifaces ceux qui font le mal. Quand les Romains, s'apercevant de la fourberie, vinrent exhaler leurs plaintes, le

utentium judice bello non jure, cui simile quoddam primos Pontifices in occupanda urbe cæterisque oppidis credo fecisse. Parum ante me natum, testor eorum memoriam qui interfuerunt, per inauditum genus fraudis Roma papale accepit imperium seu tyrannidem potius, cum diu libera fuisset. Is fuit Bonifacius nonus, octavo in fraude et nomine par, si modo Bonifacii dicendi sunt qui pessime faciunt. Et cum Romani, deprehenso dolo, apud se indignarentur, Bonifacius Papa in morem Tarquinii summa quoque

Pape Boniface, à la façon de Tarquin, se mit, lui aussi, à décapiter des pavots à coups de baguette. Lorsqu'après lui son successeur, Innocent, voulut l'imiter, il fut chassé de la ville. Je ne veux rien dire des autres Pontifes qui ont toujours tenu Rome dans l'oppression par la force des armes ; toutes les fois qu'elle le put, elle s'insurgea, comme il y a six ans, quand ne pouvant obtenir la paix ni d'Eugène, ni des ennemis qui l'assiégeaient, elle investit elle-même le Pape dans son palais et ne lui permit pas de se retirer avant d'avoir traité avec l'ennemi ou abandonné le gouvernement de la ville aux citoyens. Il aima mieux s'échap-

papavera virga decussit. Quod cum postea qui ei successit Innocentius imitare vellet, urbe fugatus est. De aliis Pontificibus nolo dicere, qui Romam vi semper oppressam armisque tenuerunt ; licet quoties potuit rebellavit, ut sexto ab hinc anno cum pacem ab Eugenio obtinere non posset, nec pax esset hostibus qui eam obsidebant, et ipsa Papam intra ædes obsedit, non permissura illum abire priusquam aut pacem cum hostibus faceret, aut administrationem civitatis relegaret ad cives. At ille maluit ur-

per sous un déguisement, suivi d'un seul compagnon de fuite, que d'obtempérer aux justes et légitimes revendications des habitants; si on leur laissait le choix, qui donc ignore qu'ils choisiraient plutôt d'être libres que d'être esclaves? On peut soupçonner qu'il en est de même des autres villes qui sont retenues dans l'oppression par le Pape, lui qui au contraire aurait dû les délivrer de l'oppression.

Il serait trop long d'énumérer toutes les villes qu'après les avoir prises à l'ennemi, les Romains firent libres : au point que Titus Flaminius affranchit la Grèce entière, asservie par Antiochus, et la

bem deserere dissimulato habitu, uno fugæ comite, quam civibus gratificari justa et æqua petentibus; quibus si des electionem, quis ignorat libertatem magisquam servitium electuros? Idem suspicari libet de cæteris urbibus quæ a Summo Pontifice in servitute retinentur, per quem a servitute liberari debuissent.

Longum esset recensere quot urbes ex hostibus captas populus Romanus olim liberas fecit, adeo ut Titus Flaminius omnem Græciam, quæ sub Antiocho fuisset,

laissa se gouverner d'après ses propres lois. Ce n'est pas l'affaire du Pape, à ce qu'il paraît ; bien loin de là, il tend avec soin des embûches à la liberté des peuples, si bien que ceux-ci journellement, dès que l'occasion se présente, se révoltent ; vois un peu ce qui se passe à Bologne. Si par hasard, ce qui peut arriver, quelque danger menaçant d'autre part, ils ont de plein gré consenti à la domination papale, est-ce à dire qu'ils ont consenti à devenir des serfs, à ne jamais pouvoir se soustraire au joug, à ce que ceux qui n'étaient pas encore nés alors n'eussent pas la libre disposition d'eux-mêmes ? Ce serait la plus

liberam esse et suis uti legibus juberet. At non Papa, ut videre licet ; insidiatur sedulo libertati populorum, ideoque vicissim illi quotidie oblata facultate (ad Bononiam modo respice) rebellant. Qui siquando sponte (quod evenire potest, aliquo aliunde periculo urgente) in papale imperio consenserunt, non ita accipiendum est consensisse ut servos se facerent, ut nunquam subtrahere a jugo colla possent, ut postea nati non et ipsi arbitrium sui habeant ; nam hoc iniquissimum foret. « Sponte ad te, Summe Pon-

grande iniquité. « Nous sommes venus
» à toi spontanément, ô Souverain
» Pontife, pour être gouvernés par toi;
» spontanément nous te quittons pour
» que tu ne nous gouvernes pas da-
» vantage. Si nous te devons quelque
» chose, qu'on fasse le compte de ce que
» nous avons donné et de ce que nous
» avons reçu. Tu veux nous régir mal-
» gré nous, comme si nous étions des
» mineurs, nous qui peut être pourrions
» te régir toi-même plus sagement que tu
» ne le fais. Ajoute les mauvais traite-
» ments que cette cité est si souvent obli-
» gée de subir ou de toi ou de tes ma-
» gistrats. Nous en prenons Dieu à
» témoin, ton mauvais gouvernement

» tifex, venimus, ut nos gubernares; sponte
» nunc rursus abs te ne gubernes diutius
» recedimus. Si qua tibi a nobis debentur,
» ponatur calculus datorum et acceptorum.
» Invitos et gubernare vis, quasi pupilli
» simus, qui te ipsum forsitan sapientius
» gubernare possemus. Adde huc injurias
» quas aut abs te, aut a tuis magistratibus
» huic civitati frequentissime inferuntur.
» Deum testamur, injuria cogit nos rebel-
» lare, ut olim Israël a Roboam fecit, et quæ

» nous force à nous soulever, comme au-
» trefois Israël contre Roboam ; autant
» celui-ci se rendit insupportable, autant
» il nous l'est d'acquitter envers toi de
» trop lourds tributs, et ce n'est qu'une
» partie de nos maux. Pourquoi non, si
» tu épuises notre pays? et tu l'as épuisé ;
» si tu dépouilles nos églises? et tu les
» as dépouillées; si tu déshonores nos
» vierges, nos mères de famille? et tu les
» as déshonorées; si tu inondes la ville
» du sang de ses citoyens? et tu l'en as
» inondée. Nous faut-il endurer cela?
» Puisque tu cesses d'être pour nous un
» père, ne devons-nous pas plutôt aussi
» oublier que nous sommes tes enfants?
» Ce peuple t'a pris pour père, ô Souve-

» tanta fuit illa injuria, quanta portio no-
» stræ calamitatis graviora solvere tributa.
» Quid non, si rempublicam nostram
» exhaurias? exhausisti ; si templa spolies?
» spoliasti; si virginibus matribusque fa-
» milias stuprum inferas? intulisti; si ur-
» bem sanguine civili profundas? profudisti.
» Hæc nobis sustinenda sunt? An potius,
» cum tu pater nobis esse desieris, nos quo-
» que filios esse obliviscemur? Pro patre,
» Summe Pontifex, aut si hoc magis te juvat,

» rain Pontife, ou, si cela te plait
» mieux, pour maître; il ne t'a pas pris
» pour ennemi et pour bourreau : tu
» ne veux être ni un père ni un maître,
» mais un bourreau. La cruauté, la
» méchanceté dont tu as usé envers
» nous, nous pourrions en user vis-à-vis
» de toi, par droit de représailles; mais
» nous sommes Chrétiens, nous ne t'imi-
» terons pas, nous ne brandirons pas
» au-dessus de ta tête le glaive de la
» vengeance; après t'avoir déposé, chassé,
» nous en prendrons un autre pour père
» ou pour maître. Un fils peut toujours
» quitter ses parents par qui il a été
» engendré, s'ils sont pervers; et nous

» pro domino hic populus te advocavit, non
» pro hoste atque carnifice : patrem agere
» aut dominum non vis, sed hostem ac
» carnificem. Nos sævitiam tuam impie-
» tatemque, etsi jure offensæ poteramus,
» tamen quia Christiani sumus, non imita-
» bimur; nec in tuum caput ultorem strin-
» gemus gladium, sed te abdicato atque
» submoto alterum patrem dominumve,
» adoptabimus. Filiis a malis parentibus a
» quibus geniti sunt fugere licet, nobis a
» te non vero patre sed adoptivo et pessime

» ne pourrions te quitter, toi qui n'es
» qu'un père adoptif et qui nous mal-
» traites si durement? Pour toi, occupe-
» toi de ce qui regarde le sacerdoce, et
» ne va pas te planter au Septentrion
» et de là lancer la foudre et les éclairs
» sur ce peuple ni sur les autres. »

Mais à quoi bon appuyer davantage sur ce qui est si clair? Mon sentiment est donc que non seulement Constantin n'a pas donné tant de provinces, ni le Pontife Romain pu acquérir sur elles la moindre prescription, mais qu'en admettant qu'il y ait eu et donation et prescription, l'un et l'autre droit sont

» nos tractante non licebit? Tu vero, quæ
» sacerdotii operis sunt, cura, et noli tibi
» ponere sedem ad Aquilonem et illic to-
» nando fulgurantia fulmina in hunc popu-
» lum cæterosque vibrare. »

Sed quid plura opus est in re apertissima dicere? Ego non modo Constantinum non donasse tanta, non modo non potuisse Romanum Pontificem in eisdem præscribere, sed etsi utrumque esset, tamen utrumque jus sceleribus possessorum exstinctum esse

invalidés aujourd'hui par la scélératesse des possesseurs, quand nous voyons que la ruine et la désolation de toute l'Italie et de nombre de provinces ont découlé de cette unique source. Si la source est empoisonnée, le cours d'eau l'est également; si la racine est malsaine, les rameaux sont malsains; si quelque partie du tout n'est pas pure, le tout ne peut l'être. Par conséquent et en sens inverse, si le cours d'eau est empoisonné, il faut boucher la source; si les rameaux sont malsains, le mal vient de la racine; si le tout n'est pas pur, la partie gâtée doit être rejetée. Pouvons-nous admettre comme légitime le principe de

contendo, cum videamus totius Italiæ multarumque provinciarum cladem ac vastitatem ex hoc uno fonte fluxisse. Si fons amarus est, et rivus; si radix immunda, et rami; si delibatio sancta non est, nec massa. Ita e diverso, si rivus amarus, fons obstruendus est; si rami immundi; ex radice vitium venit; si massa sancta non est, delibatio quoque abominanda est. An possumus principium potentiæ papalis pro jure proferre, quod tantorum scelerum tantorumque omnis generis malorum cernimus esse cau-

la puissance papale, quand nous voyons qu'il a été la cause de tant de crimes et de tant de maux de toute espèce? C'est pourquoi je veux dire et crier bien haut (car, sûr de l'appui de Dieu, je ne crains pas les hommes), que nul, de mon temps, élevé au Souverain Pontificat, n'a été un fidèle et prudent économe des biens de l'Église ; le Pape est si loin de donner la pâture aux serviteurs de Dieu, qu'il les donnerait plutôt eux-mêmes en pâture comme une bouchée de pain. Le Pape va porter la guerre chez des Nations qui vivent en paix, il fomente des discordes entre les villes et les Princes ; le Pape a soif des biens des autres et dévore les siens ; comme Achille le reproche à

sam ? Quamobrem dico et exclamo (neque enim timebo homines, Deo fretus) neminem mea ætate in Summo Pontificatu fuisse, aut fidelem dispensatorem, aut prudentem ; qui tantum abest ut dederit familiæ Dei cibum, ut donaret illam velut cibum et escam panis. Papa et ipse bella pacatis populis infert, et inter civitates Principesque discordias ferit ; Papa et alienas sitit opes et suas exsorbet, ut Achilles in Agamemnonem : Δημοβόρος Βασιλεὺς, populi vorator. Papa

Agamemnon, c'est un Δημοβόρος Βασιλεύς, un Roi mangeur de son peuple. Le Pape ne se contente pas de faire argent du domaine public, ce que n'oserait ni un Verrès, ni un Catilina, ni aucun autre coquin : il vend jusqu'à la messe et jusqu'au salut, ce que Simon le Magicien lui-même anathématisait. Et lorsqu'on l'en avertit, lorsqu'il est repris par quelques gens de bien, au lieu de nier, il avoue hautement la chose, il s'en glorifie, et dit être en droit d'arracher par tous les moyens à ceux qui le détiennent actuellement, le patrimoine donné à l'Église par Constantin; comme si, après l'avoir recouvré, la religion Chrétienne devait jouir d'une complète béatitude et ne pas

non modo rempublicam, quod non Verres, non Catilina, non quispiam peculator auderet, sed et rem ecclesiasticam et spem sanctam quæstui habet, quod Simon ille Magus et detestetur. Et cum horum admonetur, et a quibusdam bonis viris reprehenditur, non negat, sed palam fatetur atque gloriatur, licere ei quavis ratione patrimonium Ecclesiæ a Constantino donatum ab occupantibus extorquere; quasi eo recuperato religio Christiana futura sit beata, et non

être souillée de plus d'infamie, de luxure et de déréglements ! Si toutefois elle peut être souillée davantage, s'il y a place encore pour de nouveaux crimes ! Pour recouvrer les autres morceaux de cette Donation, le Pape extorque frauduleusement les sous des bonnes gens et les dépense plus mal encore : il nourrit des troupes de cavaliers et de fantassins dont tout est infesté, tandis que le Christ meurt de faim et de froid en tant de milliers de pauvres. Et il ne comprend pas, ô l'abominable action, qu'en travaillant à dépouiller les séculiers de ce qui est bien à eux, il fait que, poussés par son pernicieux exemple, ou

magis omnibus flagitiis, luxuriis libidinibusque oppressa : si modo opprimi magis potest et ullus est sceleri ulterior locus ! Ut igitur recuperet cætera membra Donationis, male ereptas a bonis viris pecunias pejus diffundit, militumque, equestres pedestresque copias, quibus omnia infestantur, alit : cum Christus in tot millibus pauperum fame ac nuditate moriatur. Nec intelligit, o indignum facinus ! cum ipse sæcularibus auferre quæ ipsorum sunt laborat, illos vicissim sive pessimo exemplo induci, sive

par la nécessité, vraie ou fausse, les séculiers en viendront à s'emparer de ce qui appartient aux gens d'Église. Il n'y a plus nulle part ni religion, ni droiture, ni crainte de Dieu, et, ce qui me fait horreur à dire, les impies tirent du Pape lui-même l'excuse de leurs forfaits. Le Pape et son entourage donnent, en effet, l'exemple de tous les crimes, et avec Isaïe et S. Paul nous pouvons dire au Pape et à son entourage : *Le nom de Dieu est blasphémé à cause de vous parmi les nations ; vous qui enseignez les autres, vous ne vous enseignez pas vous-mêmes ; vous prêchez qu'il ne faut pas dérober et vous êtes des voleurs ;*

necessitate cogi (licet non est vera necessitas) ad auferenda quæ sunt ecclesiasticorum. Nulla itaque usquam religio, nulla sanctitas, nullus Dei timor ; et quod referens quoque horresco, omnium scelerum impii homines a Papa sumunt excusationem. In illo enim comitibusque ejus est facinoris omnis exemplum, et cum Isaia et Paulo, in Papam et Papæ proximos dicere possumus : *Nomen Dei per vos blasphematur inter gentes ; qui alios docetis, vos ipsos non docetis ; qui prædicatis non furandum, latrocina-*

vous *anathématisez les idoles et vous
commettez des sacrilèges ; vous vous
glorifiez dans la Loi et dans le Pontificat,
et, en prévarication de la Loi, vous adorez
le Pape à l'égal du vrai Dieu.*

Si le peuple Romain, par l'excès des
richesses, a perdu jusqu'à la véritable
qualité de Romain; si Salomon, pour la
même cause, est tombé dans l'idolâtrie
par l'amour des femmes, n'avons-nous
pas le droit de penser qu'il en arrivera
de même au Pape et à tout le reste du
clergé? Par conséquent pouvons-nous
croire que Dieu aurait permis à Sylvestre
d'accepter ce qui devait être pour la papauté l'occasion de faillir? Je ne souffrirai

*mini; qui abominamini idola, sacrilegium
facitis ; qui in Lege et Pontificatu gloriamini, per prævaricationem Legis Deum verum Pontificem inhonoratis.*

Ac si populus Romanus ob nimias opes
veram illam Romanitatem perdidit, si Salomon ob eamdem causam in idolatriam
amore feminarum lapsus est, nonne idem
putamus fieri in Summo Pontifice ac reliquis clericis? Et postea putamus Deum fuisse
permissurum ut materiam peccandi Sylvester acciperet ? Non patiar hanc injuriam

pas que l'on fasse à un Souverain Pontife
l'injure de dire qu'il a reçu en présent des
empires, des royaumes, des provinces,
biens temporels auxquels sont tenus de
renoncer tous ceux qui veulent être prêtres. Sylvestre ne posséda que fort peu de
chose; peu de chose aussi les autres saints
Pontifes, dont l'aspect était vénérable
même aux ennemis, comme ce Léon qui
terrifia et brisa le naturel féroce de ce
Roi barbare que n'avait pu ni briser ni
terrifier toute la puissance de Rome. Au
contraire, nos derniers Papes, gorgés de
richesses et plongés dans les délices,
semblent travailler à montrer autant
d'impiété et de sottise que les anciens

fieri Pontifici Optimo, ut dicatur imperia,
regna, provincias accepisse, quibus renun-
tiare etiam solent qui clerici fieri volunt.
Pauca possedit Sylvester, pauca cæterique
sancti Pontifices, quorum aspectus apud
hostes quoque erat sacrosanctus, veluti
illius Leonis, qui trucem barbari Regis
animum terruit ac fregit, quem Romanæ
vires nec frangere nec terrere potuerant. Re-
centes vero Summi Pontifices, id est divitiis
ac delitiis affluentes, id videntur laborare
ut quantum prisci fuere sapientes et sancti,

montrèrent de sagesse et de sainteté ;
tout l'honneur dont ceux-ci se sont couverts, ils l'effacent par leurs infamies de
tous genres. Cela, quel Chrétien digne
de ce nom peut le supporter sans cour-
roux ?

Cependant je ne prétends point, par
cette première harangue, engager les
Princes et les peuples à se jeter au-devant
du Pape, emporté dans sa course sans
frein, et à le maintenir de force entre
les limites de son domaine ; je veux seulement le faire avertir par eux, lui qui
au fond sait bien ce qui en est, d'avoir à
sortir de bon gré de chez les autres pour

tantum ipsi et impii sint et stulti, et illorum egregias laudes omnibus probris vin-
cant ; hoc quis Christiani nominis queat
æquo animo ferre ?

Verum ego, in hac prima nostra oratione,
nolo exhortari Principes ac populos, ut
Papam effrenato cursu volitantem inhibeant
eumque intra suos fines consistere compellant, sed tantum admoneant, qui forsitan
jam edoctus veritatem, sua sponte ab aliena
domo in suam et ab insanis fluctibus sævis-

rentrer chez lui et gagner le port, à l'abri des flots orageux et des furieuses tempêtes. Sinon, je verrai à en composer une seconde, et de plus haut goût encore que celle-ci. Puissé-je voir un jour, et rien ne me tarde tant que ce résultat, surtout s'il est le fruit de mes exhortations, puissé-je voir le Pape simple vicaire du Christ et non de l'Empereur; puissé-je ne plus entendre ces mots horribles : « *Les partisans de l'Église; les adversaires de l'Église; l'Église fait la guerre à Pérouse; fait la guerre à Bologne.* » Contre des Chrétiens ce n'est pas l'Église, c'est le Pape qui arme : l'Église ne combat que le mal et n'a que des armes

que tempestatibus in portum se recipiet. Sin recuset, tunc ad alteram multo truculentiorem accingeremur. Utinam, utinam aliquando videam, nec enim mihi quicquam est longius quam hoc videre, et præsertim meo consilio effectum, ut Papa tantum vicarius Christi sit, non etiam Cæsaris; nec amplius horrenda vox audiatur : « *Partes Ecclesiæ, partes contra Ecclesiam; Ecclesia contra Perusinos pugnat, contra Bononienses.* » Non contra Christianos pugnat Ecclesia sed Papa : illa pugnat contra spiritualia ne-

spirituelles. Alors on pourra donner au Pape le nom de Saint Père, de père universel, de père de l'Église. Il le sera véritablement ; il ne fomentera plus de guerres entre les Chrétiens ; loin de là, si d'autres en fomentent, il les apaisera en interposant la censure Apostolique et la majesté Pontificale.

quitiæ in cœlestibus. Tunc Papa et dicetur et erit Pater Sanctus, Pater omnium, pater Ecclesiæ ; nec bella inter Christianos excitabit, sed ab aliis excitata censura Apostolica et Papali majestate sedabit.

TABLE DES MATIÈRES

Ara-Cœli (Église d'); à Rome; autel érigé par Auguste en l'honneur du mystère de l'Incarnation, page 254.

Bible de la main de S. Jérôme; on ne la montre qu'à la lueur des cierges; ce qu'en pense L. Valla, 256.

Bologne; saccagée par les soldats d'Eugène IV, 313.

Boniface VIII; artifice à l'aide duquel il trompe le pape Célestin, 189; — excipe de la Donation contre Philippe le Bel, *ibid*.

Boniface IX; réduit les Romains en servitude, 310.

Constantin; texte de la Donation qu'il est censé faire à S. Sylvestre, 2; — sa conversion et sa profession de foi catholique, 5 et suiv.; — sa lèpre; un bain de sang lui est ordonné par les prêtres du Capitole, 13; — songe dans lequel S. Pierre et S. Paul lui apparaissent; son baptême, 21; — il porte douze sacs de terre sur ses épaules, en l'honneur des douze Apôtres, 31; — il tient la bride du cheval de S. Sylvestre, 41 et 223; — se retire à Byzance, 225; — imite le style de l'Apocalypse, 235; — dépose la Charte sur le corps de S. Pierre, 241; — sa lèpre est une invention ecclésiastique, 249 et 275.

330 TABLE DES MATIÈRES

Donation (La); analyse du texte, 158 à 249.

Dragon tué par S. Sylvestre ; fable imitée du Livre de Daniel, 259 et suiv.

Eugène IV, pape; chassé de Rome, 311.

Eusèbe; son témoignage; d'après lui, le baptême de Constantin serait antérieur au Pontificat de S. Sylvestre, 139.

Eusèbe, Grec ; auteur des *Actes de S. Sylvestre,* 259.

Eutrope; son témoignage contredit la Donation, 133.

Gélase (S.), pape; affirme que les *Actes* de S. Sylvestre sont lus dans les églises, 145.

Innocent III; son opinion erronée sur le Temple de la Paix, à Rome, 254.

Jobal, inventeur de la musique ; fait graver les principes de cet art sur pierre et sur brique, 154.

Latran (Palais de), donné à S. Sylvestre par Constantin, d'après la Charte apocryphe, 35, 194; à Melchiade, d'après une Lettre de ce Pape, 141 ; — ridicule étymologie du mot Latran, 276.

Lentulus; sa lettre touchant le portrait du Christ, 258.

Lorum; courroie ou collier donné par Constantin à S. Sylvestre, 196.

Louis le Débonnaire; pacte qu'il signe avec Pascal II, 280 ; — Discours que lui prête L. Valla, 282.

Luminaire (Entretien du); ce que Constantin donne au Pape dans ce but, 179.

Melchiade (S.); lettre où il parle des présents à lui faits par Constantin, 140.

Miracles chez les anciens ; le gouffre de Curtius ; statue de Junon douée de la parole, 267 et suiv.

Naaman; guéri de la lèpre, 73.

Néron; grenouille cachée dans son tombeau, 276.

Officiers attribués au Pape par la Donation, 212.

Palea; il a interpolé la Charte de Donation dans le *Décret* de Gratien, 143.

Papes; aucun d'eux n'a été dépossédé de ce que Constantin aurait donné à S. Sylvestre, 127 ; — postérieurement à la Donation, ils ont été longtemps sans exiger des Empereurs ni des Rois aucun acte de sujétion, 135.

Phrygium; ornement impérial cédé à S. Sylvestre par Constantin, 196 ; — sur celui que portait Constantin est retracée la Résurrection du Seigneur, 224.

Pierre et Paul (SS.); leurs portraits peints sur bois, montrés par S. Sylvestre à Constantin, 19 et 257.

Prescription; elle ne peut être invoquée en faveur des Papes, 304 ; — elle doit l'être contre eux, 317.

Prêtres; tous patrices et consuls, d'après la Donation, 206 ; — ils auront des chevaux caparaçonnés de blanc, 213 ; — ils porteront les chaussures sénatoriales, 214.

Régulus tue le serpent de Bagradas, 261.

Roi des Romains (Le); il lui faut, lors de son sacre, renoncer à Rome, 137.

Romains ; ils ont expulsé les Papes toutes les fois qu'ils l'ont pu, 311 ; — discours que L. Valla leur prête contre les Papes, 314.

Sigismond, empereur ; ratifie la Donation de Constantin, 285.

Sylvestre (S.) ; discours qu'il dut adresser à Constantin, d'après Laurent Valla, 96 ; — il n'a jamais été mis en possession par Constantin de ce qui fait l'objet de la Donation, 123 ; — s'il a hérité de la puissance impériale, pourquoi n'a-t-il pas fait frapper de monnaies ? 136 ; — ses *Actes* ont été falsifiés, 145 et suiv.

Udones ; sortes de pantoufles que le faussaire a prises pour les chaussures des sénateurs, 214.

Vespasien ; des guêpes ont-elles fait leur nid dans ses narines ? 275.

Vitelleschi (Le Cardinal), lieutenant d'Eugène IV ; sa mort, 292.

Paris. — Typ. Motteroz, 31, rue du Dragon.

PETITE COLLECTION ELZÉVIRIENNE
Catalogue complet (1er mars 1879)

THÉOLOGIE
Histoire ecclésiastique
Protestantisme

1. SINISTRARI. *De la Démonialité*. . . . . 5 fr.
2. VALLA, *La Donation de Constantin*. . . . 10 fr.
3. *Les Ecclésiastiques de France*. . . . 2 fr.
4. HUTTEN. *Julius*. 3 fr. 50
5. *Luther et le Diable*. 4 fr.
6. BÈZE (THÉOD. DE). *Passavant*. . . . 3 fr. 50
7. *Passevent Parisien*. . . . . . 3 fr. 50

PHILOSOPHIE
Mœurs et Usages, Histoire

1. LA MOTHE LE VAYER. *Soliloques*. . . 2 fr. 50
2. POGGE. *Un Vieillard doit-il se marier?* 3 fr.
3. POGGE. *Les Bains de Bade*. . . . 2 fr.
4. ERASME. *La Civilité puérile*. . . . 4 fr.
5. ESTIENNE (HENRI). *La Foire de Francfort*. 4 fr.
6. GESNER. *Socrate et l'Amour Grec*. 3 fr. 50
7. TACITE. *La Germanie*. 3 fr. 50
8. HUTTEN. *Arminius*. 2 fr.
9. *Remonstrance aux François*. . . . 1 fr.

POÉSIE

1. DU BELLAY. *Jeux rustiques*. . . . 3 fr. 50
2. DU BELLAY. *Les Regrets*. . . . 3 fr. 50
3. BONNEFONS. *Pancharis*. . . . 4 fr.
4. BOULMIER. *Villanelles*. 6 fr.

CONTES ET NOUVELLES

1. ARISTENET. *Épîtres amoureuses*. . . 5 fr.
2. BOCCACE. *Décaméron*, 6 volumes. . . 30 fr.
3. POGGE. *Facéties*, 2 vol. (20 fr.). . . Épuisé.
4. FAVRE. *Jean l'ont-pris*. 3 fr.
5. DENON. *Point de lendemain*. 4 fr.
6. CASTI. *La Papesse*. 10 fr.

PHILOLOGIE
Histoire littéraire

1. NAUDÉ. *Advis pour dresser une Bibliothèque*. 4 fr.
2. LA MOTHE LE VAYER. *Hexaméron rustique* (3 fr. 50). Épuisé.
3. GRIMAREST. *Vie de Molière*. (5 fr.) Épuisé.
4. *Les Intrigues de Molière*. (6 fr.) Épuisé.
5. *Molière jugé par ses Contemporains*. 4 fr.
6. *Élomire hypocondre*. 10 fr.

En préparation : (Mœurs et usages) JEHAN DE BRIE, *Le Bon Berger*. — (Contes et Nouvelles) ARIOSTE, *Roland furieux*; *L'Heptaméron* de la REINE DE NAVARRE, etc.

Paris. — Imp. Motteroz, 31, rue du Dragon.

www.ingramcontent.com/pod-product-compliance
Lightning Source LLC
Chambersburg PA
CBHW050905230426
43666CB00010B/2030